1　玉城城跡《たまぐすくじよう》

（沖縄県南城市玉城，国指定史跡，1987 年指定）

琉球・英祖王《えいそおう》の系譜につながる玉城王のぐすく（城）．沖縄開闢の神，あまみきょが築いたとされ，国王が隔年に参詣する拝所（うたき・御獄）でもある．切石の布積《ぬのづ》み石垣で築かれ，一の郭から三の郭まである．

2　肥前《ひぜん》名護屋《なご や》城《じょう》跡

（佐賀県唐津市鎮西町《ちんぜいちょう》，特別史跡「名護屋城跡並陣跡」，1955年特別史跡指定，以後8回追加指定）

豊臣秀吉が朝鮮の役の本土側基地として築城．写真は名護屋城のある半島．右手前に名護屋湾にかかる名護屋大橋とその下に名護屋港．それより北端の波《は》戸《ど》岬と波戸港に道路が延びている．中央，その道路の北（右手）が名護屋城跡．その南（左手屋根）が佐賀県立名護屋城博物館．城から南に行く太閤《たいこう》道の下をトンネルがぬける．写真の範囲のすべての台地上に諸大名の陣が置かれた（手前の森には前田利家《まえだとしいえ》陣，小西行長《こにしゆきなが》陣，大谷吉継《おおたによしつぐ》陣などがあった）．当時ここに軍・民，20万人からなる軍事都市が出現した．写真の奥の島は松島．天守台から晴れた日には壱岐や対馬を望むことができる．

3　安骨浦《アンゴルポ》倭城

（大韓民国慶南《ギョンナム》鎮海《チネ》市安骨洞《アンゴルトン》・慶尚南道文化財資料275号，1998年指定，旧大韓民国指定史蹟）

豊臣秀吉軍はこの城を熊川《ウンチョン》倭城の対岸に築き，加徳島《カトク》や巨済島《コジェド》にある倭城群とともに鎮海湾全体を防衛した．安骨浦城には九鬼嘉隆《くきよしたか》・脇坂安治《わきざかやすはる》・加藤嘉明《かとうよしあきら》の3大名が在城し，3つの主郭（本丸）があり，それぞれに天守台らしき大型櫓台がある．写真は中央郭の櫓台（右奥）から西，推定天守台方向にのびる石垣．石垣に生えた樹木が大風で倒れた際の崩落がみえる（2005年撮影）．現在は樹木除去が進むと同時に墓地造成も行われている．鎮海湾からは後年，日露戦争時にバルチック艦隊を迎え撃つ連合艦隊が出撃した．

4　根室半島チャシ跡群

（北海道根室市，国指定史跡，1983 年指定，84 年追加指定）

北海道には 700 とも 1000 ともいう数のチャシ跡がある．これらのうち根室半島に所在する保存の良いチャシ跡は，群として史跡指定されている．写真は根室半島 25 の史跡指定されたチャシのうち，納沙布《ノサップ》岬に近い温根元《ヲンネモト》にあるヲンネモトチャシ．海岸に面した丘の先端にあり，空濠も残る．晴れた日には歯《はぼ》舞《まい》諸島・国後《くなしり》島が望める．

アジアの中の日本

服部英雄 編

史跡で読む日本の歴史 8

吉川弘文館

企画編集　佐藤　信

目　次

図版目次

アジアの中の日本

服部英雄

無数にある遺跡のうち、国指定史跡として文化財保護法によって保護されている遺跡は一六六一件（平成二十二年三月末）ある。その過半は、アジアという視点なくしては理解できない。

古墳と馬具（騎馬戦術）

馬具、ないし馬の埴輪《はにわ》が出土する古墳は多い。それ以前、弥生時代の日本列島に馬はいなかった。『魏志倭人伝《ぎしわじんでん》』にも『後漢書東夷伝倭伝《ごかんじょとういでんわでん》』にも、「其地無牛馬」「無牛馬」とある。倭人伝の北九州に関する記述は正確であろう（周知の通り、それ以外の列島各地域については、あまり正確とはいえない）。魏使たちが確実に見た九州北部には、馬がいなかった。大陸にもっとも近い地域でも使われていなかったのならば、列島全体にも馬は使われていなかったと断言できる。これまでに縄文馬ないし弥生馬が発見されたといわれたこともあったけれど、真に馬の骨なのか、真に縄文時代、弥生時代の骨なのかどうか。疑問視する意見の方が多い。

秦《しん》の始皇帝《しこうてい》は紀元前二一〇年に没した。兵馬俑《へいばよう》は、戦車（馬車）が一三〇台、陶馬が六〇〇体余（馬車馬が五〇〇頭余、騎馬が一一六頭）、武士俑は七〇〇〇体余が確認されている。紀元前三世紀の秦の皇帝葬送儀礼での軍隊編成が、兵馬俑によって可視化された。去勢馬が多数あるというが、葬送の場ではおとなしい馬が好まれたのであろうか。『魏志倭人伝』の時代より五〇〇年前に、秦では馬が重用されていた。

軍馬を操れない歩兵は、軍馬を操る騎兵にはぜったいに勝てない。どのように歩兵が陣容を構えていても、馬が数十頭も突進してくれば、みな逃げ、陣容はくずれる。騎馬に蹴散らされて、大けがをするか、殺される。馬は大陸から、馬を操る軍人集団とともにやってきた。古墳から出土する馬具や馬の埴輪は、まさしく最新兵器たる馬をもつものこそが、頂点に立ち得たことを語る。それが古墳の被葬者である。

おそらく軍事技術（馬、馬具）は高額で売り渡され、獲得した人物が大王になった。高松塚《たかまつづか》古墳の壁画、女性の衣装、天体図また四神（白虎《びゃっこ》・青龍《せいりゅう》・玄武《げんぶ》・朱雀《すざく》）をみれば、支配者（大王家）の一部が高《こう》句麗《くり》周辺（中国・朝鮮半島）からきていたと想定できる。

冊封・文字と中国年号

朝鮮半島では加耶の茶戸里遺跡から紀元前一世紀の筆と木簡を削った刀子が漆塗りの鞘に入って出土した。日本列島での漢字使用は、朝鮮半島での漢字使用には一世紀ほど遅れる。五七年（建武中元二）、後漢・光武帝に倭奴国が上表し、「漢委奴国王《かんのわのなのこくおう》」の金印を得た。漢字を使用して上表した倭人《わじん》（奴国人）は、漢字（中国語）のリテラシー（識字能力）をもち、「漢委奴国王」を記号ではなく、文字として読むことができた。次回冊封《さくほう》時には上表文に金印を押印するはずだった。これとは別に出土遺物に書かれた弥生文字なるものも報告されている。ただし「田」が多いから、記号の可能性もある。また土器は二世紀後半から三世紀のものだから、奴国上表の方が古い。

奈良県天理《てんり》市の東大寺山古墳から出土した鉄刀には後漢・中平年号（一八四—一八九）が金象嵌《きんぞうがん》されていた。魏より冊封を受け親魏倭王に任じられた卑弥呼《ひみこ》が得たとされる鏡（三角縁神獣鏡《さんかくぶちしんじゅうきょう》）には「景初三年」（二三九）・「正始元年」（二四〇）という中国年号がある。真に中国産なのか、あるいは国産なのか、論争があるが、いずれであっても、日本は中国年号を使用する社会に組み込まれていた。弥生時代から倭人（のちの日本人）は漢字を使用し、漢字によって上表した。権力中枢には大陸からやってきた人たちがいて、漢字を駆使して上表し、会話もできた。

下野・那須国造碑（国宝）には

「永昌元年（己）丑四月飛鳥浄御（原宮那須国）造」

とあって、唐年号「永昌元年（六八九）」が刻されている。金石文は列島が冊封体制そのままに中国年号社会だったことを示している。

藤原宮跡《ふじわらきゅうせき》（特別史跡）および福岡市元岡《もとおか》遺跡から、大宝《たいほう》年号（七〇一—）を記した木簡が出土している。大宝年号はこれまでに元年（三点）・二年（八点）・三年（三点）が見つかっていて、諸国官衙《かんが》が日本独自年号の使用を徹底したことがわかる。大宝以前の年号とされる大化《たいか》、白雉《はくち》、朱鳥《しゅちょう》年号については、日本年号を記した木簡は出土していない。該当年の木簡は何点も出土しているが、干支記載のみであった。おそらく今後も大化・白雉・朱鳥年号木簡の出土はないだろう。日本が独自の年号を使用したのは事実上大宝以後であり、大宝以前には飛鳥《あすか》浄御原《きよみはら》朝（天武・持統朝）での地方機関は、おそらくは中央も含めて、中国年号を使用することがあった。高麗・朝鮮や琉球は、のちにも独自の年号は持ちえず、中国年号を奉じ続けたけれど、大宝律令以前の日本も同様だった。

仏教とアジアの科学技術

仏法は大陸から日本にもたらされた。仏教伝来以前は神（自然神や人物神）の信仰である。蘇我《そが》氏と物部《もののべ》氏のごとく、仏と神は、初期にこそ対立したが、まもなく一体化する。

東大寺大仏開眼会《かいげんえ》を挙行したのはインド出身の菩提僊那《ぼだいせんな》（Bodhisena）であった。宇佐八幡《うさはちまん》は神輿《みこし》にのって開眼会に参加し、仏に帰依して八幡大菩薩となった。神仏混淆の達成である。東大寺大仏造立に至るまでの高度な技術は、アジア・中国の最高科学である。宇佐八幡の関係者は東大寺大仏にみる最新の技術と科学に、大きく瞠目し動揺もしただろう。建築土木のみならず医療・薬学・芸術に、東大寺が持つアジアの先端科学は卓越していた。東大寺は境内手向山《たむけやま》に八幡神を守護神としてまつり、宇佐八幡は弥勒寺《みろくじ》を開基して、神仏は一体化した。ただし双方が対等な合併であったとはいえそうもない。本地垂迹説《ほんちすいじゃくせつ》で、神は仏の化身、権現となった。権とは仮である。開眼後、造東大寺長官になったのは遣唐使船にて二度入唐した吉備真備である（東大寺旧境内、宇佐八幡宮境内はともに国指定史跡）。

東大寺は総国分寺であったから、最新の科学は諸国の国分寺建設によって伝播していった。六六あった全国の国分寺は四三、国分尼寺は一一国のそれが、国指定史跡になっている。

仏教は天竺《てんじく》からきた。東大寺以外にも、善光寺仏は天竺・百済を経て日本に来たと十二世紀の「善光寺縁起」(『扶桑略記』)にみえている。清涼寺釈迦像も天竺・震旦を経て栄よりもたらされた「三伝ノ仏」とされていた。日本仏教はアジア志向であった。仮託の可能性も大いにあるが、インド(天竺)僧が開山という寺院は少なからずある。九州博多周辺の大悲王院《だいひおういん》(雷山千如寺《らいざんせんにょじ》)や油山《あぶらやま》観音はインド僧もしくは唐僧清賀《せいが》上人が開山とされる。法持聖清賀の名は「宮事雑事抄」(『大日本古文書　石清水文書』五)、大悲王院文書(建長七、建武二)にみえ、天竺僧の伝承は江戸時代初期にはあった(『筑陽記』宝永二、一七〇五—)。清賀上人像(国指定重要文化財、鎌倉時代後期の作)もある。インド仙人とされる法道《ほうどう》上人も播磨・丹波で多くの寺院を開いた。

平安仏教は最澄や空海が中国浙江《せっこう》省天台山で学び伝えた中国宗教である。最澄は近江国分寺で学び、東大寺で受戒、空海も東大寺で受戒した。ともに八〇四年(延暦二十三)の遣唐船で中国に渡った。通訳義真《ぎしん》は鑑真《がんじん》の弟子に中国語を学んでいた。東大寺では中国語基礎編を学び、唐招提寺《とうしょうだいじ》では会話編のマスターができた。

平重衡《たいらのしげひら》焼き討ちによって東大寺大仏殿は焼失するが、再建は「入唐三度聖人」(泉福寺・旧延寿院梵鐘)、「渡唐三ヶ度」(『玉葉』寿永二年正月二十四日条)という重源《ちょうげん》による。その建築土木技術は陳和卿《ちんなけい》や伊《い》行末《ぎょうまつ》《ゆきすえ》ら中国人がもたらしたものであった。聖武天皇創建時の大仏殿は中央に柱を置くことなく広い空間を持った巨大で特異な建築であったが、建築技法の詳細は不明である。天平時代の遺物である転害門《てがいもん》や法華堂《ほっけどう》、また飛鳥時代の法隆寺金堂《ほうりゅうじこんどう》の技術から推定するほかないが、巨大な柱と自重とバランスによって安定を得るような「柔」構造の建築であっただろう(その一例は頭貫技法、287ページ参照)。ところが重源が再建した大仏殿や南大門は、それまでの日本建築にはなかった新技術を駆使していた。東大寺南大門のように、異様なまでに上部が大きく、一見すると不安定な印象を受ける建物も、貫《ぬき》とよばれる枠組み支持力で絶対に倒れることのない頑丈な構造が導入された。「剛」構造である。新技術は大仏様とか天竺様といわれるようになる。これもまた中国人技術者による当時の大陸最新技術が導入された。

栄西《えいさい》や道元《どうげん》が中世にもたらした禅宗は中国直輸入の仏教である。臨済禅は臨済義玄《りんざいぎげん》の河北《かほく》省臨済寺が原点とされる。ただし渡宋した栄西や道元は最澄や空海と同様に浙江省天台山で学んでいる。

日本に広まった禅宗は日常会話で中国語を重んじた。使う文字は漢字のみで、ひらがな、カタカナを用いることはなかった。中国（語）こそ最高の学問大系だった。禅宗様（唐様）といわれる中国風建築技術・文化も同時に伝来した。屋根は軒の反りあがった大陸風で、床には四半敷という四角なタイルを敷き詰めた。博多周辺にあった天台系山岳寺院でも禅宗化が進む。首羅山《しゅらさん》という寺院があり、経塚《きょうづか》出土天仁二年（一一〇九）経筒《きょうづつ》に中国人（徐工）の名前があって、大陸文化を反映していたが、鎌倉時代には中国人が愛好した宋風獅子や中国産石材を用いた可能性の濃厚な四天王刻石塔（薩摩塔）が製作されて置かれた。

禅宗の出発点ともいえる博多聖福寺《しょうふくじ》をはじめ、京都五山、鎌倉五山など主要禅宗寺院は多くが国指定史跡である。

禅を日本に伝えた栄西はどこで中国語を学んだのか。かれは延暦寺《えんりゃくじ》で得度しているから比叡山《ひえいざん》で中国語の基礎を学んだだろうが、中国に渡る直前に博多のチャイナタウンに二ヵ月ほど滞在しており、ここでマスターしたのだろう。このチャイナタウンは文献史料に唐房《とうぼう》（唐坊）として登場する。日宋貿易の拠点である。日本列島でもっともアジア的な街で、中国語の習得には不可欠な街でもあった。

中国人街唐房（唐坊）

唐房は(1)文献に残るもの、(2)地名に残るもの、(3)遺跡として残るものがある。(1)には大宰府《だざいふ》・博《はか》多《た》・宗像《むなかた》がある（大宰府は『中右記《ちゅうゆうき》』部類記・長承元年七月二十八日条、大宰府唐坊は博多唐坊の可能性が濃厚、博多津唐房の語は、近江西教寺教典奥書、『栄西入宋縁起』、宗像唐房は『教訓抄《きょうくんしょう》』）。(2)地名は九州の北岸から山口にかけて、また九州南部、薩摩西南海岸に多数が残る。現在一五ヵ所以上のトウボウ地名の存在が指摘されている。漢字では当方、東方などとも書くがトウボウであって、ボは濁る。いずれも海岸部である。内陸にトウボウ地名はない。またトウボウ地名の場所から多く中国陶磁器、越州窯系磁器が出土する。円形井戸枠のような中国人系の遺構をともなうこともある。円形井戸枠は中国陶磁器を運ぶコンテナの転用であるとされている。福岡市姪浜《めいのはま》干潟旧地のイマトウボウ（ニュー・チャイナタウン、字名は下山門に今東方、隣接して姪浜に稲当方）の周辺では大量の越州窯系磁器が出土して関係者を驚かせた。各地のトウボウは立地する地形も類似し、共通性がある。九州北部沿岸では干満差のある干潟の最奥にあるものが多い（宗像津屋崎《つやざき》、福岡市今津《いまづ》、姪浜、加世田《かせだ》市別府《べっぷ》小湊《こみなと》当房など）。海岸部に直接に面するものもある（松浦市大崎東防、長崎市矢上《やがみ》東望、口之津《くちのつ》町東方など）。

唐房とはなくとも、文献によって中国人居住地であると知りうる場所がいくつかあるが、やはり地形は類似し共通する。国家的な貿易拠点であった箱崎宮《はこざきぐう》の所在する箱崎津《はこざきのつ》（多々良《たたら》干潟）が干潟奥だった。宋人船頭がいたことが確認できる鳥飼《とりかい》も干潟（福岡市、草香江《くさかえ》、樋井《ひい》川河口、現在の大濠《おおほり》公園はその後身）であり、酷似する。

またトウボウ地名のある場所は、歴史的環境がいかにも中国人定住地にふさわしい。博多湾に隣接する今津湾・今津にトウボウ地名がある。瑞梅寺《ずいばいじ》川河口干潟に面して、かつての船着に東方《とうぼう》という小字が明治期まで存在していた。この（今津）トウボウ周辺には誓願寺《せいがんじ》や勝福寺《しょうふくじ》がある。すでに紹介した三度渡宋の重源（東大寺復興）や二度渡宋の栄西（臨済宗開祖）が長期滞在した寺が誓願寺であり、宋人蘭渓道隆《らんけいどうりゅう》（建長寺開山）が鎮西探題《ちんぜいたんだい》北条氏の援助を得て開いた寺が勝福寺である。中国語が通用する地域であった。ここそが、再建東大寺・鎌倉建長寺・そして中国仏教たる禅宗などの鎌倉時代アジア文化のスタート地点であった。複数のトウボウ地名が残る姪浜にも渡宋僧南浦紹明《なんぼじょうみん》が開山である興徳寺《こうとくじ》がある。

歴史文献・中国人系遺跡・地名・歴史的環境の四つが揃っているトウボウが、筑前国宗像郡津屋崎の唐坊である。平安後期から鎌倉期にかけて積極的に日宋貿易を展開した宗像大宮司の交易拠点である。宗像氏の遺品には阿弥陀経石《あみだきょうせき》とよばれる石製阿弥陀如来像があって、「大宋紹熙六年乙卯」と刻まれている。大宮司宗像氏は王氏、張氏といった中国人女性を妻とした。歴代宗像大宮司の母は中国人で、かれらは国際混血児だったのである。現在津屋崎唐坊の遺跡発掘地は史跡指定こそ受けていないが、津屋崎小学校内に唐坊展示館が設置されていて、整備され説明板もあり、申し込めば見学が可能である。

蝦夷地と琉球

日本とアジア隣接域の境界は点であり、線であり、面でもあった。

十五世紀から十六世紀の蝦夷地では、アイヌ民族との境界線に、倭人が多くの城を築いた。松前十二館は多数が国指定史跡となっていて、上ノ国勝山館《かつやまだて》跡や志苔《しのり》館跡では大規模な発掘調査がおこなわれた。最前線ともいえる勝山館ではアイヌ民族が用いた鹿角製マキリ（小刀）、シロシ（印）が刻まれた木製マキリ鞘ほか、アイヌ遺物が多数出土した。夷王山《いおうざん》とよばれる館に隣接する和人墓群にもアイヌの屈葬土葬墓があって、シロシのある漆器皿が副葬されていた。最前線ではただ和人とアイヌの敵対があったのではなく、交流の時期が長かった。混血もあっただろう。和人とアイヌの間にはファジーな世界があって、マージナルな人々（境界人）がいた。かつては津軽海峡より南にあったアイヌ人・チャシの世界は十六世紀までに、この境界まで後退していた。

十七世紀・江戸時代になっても蝦夷地（北海道）は日本ではない。宣教師アンジェリスによれば、領主の松前氏自体が「ここは日本ではないから」と発言していた。日本天皇とは無縁な世界だった。

琉球もまた独立国で、中国から冊封《さくほう》され中国皇帝の年号を使用していた。外国である。日本天皇とは無関係で、中国皇帝の影響力のみがあり、島津侵攻後といえども、その関係は大きくは変わらないけれど、国王尚家王子は謝恩使《しゃおんし》・慶賀使《けいがし》として江戸上りをおこなった。琉球通信使である。オランダキャピタンや朝鮮通信使と同じく、友好の使者のはずだが、片務的な側面が強い。

琉球西端、八重山《やえやま》で墓碑銘に日本年号が登場するのは日清戦争における日本側勝利後で、それまでは清年号（光緒《こうしょ》）を使用していた（石垣市立八重山博物館所蔵瓦証文）。通常使用する文字は漢字だが、日本の仮名文字も輸入して使っており、琉球王朝の公文書である辞令書（御印判《ごいんばん》、御朱印《ごしゅいん》）は平仮名を主体とした候文《そうろうぶん》で書かれた。日本語（ヤマトグチ）に近い発音で読まれたのであろう。ウチナーグチ（沖縄語）の「クワッチーサビラ（いただきます）」「クワッチーサビタン（ごちそうさまでした）」は和語（ヤマトグチ）の「活計候」に相当するというから、候は「サビラ」のように発音されていたのかもしれない。金石文に仮名が使われているものも多い。金石文（石碑）が多いこと自体が中国文化の強い影響である。グスク（城）も曲線を多用する中国式城郭である。琉球・沖縄独自の文化と史跡も多く、最高位のノロである聞得大君《きこえのおおきみ》《きこえおおぎみ》（チフィジン）の祈りの場、「せいふぁーうたき」（斎場御嶽）はその代表である。「琉球王国のグスク及び関連遺産群」は二〇〇〇年に世界遺産に登録された。

倭城（日本城）

十六世紀末、豊臣秀吉は明《みん》に攻め入ろうとし朝鮮に侵攻した。それで日本の築城技術を駆使した城郭が朝鮮国内に多数築かれた。これを倭城と呼んでいる。朝鮮半島で築城された倭城（日本城）は、当然のことながら、日本の技術のみで築かれたわけではない。瓦は朝鮮にて朝鮮の瓦工が大量に焼いた。軍事施設といえども、この時代には屋根に瓦を用いた城郭は少なかった。慶長期の越後国瀬波郡図や日向国絵図での城郭描写でも、瓦屋根はほんの一部で、多くは板葺きだったように見える。大陸の技法で焼かれた優秀な瓦に日本の武将は瓦の長所・利点を強く認識した。瓦は日本に持ち込まれ、普及した。滴水瓦《てきすいかわら》というそれまでの日本にはなかった大陸風の瓦のデザインがとくに好まれた。朝鮮に出兵しなかった池田《いけだ》輝政《てるまさ》の姫路城天守閣にも用いられたほどである。

キリシタン文化と遺跡

十六世紀には鉄砲とキリスト教（イエズス会）が伝来する。日本はヨーロッパにつながった。鉄砲には火薬が必要だったが、日本では火薬の材料である硝石《しょうせき》と硫黄《いおう》・木炭のうち、硝石が採取できなかった。キリスト教宣教師がキリシタン大名であった有馬《ありま》晴信《はるのぶ》を軍事支援し、中国から硝石を提供した（一五八〇年十月二十日付豊後発信、ロレンソ・メシア師のイエズス会総長宛、一五八〇年度日本年報）。永禄十年（一五六七）大友宗麟《おおともそうりん》は宣教師に硝石の提供をつよく要請し、宿敵毛利氏に硝石を渡すことのないようにといっている（永禄十一年十月十七日、マカオ司教ドン・ベルシオール・カルネイロ宛書簡）。布教活動と軍事物資の提供が一体化していた。

古墳時代に最新の軍事技術である騎馬戦法がアジア大陸からもたらされたように、戦国時代末期に最新の軍事技術、鉄砲と硝石がヨーロッパからアジアを経て日本に持ち込まれた。勝者となった人々は織田信長をはじめ鉄砲を駆使したけれど、最新技術を持ち込んだヨーロッパ人や中国人が自身で日本を征服することはなかった。馬と銃によってスペイン人に征服されたアステカ王国（一五二一年滅亡）やインカ帝国（一五三三年滅亡）とは異なっていた。日本人は先進国たる中国や朝鮮よりも早く鉄砲技術を改良し、駆使した。優秀な刀鍛冶は鉄砲鍛冶に変身し、大量の鉄砲を生産して、東南アジアに輸出するようにまでなる（『イダルゴとサムライ』）。

キリスト教にはカソリックとプロテスタントがあって、激しく対立し、オランダ独立戦争のごとく事実上戦争状態になった。天草島原の乱においては新教国オランダが徳川幕府と軍事同盟を結んだ。原城《はらじょう》攻撃に参戦し、城内の一揆に対してオランダが大砲を撃ち込んだ。幕府の軍事同盟国に敵対する国は反幕府勢力と結びつきやすい。旧教国ポルトガルは、キリシタン一揆と結びつく可能性が濃厚であり、事実そうした方向を模索していたであろう。天草四郎ら四人の首は出島にあったポルトガル商館前に晒された。日本の鎖国（海禁）政策の徹底化によって、ポルトガルは日本から排除され、軍事同盟国オランダが通商の国となった。島原の乱に関しては原城と出島（出島和蘭商館跡）、富岡のキリシタン供養碑が国指定史跡に指定されている。

本書では豊後府内のほか各地のキリシタン史跡を紹介した。鹿児島城花十字紋瓦《はなじゅうじもんがわら》は出土時にはキリシタン遺物として認識されていなかった。島津《しまづ》氏といえば丸に十字の家紋だから、たんに唐草文《からくさもん》十字紋瓦とされていたけれど、研究の進展によりキリシタン遺物（花十字紋瓦）として再確認された。事例はアップデートで増加する。しかし地方自治体の遺跡への取り組みが、キリシタン出土遺物の出土状況を左右しているのではないかと危惧もされる。

現在長崎市文化財保護担当部局は興善町《こうぜんまち》・万才町《まんざいまち》を周知の遺跡としており、ビル建設など開発行為があったときには発掘（学術）調査が可能な体制である。この二町という範囲だけでは十分とはいえないかもしれないが、それでも、この周知の遺跡化（遺跡台帳への登録）の結果、長崎市では毎年のようにメダイや花十字紋瓦のキリシタン遺物出土例が増加している。しかしそういう体制にはない自治体もある。たとえば福岡市教育委員会では近世城下町を行政発掘の対象となりうる「周知の遺跡」の扱いとしていない。城下町でビル建設があっても発掘調査をしない。福岡博多は布教拠点であったことが明確で、黒田如水《くろだじょすい》（ドン・シメオン）の葬儀を執り行った教会があった。だがメダイ・クルスなどキリシタン遺物はこれまでにいちど博多（旧奈良屋）小学校の発掘（二〇〇〇年）で出土を見ただけである。その後、現在までキリシタン史料の増加がない。近世の発掘調査例自体が少ない。福岡市に限ったことではないのかもしれないが、このままではキリシタン遺跡の検出には今後も期待が持てない。

文化庁には史跡の指定基準がある（昭和二十六年文化財保護委員会告示）。「我が国の歴史の正しい理解に欠くことができず」且つ「学術上価値ある遺跡」を指定すると定めてある。ここにはさらに各種の遺跡が分類して列挙されていて、最後の九番目の項目が

九　外国及び外国人に関する遺跡

となっている。この基準九が適用されているものは現段階では

了仙寺《りょうせんじ》（静岡県下田市）
玉泉寺《ぎょくせんじ》（静岡県下田市）
朝鮮通信使遺跡　鞆福禅寺《ともふくぜんじ》境内・牛窓本蓮寺《うしまどほんれんじ》境内・興津清見寺《おきつせいけんじ》境内（広島県福山市・岡山県牛窓町・静岡県静岡市（旧清水市））
小泉八雲《こいずみやくも》旧宅（島根県松江市）

平戸和蘭商館跡《ひらどおらんだしょうかん》（長崎県平戸市）

出島《でじま》和蘭商館跡（長崎県長崎市）

シーボルト宅跡（同上）

の七件である。了仙寺・玉泉寺は下田条約とペリーに関係する遺跡である。アジアとの関係を示すものは唯一、朝鮮通信使遺跡となる。江戸時代の通信使は朝鮮と琉球に関わるものがあった。隣国との交友を示す。このように直接外国に関係するものとして指定された史跡（基準九）は少ないけれども、一七〇〇件に近い国指定史跡、およびそれ以外の遺跡群もまた、実は日本とアジアの関係をよく示す。

参考文献

飯沼賢司『八幡神とはなにか』角川選書、二〇〇四年

井原今朝男『中世とのいくさ・祭り・外国との交わり』校倉書房、一九九九年

沖縄県教育委員会『金石文　歴史資料調査報告書Ⅴ』一九八五年

服部英雄「博多の海の暗黙知・唐房の消長と在日宋人のアイデンティティ」『内陸圏・海域圏交流ネットワークとイスラム』櫂歌書房、二〇〇六年

服部英雄「首羅山の歴史と東アジア」『首羅山遺跡』久山町教育委員会、二〇〇八年

服部英雄「宗像大宮司と日宋貿易―筑前国宗像唐坊・小呂島・高田牧―」『境界からみた内と外』岩田書院、二〇〇八年

服部英雄・千田嘉博・宮武正登編『原城と島原の乱』新人物往来社、二〇〇八年

平川　南編『古代日本文字の来た道―古代中国・朝鮮から列島へ―』国立歴史民俗博物館、二〇〇五年

I

アジアの中の戦国日本

キリシタン墓碑

一　天下人の城

千田嘉博

織田信長、豊臣秀吉、徳川家康の城をめぐる研究は、一九九〇年代以降に長駆の進歩を遂げた。この理由の第一には、それまでに縄張り調査と一般に呼ぶ城跡の地表面観察が民間学として全国的に展開し、城の分布や基礎構造が判明したことがあげられる。残された堀や土塁《どるい》（防御のための土手）、曲輪《くるわ》（周囲を人工的な急斜面であった切岸《きりぎし》で守られた平場）といった城郭構造を、一定の精度の観察図面（縄張り図）の作成によって把握することで、遺構にもとづく研究が深まった。

また一九八〇年代以降には城跡の発掘調査が広くおこなわれるようになり、発掘による城跡の解明も進んだ。これら地表面観察と発掘の進展によって、天下人の城についても具体的な様相が明らかになってきた。本章では信長の城を、城郭構造分析の視点と発掘調査による考古学的な視点を融合させることで実証的にたどる。そして、近世城郭の規範となっていった織豊系城郭*の形成過程を分析し、天下人の城の歴史的な意義を考えたい。

1　勝幡城・那古野城と清須城

織田信長は一五三四年（天文三）に、清須城《きよすじょう》を本拠とした守護代織田《おだ》大和守《やまとのかみ》家の奉行の織田信秀《のぶひで》の子として生まれた。信長の出生地をめぐっては、愛知県愛西市《あいさい》の勝幡城《しょばたじょう》、名古屋市中区の那古野城《なごやじょう》、名古屋市中区の古渡城《ふるわたりじょう》の三説があった。しかし下村信博によって、信秀の那古野城攻略が一五三八年（天文七）に改めて比定されたので（下村一九九六、三鬼ほか一九九八）、信長は勝幡城で生まれたと考えられる。

勝幡城は十七世紀に作成された「勝幡村古城絵図」（名古屋市蓬左文庫蔵）によれば、本丸は土塁を含めて東西約五六×南北八四㍍ほどの館城であった。尾張では当時の守護所であった清須城《きよすじょう》に次ぐクラスの比較的大型の「城」であったとはいえ、普遍的な館城《やかたじろ》《かんじょう》と評価できる。戦国期の尾張の史料に見える「城」の実像は、このような館や館城であった。その後、日本の城を中世城郭から近世城郭へと大きく変えていく信長は、オーソドックスな城から出発したのであった。

織田信秀は一五三七年（天文七）に那古野城（名古屋市中区）を攻略して勝幡城から本拠を移した。天文十三年（一五四四）九月に信秀は朝廷からの勅使として連歌師宗牧《そうぼく》を那古野城に迎えて歓待した（『東国紀行』）。この後、信秀は三河の松平氏・今川氏との戦いに備えて古渡城（名古屋市中区）、さらに末盛城《すえもりじょう》（名古屋市千種区）に本拠を移した。信長は清須城、小牧山城、岐阜城、安土城と天下統一の歩みにあわせて城を移転させていったが、そうした合理的な考えは父・信秀から学んだのだろう。

信長は信秀が移った後の那古野城を引き継ぎ、一五四六年（天文十五）に古渡城で元服。翌四七年に「武者始め」として今川領であった三河国吉良《きら》大浜《おおはま》に進撃して放火、那古野城へ戻った。一五四八・四九年頃に信長は斎藤道三《さいとうどうさん》の娘・濃姫《のうひめ》と結婚した。一五四九年（天文十八）に信長は熱田《あつた》八ヵ村宛ての制札を下し、信秀の継承者として国政に参画した。この頃の信秀は尾張国内での対立をかかえ、三河国からは今川氏の攻勢にさらされる厳しい状況にあった。そうした一五五二年（天文二十一）三月頃に織田信秀が病死し、信長は家督を継いだ。

戦国期の那古野城は、近世の名古屋城（国指定特別史跡）の二の丸から三の丸にかけた名古屋台地の北端に位置し、崖下には低湿地が広がっていた。近世名古屋城の建設で那古野城の遺構は見えなくなっていたが、愛知県埋蔵文化財センターと名古屋市見晴台考古資料館の発掘によって、那古野城の様相がわかってきた（愛知県埋蔵文化財センター編一九九〇―二〇〇五、名古屋市教育委員会編一九八九―九七）。

発掘の成果を総合すると、戦国期の那古野城に関わる遺構は少なくとも東西およそ一キロ・南北五〇〇メートルの範囲におよんでおり、ほぼ近世名古屋城の三の丸の範囲に相当したことがわかる。しかし、これは発掘の範囲が特別史跡と埋蔵文化財包蔵地に指定された名古屋城内に限られていることに規制された結果であり、実際にはさらに広い範囲に城下遺構が広がっていたと考えるべきである。いずれにせよ発掘の成果は、那古野城のイメージを一新したのである。

調査では近世名古屋城三の丸の中央部において、最大のもので幅一三メートル以上、深さ四メートル以上の箱堀《はこぼり》を多数検出した。堀は一辺五〇—八〇㍍程度の四角い区画を構成したと考えられるので、本格的な堀を備えた有力な武士の館城が複数建ち並んだと復元できる。また近世名古屋城三の丸の東側では幅三—四㍍・深さ三㍍程の堀をめぐらした屋敷地が南北四〇〇㍍以上にわたってつづいていた。多くの家臣屋敷があったと考えてよい。さらにそうした館城や武家屋敷の周囲には、さまざまな史料から同時期に多数の社寺の再整備が進んだことが指摘されている（下村一九九六、三鬼ほか一九九八）。

そうした成果をまとめると、戦国期の那古野は那古野城・多数の館城、屋敷と、信長に直属した商職人の町屋が一体となって凝集し、先行してあった周囲の社寺やそれに付随した市町を編成した広範な城下域をもった戦国期的な城下町であったと考えられる。那古野城そのものは近世名古屋城の二の丸にあったと伝えられ、発掘されていない。しかし検出された那古野城下の館城群の堀は、十六世紀半ばのものとしてはきわめて大きく、「城」と評価し得る。だから那古野城は城下の有力武士の館城と比べて面積では卓越しても、防御力を担保した堀はほぼ同規模で、互角であったと考えてよい。

これは一族などの有力な武士が、信長の那古野城と変わらない防備を施した館城を構築して軍事力を分有し、家臣の相対的な自立性が高かったことを示す。そうした那古野城下町における那古野城と家臣の館城との軍事機能の関係を、近世城下町における名古屋城と家臣屋敷と比較すると、前者が分立的・並立的であったのに対し、後者は求心的・階層的であったといえる。こうした違いが現れた原因は、城郭構造が築城主体の権力構造を反映したからである（千田二〇〇〇）。すなわち当該期の信長の権力は、有力家臣の分立的な軍事力に立脚した連合的な様相を色濃くもったと、城郭構造分析から結論づけられる。

一五五三年（天文二十二）守護代織田信友《のぶとも》の家臣・織田三位らが、守護であった斯波義統《しばよしむね》を清須城で殺害した。義統の息子・義銀《よしかね》は那古野城の信長を頼って逃れた。守護代家を討って守護殺害の仇を討つ大義名分を手に入れた信長は、叔父の織田信光《のぶみつ》と共同して守護代織田信友を自害させ、一五五四年（天文二十三）に義銀を奉じて清須城に入城した。

この後信長に対立した一族はつぎつぎと横死し、一五五八年（永禄元）にはしばしば反旗をひるがえした弟・織田信行《のぶゆき》（信勝《のぶかつ》・達成《たつなり》）を清須城に謀殺した。一五五九年（永禄二）には尾張の上半国を支配し、信長に従わなかった織田信賢《のぶかた》の岩倉城《いわくらじょう》（愛知県岩倉市）を攻め、厳重な柵を築いた包囲戦の末に落とした。これで信長は尾張国内の反信長勢力をほぼ一掃した。一五六〇年（永禄三）には清須城から出陣して今川義元を桶狭間《おけはざま》に破った。

清須城は現在の愛知県清須市にあり、一四七六年（文明八）に守護所が下津《おりづ》（愛知県稲沢市《いなざわ》）から移転したのを契機に城下町が発展した。五条川《ごじょう》の水運に恵まれ、一六一〇年（慶長十五）に近世の名古屋城に移転するまで政治の中心地であった。愛知県埋蔵文化財センターによって発掘が進められた結果、戦国期の清須には五条川の東側の自然堤防上に、幅一〇㍍の堀を二重にめぐらした一辺二〇〇㍍の大型の館城があったと推測される（愛知県埋蔵文化財センター編一九九〇—二〇〇五、鈴木二〇〇八）。規模と形態から守護所であった戦国期の清須城と思われる。清須城はすでに那古野城と同様に京都の将軍邸を手本としつつ、堀や土塁などの防御力を強化した館城で、当時の守護所のかたちとして一般的なものであった。『信長公記《しんちょうこうき》』の記述から清須城内には御殿のほかに、居住機能を備えた「南櫓」、「北櫓」といった施設があったことが知られる。

清須城の周囲には堀で囲んだ武家屋敷と城主に直属した商職人が居住した町屋が凝集したことが発掘から確認でき、それは多くの武士が屋敷を構えていたとする『信長公記』の記述とも符合する。さらに『信長公記』によれば、城と武家屋敷・町屋からなった清須城の凝集域は惣構《そうがま》えの「町口大堀」で守られ、その外側の空間的に離れた社寺の門前に、市町があった。そうした市町の周囲には差別された人びとも居住していた。

2　小牧山城

一五六三年（永禄六）に織田信長は居城を清須城から小牧山城《こまきやまじょう》へと移した。この信長による小牧移転は、ふるくから美濃国攻めのためとされてきた。事実、一五六七年（永禄十）に信長は斉藤氏を追放して美濃国を攻略し、斉藤氏の居城であった稲葉山城《いなばやまじょう》を岐阜城と改めて移った。だから信長が小牧山城を拠点にしたのは足かけ四年にすぎず、小牧山城は砦であって、城下もあるはずがないと考えるのは一見合理的であった。このため小牧山の周辺は埋蔵文化財包蔵地（つまり遺跡）として意識されず、発掘はおこなわれなかった。だから小牧城下町にかかわる考古学的な手がかりも蓄積されなかった。

しかし信長の小牧在城期間の短さは結果論であり、あらかじめ信長がすべてを見通して行動したと考えるのは適切ではない。信長は一五六〇年に今川義元を打ち破り、翌六一年に松平元康《まつだいらもとやす》(徳川家康)と同盟して東からの脅威を取り払い、同年には清須城に推戴していた守護の斯波氏を追放して、名実ともに尾張国主となっていた。そして信長に反旗を翻した犬山城の織田信清《のぶきよ》を追い詰めて尾張国の統一を達成しつつあった。

そうしたなかで信長は、守護権威の象徴であった清須城を居城にしつづけるのではなく、犬山の攻略と美濃国攻めに適した立地を前提に、新しい尾張国の首都機能を備えた城と城下を小牧に建設したと考えるべきである。そして守護権力を象徴した館城タイプの城ではなく、山城を拠点とすることで戦国大名としての自らの権威を打ち立て、政治・軍事・流通・交易を掌握した拠点を実現して、領国の統治を進めようとしたのである。小牧山城の建設に着手した一五六三年に信長は、尾張国内の没収地であった闕所地《けっしょち》を総点検し、家臣と新たな知行《ちぎょう》関係を構築した。つまり小牧城下町の建設は信長にとって、尾張統一の総仕上げとしておこなわれたと考えるべきである。

小牧移転への通説的評価に疑問をもったわたくしは、まだ発掘による成果がなかったため、明治期に作成された地籍図の分析をおこない(図1)、小牧山城の南側に大規模な城下があったことを明らかにした(千田一九八九)。その後、幸い小牧市教育委員会によって城下の継続的な発掘がおこなわれ、大規模で計画的な都市が建設されたことが考古学的にも確認された。また史跡小牧山の整備に伴って小牧山城も計画的に発掘され、石垣を多用した本格的な山城であったことがわかってきた。こうして

図1　小牧城下町地籍図（小牧山城は縄張り図を投影，図の上が北）

ようやく信長の小牧城下町の全貌が判明してきた（小牧市教育委員会編一九九八―二〇〇五）。

発掘によって明らかになった信長時代の小牧山城は、中腹から山頂の本丸にかけた曲輪に、二重から三重に石垣をめぐらした城であった（図2）。石垣は割石材を含んだ野面積《のづらづ》みで、高さは最大で四㍍程度、多くは三㍍程度であったと復元される。一度に高い石垣を築けなかったため、セットバックしながら段々に石垣を築いていた。石垣に用いた石材は基本的に小牧山の堆積岩・チャートを使用した。主郭（本丸）南東の帯曲輪では、小牧山の岩盤を垂直に削って石材を切り出し、垂直に削った岩盤の上に切り出した石材を積んで石垣を築いていた。できあがった石垣は下部の岩盤の壁と一体化しており、完成時はあたかも全体が石垣のように見えただろう。岩盤と組み合わせた石垣は防御装置としても合理的で、権力表象の装置としても効果的であった。

このように小牧山城は中腹より上の曲輪を石垣で築き固めた総石垣の城郭になっていた。尾張国内で小牧山城ほど大規模に石垣を築いた城郭はそれまでなく、また信長の家臣の城でも同時期には見られなかった。だから信長は先進的な石垣構築技術を尾張国内でいち早く独占的に掌握したといえる。すでに天文期（十六世紀第2四半期）頃から畿内とその隣国では山城に石垣を多用しており、一五五九年（永禄二）に上洛した信長は、畿内や道中の山城を実見して、石垣の有用性を実感していたのだろう。

しかし小牧山城の石垣はごく一部が地表に露出していただけで、大部分は埋没して観察できなかった。山腹の曲輪の発掘調査では、大規模な土塁に信長時代の石垣が完全に埋められていた状況も検出

図2　小牧山城中心部（アミ部分が石垣．小牧市教育委員会原図に加筆）

された。信長時代の城郭遺構は、なぜこれほど埋まってしまったのだろうか。その理由は一五八四年(天正十二)に織田信雄《のぶかつ》(信長の次男)・徳川家康連合軍と羽柴秀吉が戦った小牧《こまき》・長久手《ながくて》の戦いで、小牧山城が織田・徳川連合軍の本陣となったことによる。

このとき家康は小牧山城に大規模な陣城工事をおこなったため、信長時代の石垣は埋没した。しかし発掘の成果は、家康による一五八四年の工事が、信長時代の小牧山城のかたちを活かして塁線の防御力を大規模な土塁で強化したこと、山麓をとりまく大規模な塁線を除き、南山麓から主郭までの大手道をはじめとした城の骨格は、信長時代のかたちを踏襲したことを明らかにした。

そうした発掘成果をまとめると、信長時代の小牧山城は次のように復元できる。先述したように山頂の主郭から中腹までは総石垣になっており、狭義の城郭＝卓越した信長の城を構成していた。主郭とその周囲の曲輪には、後の岐阜城、安土城から考えると、信長と家族が日常的に居住した御殿が建っていたものと推測できる。残念ながら主郭には小牧市歴史館と県営名古屋空港の電波塔などがあって曲輪内の大部分を破壊している。小牧市歴史館建設前の図面や写真によると、主郭内には建物の存在をうかがわせる基壇状の高まりがあった。

小牧山の南から北東の山麓には、堀と土塁で区画した武家屋敷が建ち並んでいた。西側や北側の山麓は発掘が進んでいないが、ほぼ同様の状況が想定できるだろう。これらは城に近侍した立地から、信長に仕えた親衛隊の屋敷地と考えられる。

山麓の武家屋敷のうち、南東山麓の武家屋敷は唯一小牧山城に向けても堀と土塁を備えて独立し得る構えをもった。その他の武家屋敷が小牧山城に向けては囲郭《いかく》施設をもたなかったのと対照的で、こうした武装が許されたのは館の主が信長であったからと考えるほかない。館の規模が一辺一〇〇㍍とずば抜けて大きかったことも、信長の山麓御殿であった蓋然性を高めている。この信長の山麓御殿は、同時期の近江・六角《ろっかく》氏の拠点であった観音寺城《かんのんじじょう》、安芸の毛利氏の拠点であった吉田郡山城《よしだこおりやまじょう》、信長が次に築いた岐阜城などの戦国期城郭の分析から、公式な対面機能を果たした主殿機能を主に担った御殿であったと思われる（千田一九九四・二〇〇〇・〇三・〇九）。

永禄十年（一五六七）三月から四月にかけて小牧城下町を訪れた連歌師・里村紹巴《さとむらじょうは》は、信長の家臣であった蜂屋頼隆《はちやよりたか》の屋敷、小牧城下の寺院・善光寺《ぜんこうじ》などで連歌会を開催した（『富士見道記《ふじみみちのき》』）。小牧城下が賑わい、文人が訪れる都市になっていたようすがうかがえる。紹巴は小牧滞在中の四月に「大寺」の新作の庭において御所望の連歌会もおこなっており、「しけれ猶　松にあひおひの花の庭」と発句《ほっく》を詠んだ。この「大寺」については内藤佐登子が「大守」の誤写であった可能性を指摘している（内藤二〇〇二）。わたくしもその可能性が高いと思う。

内藤がいうように紹巴の記述が大守であれば、大守は信長を指したに違いなく、小牧山城内の信長館には（山上の御殿か山麓の御殿かは確定できないが）立派な庭園が設けられ、岐阜城へ移転する直前まで城内の整備を信長は精力的に進めていたことになる。やはり信長はわずか四ヵ月後に美濃の斉藤氏を攻略できるとは確信していなかったのである。

小牧山城の大手道は小牧山の南中央から山腹まで一直線に二〇〇㍍ほど登り、狭義の城郭部にさしかかった山腹から上では複雑に屈曲して主郭へ至った（図3）。大手道の特徴的な構造は、先に指摘したように山麓から山腹までは屋敷地の集合体で本格的な防御の空間ではなく、山腹から上部が狭義の城郭としての機能を果たしていて、城道を屈曲させて防御を図るべき空間であったことを鮮やかに語っている。

つまり城郭の内部構成の違いが、城道がいかに城内を通るかの違いを規定したのであった。そもそも直線的な道で屋敷地を連結した方法は、山岳寺院で普遍的に見られ、六角氏の拠点であった観音寺城など、多くの戦国期拠点城で広義の城内の武家屋敷の連結方法として用いられていた。

しばしば戦国期の山城が直線的な城道を用いていたことがわかると、防御性がなかった、宮殿的な城であった、さらには天皇のための行幸道であったというような独創的な解釈が語られてきた。第四章でふれる安土城はまさにその典型例である。しかし戦国期城郭がどのように構成されていたかを考えれば、そうした解釈をする前に城郭の内部構造から検討し評価すべきであることは明らかである。

小牧山城の中腹から山麓にかけて、西側の尾根筋を中心に主に屋敷地が展開した。これらの曲輪群のなかには公的な倉もあったと思われる。しかし現状では小牧山城西側には発掘がおよんでいないので内部の様相はわからない。主郭を含む丘陵東側は、狭義の城郭部より下の中腹部には大規模な曲輪を配置しておらず、山麓部から山頂部の狭義の城郭が隔絶していた。こうした狭義の城郭部と山麓との分離的関係は、のちの岐阜城（自然の比高差）、安土城（高石垣で囲んだ天主を核とした狭義の城郭部）のあり方と共通しており、信長が自らの権力をより求心的なものへと移行していった過程と明確な意

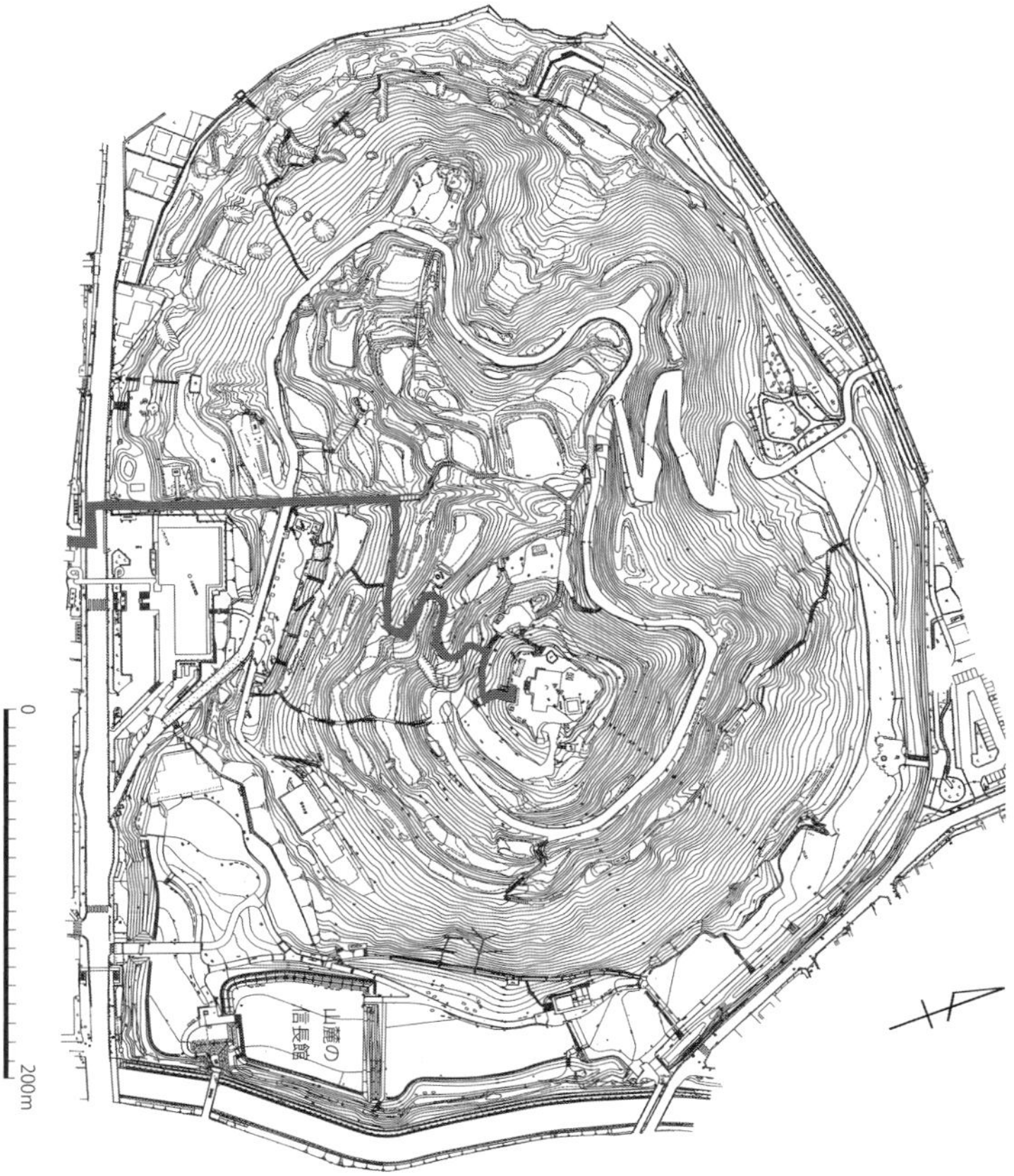

図3　小牧山城の大手道（アミ部分が大手道．小牧市教育委員会原図に加筆）

図とを読み取れる。

　小牧山城の南山麓には城下が広がっていた。小牧築城以前は畑や草地であったと思われ、信長は計画的に都市を建設できた。地籍図の分析から城下の東部には武家屋敷があったと復元していたが、発掘の結果でも幅二・五㍍の堀の内側に幅三㍍の土塁をめぐらせた東西四五㍍・南北三五㍍の屋敷をはじめ、少なくとも五軒の屋敷があったことが確認された。これらの屋敷のようすは地籍図からの検討とよく一致した。また「池田」の小字名は信長の家臣であった池田《いけだ》恒興《つねおき》に由来したものであり、発掘がおよんでいない広い範囲に防御施設を伴った武家屋敷があったと考えられる。

　また出土遺物は瀬戸美濃焼の大窯第二段階（一五三〇―六〇年頃）を主体に大窯第三段階（一五六〇―九〇年代）をわずかに含んでいた。小牧城下町の武家屋敷地区が短期間に集中的に建設され、短期間で廃絶したことが考古学的にも明らかになったのである。この遺物が示す武家屋敷の年代観はまさに信長の小牧城下町の建設時期に一致し、岐阜への移転によって武家屋敷地区が使用されなくなったことと鮮やかに符合した。

　一方、城下町の西部には地籍図から、直線的な街路による長方形街区があり、内部は間口が狭くて奥行きが長い短冊形地割りに区画された屋敷地が並んだと復元した。屋敷地の形状と「紺屋町」、「鍛冶屋町」といった地名から、この地区は商職人が店舗兼住居を構えた町屋地区と推測した。城に向かった南北方向の街路がメインストリートとなったタテ町型の城下町であり、町屋の規模は南北約八〇〇㍍にわたった。

発掘の結果、地籍図からの復元どおり、長方形街区に囲まれ、短冊形の地割りで区画された町屋が建ち並んだことが確認された。これらの屋敷地は街路に沿って建物が建ち、建物の中もしくは裏庭に井戸をそれぞれ備えていた。興味深いのは「鍛冶屋町」の発掘区から坩堝《るつぼ》や羽口《はぐち》などの鍛冶関連遺物が集中して出土したことで、地名伝承の正しさと同職集住がおこなわれていたことが判明した。また南北方向に伸びた街路と街路の中間地点で検出された南北溝は、町屋敷地の奥の境界溝であり、効率的に排水を流した背割り下水と評価される。小牧城下町の町屋地区が先進的で整った都市プランであったことを物語る証拠である。

町屋は地籍図の小字境のあり方と発掘で明らかになった構造から、街路に面して向かい合って建った町屋群がひとつの「町」をつくった両側町《りょうがわちょう》であったと思われる。武家屋敷地区が信長の岐阜移転に伴って短期間で廃絶したのと異なり、町屋地区は近世初頭の小牧宿の成立まで規模を縮小しながら存続した。

小牧城下町で成立した、長方形街区、両側町、背割り下水といった都市プランは、後の近世城下町において普遍的に用いられるようになった（前川一九九一）。小牧城下町はそれらをいち早くセットで用いた城下町であった。信長の城が織豊系城郭として近世城郭の規範になっていったことを考えると、小牧城下町は近世城下町の原形としてきわめて大きな意味をもつ城下町遺跡と評価される。

3　岐阜城

一五六七年（永禄十）に斉藤氏を追放した信長は、井口を岐阜と改めて居城とした。信長は斉藤氏時代の稲葉山城に大規模な改修を加え、新たな居城を築いた。岐阜城の中心部であった山頂部は、開発などによって改変を受けており信長時代の遺構は必ずしも明らかでない。そこで信長時代の岐阜城を訪ねたふたりの人物の記録から構造を検討する。

宣教師のルイス・フロイスは永禄十二年（一五六九）五月に岐阜城を訪れた（松田ほか訳一九七八）。まず山麓の御殿で信長と正式対面の儀礼をおこない、その後、信長の案内で山麓の御殿を見学した。御殿はたいへん巧妙につくられ、迷宮のようで数多くの部屋や庭があったという。翌日フロイスは山に登って山城を見学した。信長は婦人や子供とともに山城の御殿でくらしていたと記す。そして山城の御殿で信長がフロイスの膳を運んだ宴をおこなっており、武家儀礼における会所《かいしょ》的な空間があったことが判明する。

公家の山科言継《やましなときつぐ》は永禄十二年七月十日から岐阜城を訪ねた（『言継卿記《ときつぐきょうき》』）。言継が岐阜に到着したとき、信長は「城に上がり留守」であった。この記述はフロイスが信長は家族とともに山城の御殿に住んでいたとしたことと符合する。翌日信長から、山の上まで来てもらうのは大変なので「麓之宅」で会う旨連絡を受けた。言継は「山上城」の見学を希望していたのだがなかなか許可されず、ようやく八月一日に許されて山上城を訪問した。信長は夕方から登城せよと指示しており、山城の御殿で音楽鑑賞の後、信長と一緒の晩餐会、城内諸施設の見学があり、ハイライトは山城からの夜景鑑賞であった。言継は岐阜城が嶮難で風景は言葉には表せないと感想を記した。

ふたりの訪問者の記録から、岐阜城は山麓と山城に御殿があり、それぞれが御殿の機能を分有していたことがわかる。山麓の御殿は主に正式対面の御殿であり、室町期の御殿における主殿の機能を中心にしたと考えられる。もちろんフロイスの記録にあるように山麓御殿にはさまざまな部屋があり、信長や家族が居住できる機能も備えていたことは確実である。しかし山麓御殿は信長が外来の使者や家臣たちと公式に対面する主殿的建物を中核にしたことに大きな意味があり、守護公権を引き継いだ国政的支配（統治権的支配）を担い、表象した空間と評価できる（千田二〇〇六）。

これに対して山城の御殿は、信長と家族が日常的に居住した常御殿としての機能を中心に、人格的な関係を醸成した会所的建物を加えていた。つまり山城御殿は大名としての家政的支配（主従制的支配）を担い、表象した空間であったと評価できる。わたくしは、はやくから戦国期拠点城郭において大名の居所が山城に上がり、山麓の御殿と分立したことを明らかにしてきたが（千田一九九八）、こうした山城と山麓に分かれた御殿の分立は、近世城郭では本丸へ御殿を一元化することで解消されており、戦国大名権力における家制的支配と国政的支配のあり方を反映した戦国期拠点城郭に特有の構造といえる。そして城内における大名御殿の分立的存在と一元的存在の違いは、戦国期拠点城郭と近世城郭とを分ける重要な指標である。

近年、岐阜城の山麓御殿については、国指定史跡を目指して岐阜市教育委員会が発掘をおこなっている。そして、くい違い虎口を備えた大手をもち、山麓の傾斜地に石垣で段々の曲輪を構築して、いくつもの曲輪におよんだ複合的な御殿群を構成したと推測している（岐阜市教育委員会二〇〇九）。現状では山麓館の建物痕跡は明らかでない。また先に見た記録では山城にも御殿が建ち並んだことが知られるが、岐阜城の山上にはそれほど大規模な削平地があったわけではなく、一見記録と遺構が合致しないように思われる。しかし清水《きよみず》の舞台のような掛け造りを用いた御殿を建てていたとすれば、傾斜した地形に御殿を建てられた。岐阜城の山上部にはそうした御殿が建っていた蓋然性が高い。

4 安土城

安土城は戦国期拠点城郭から近世城郭への転換点に位置した城であり、天下人の城を考える上できわめて重要な城である。安土城完成までのようすを『信長公記』からたどってみよう。信長は一五七六年（天正三）十一月に織田信忠に家督を譲り、岐阜城と尾張・美濃の領国を与えた。翌天正四年一月中旬より信長は丹羽長秀《にわながひで》を責任者として安土城（滋賀県近江八幡市）の工事をはじめた。二月には信長自身が安土に移って家臣の屋敷配置を決定し、各自が普請《ふしん》するよう指示した。

畿内や西国・北国での戦いを継続しつつ安土城の工事はつづき、一五七九年（天正七）五月十一日には信長が天主に移徙した。中枢部がほぼ完成したことがわかる。そして一五八〇年（天正八）五月に信長は、工事責任者であった丹羽長秀と織田信澄《のぶずみ》に永年の水路や堀、舟入《ふないり》や街路工事の労苦をねぎらい休暇を与えた。城と城下の普請（土木工事）が一通り完成したと見てよい。

しかし一五八一年（天正九）七月に柴田勝家が越前の黄鷹《きたか》とともに、福井県名産の笏谷石《しゃくだにいし》かと思われる切石数百を信長に進上しており、建築資材はなお必要だったのだろう。ちなみに笏谷石は天主の登閣路の敷石や本丸御殿脇に埋設した容器などに使ったことが発掘で判明している。笏谷石の独特の風合いを珍重しただけでなく、新たに領地に加えた国の石を用いることに象徴的意義があったと思われる。そして天正九年九月八日に信長は絵師の狩野永徳《かのうえいとく》、大工の岡部又右衛門や奈良大工などの作事《さくじ》（建築工事）に関わった諸職人に対して小袖を下しており、着工から足かけ五年をかけて、ようやく安土城は完成した。ところが完成を祝してからわずか九ヵ月後の一五八二年（天正十）六月二日に信長は本能寺の変で自害し、安土城は原因不明の火災によって六月十五日に天主をはじめとした主要部が焼失した（『兼見卿記《かねみきょうき》』）。

安土城は一九二六年（大正八）に「史蹟名勝天然記念物法」による史跡に指定され、一九二八年（昭和三）には発掘と石垣などの修復がおこなわれている。一九五〇年（昭和二十五）には「文化財保護法」にもとづく史跡となり、一九五二年（昭和二十七）には特別史跡となった。一九八九年（平成元）から二〇〇九年（平成二十一）にかけて、滋賀県教育委員会・滋賀県安土城郭調査研究所による学術調査と整備がおこなわれ、多くの成果が得られた。

この調査で得られた知見はたいへん多いが、本章では大手道に絞って再検討したい。大手道は発掘の結果、幅六―七㍍で山麓から中腹までは直線的に伸び、中腹から山頂にかけては複雑に屈曲したことが判明した（図4）。そしてこの大手道は、明快な外枡形の構造から、山頂にあった安土城主要部の正門と考えられる黒金門につながっておらず、防御を意識しない直線道であったと結論されたことと合わせ、天皇の行幸のための道であり、ついには安土城そのものが天皇の行幸を目的につくられた城であったとされた（木戸二〇〇四）。

木戸の評価は安土城の理解の根幹に関わるだけでなく、天下人の城の歴史的位置づけをも左右するものである。改めて検証してみよう。まず大手道が山麓から山腹まで直線的につくられていたことを天皇の行幸と結びつけて評価してよいか、という問題がある。確かに安土城の本丸御殿に「御幸の御間」があり、文字史料からも、実現しなかったが正親町《おおぎまち》天皇の安土城行幸が一時企画されていたと考えてよい。

しかし先に指摘したように信長は直線の大手道を小牧山城ですでに採用していた。小牧山城への天皇行幸の可能性は皆無であったから、安土城の直線的な大手道を天皇行幸で説明する必然性はない。そもそも戦国期拠点城郭の山中の屋敷地や、それにさかのぼる山岳寺院の塔頭（子院）を結ぶ道として直線的な通路設計は普遍的なものであった。つまり安土城の大手道のうち直線的につくられた山麓から中腹にかけては、周囲が屋敷地地区であったことを強く示唆すると読むべきである。これは安土城の大手道に面した屋敷が平入《ひらいり》の単純な出入り口を大手道に開いたことと、よく符合した。

そして小牧山城でもそうであったように、中腹から山頂にかけた大手道は左右に屈曲して明確な防

図４　安土城大手道と周辺主要道（滋賀県教育委員会編 2009 所収図に加筆）

御性を備えた。中腹までと中腹以上では、同じ安土城内であっても性格が大きく異なったことが明らかである。高石垣で囲み、西に開いた黒金門と北に開いた主郭北虎口のふたつの主要出入り口を外枡形で整え、中央に天主がそびえた安土城中枢部は、まさに信長の政庁・居所として山腹までの屋敷地とは大きく隔絶した空間であった。安土城が中枢部の主要門に用いた外枡形は、後に秀吉の大坂城詰の丸大手門、家康の江戸城本丸大手門に受け継がれ、威厳を象徴する出入り口形式として特別な意味をもった。

ところが木戸は、大手道は安土城中枢部の大手門であった黒金門に連結せず、中枢部の高石垣の裾をまわって、伝三の丸（名坂邸）に近い本丸南虎口につづいたとした（木戸二〇〇四）。この本丸南虎口は外側に城道のテラスを備えたが、出入り口形式としては黒金門、本丸北虎口より格式が劣り、ここに大手道がつづいたとは考えにくい。

この大手道が黒金門に連結したか否かの解釈は、大手道が安土山の主尾根筋にたどり着いた伝織田信忠邸の発掘成果をどう理解するかが鍵を握っている。木戸は伝織田信忠邸の発掘で黒金門へつづく大手道の遺構はなく、中枢部の高石垣の裾をまわる周回路が大手道の延長であったと結論した。そこで改めて伝織田信忠邸の発掘成果を検証すると、この部分は十八世紀かと思われる江戸時代の改変によって安土城時代の生活面が削平されたことが判明したところであった（滋賀県教育委員会一九九四）。

つまり大手道の遺構がなかったことは間違いないが、もともとなかったと断じる考古学的証拠はないとしなくてはならない。そこで子細に発掘成果を検討すると、大手道が伸びて伝織田信忠邸に達した正面に安土城時代の石垣残欠があり、そこから南西、北西へと屈曲してつづく小石層が検出されていた。石垣はわずかに最下段の根石が残る状況で、江戸期の削平の激しさを示した。しかしこの発掘成果から大手道は伝織田信忠邸で大きく屈曲してつづいたと復元できる。

屈曲した大手道の先を読み取る重要な手がかりが、石垣残欠とセットで検出された小石層だからである。この小石層は石垣残欠の背面につづいており、明らかに石垣背後に設けた排水の栗石《ぐりいし》層であった。もともと栗石層の正面にあった石垣石材は失われているが、栗石層は石垣の背後に平行して布設したので、安土城時代の石垣は石垣残欠から南西へ伸び、ついで北西へ曲がってつづいたとわかる。

この石垣のラインに沿って大手道が伸びていたと考えるのが自然な解釈であろう。この復元された大手道を石垣ラインに沿って北西に延長すると、主尾根上で黒金門への城道・摠見寺への城道・北西山麓へ降りた七曲道が交わった交差点に、まさに到達したことがわかる。大手道の方向を規定した石垣の屈曲は偶然ではなく、綿密に計算されたものであった。石垣ラインの復元結果と伝織田信忠邸周辺の城内道の接続状況から考えて、安土城の大手道は黒金門へ連結したと考えるべきである。

実は伝織田信忠邸調査時の発掘報告書では、ここで再検討した結果と同じ解釈が示されており、発掘成果を踏まえれば先述の評価にたどり着く（滋賀県教育委員会一九九四）。天皇行幸の道という着想によって遺構評価を変えるのは望ましいとはいえない。やはり遺構にもとづいた評価をすべきだと思う。

山頂中枢部の大手門であった黒金門に、大手道が連結しただけでなく、摠見寺を経由した百々橋口からの城道、七曲口の城道も連結したことも上記の復元で明らかである。こうした主要城内道が黒金門に到達したことを踏まえれば、黒金門の重要性も一層明白である。そして安土城中枢部プランの正面性も、武家の出入り口としての黒金門と、行幸のための出入り口とされた本丸南虎口に分離したのではなく、黒金門がその役割を負ったといえる。

軍事機能として卓越した出入り口であった外枡形が、天下人の居城としての政治的象徴性をも果たしたのである。安土城以降各地の城郭に建設されていく天守や、石垣、瓦、礎石建物《そせきたてもの》も、まさにそれらが発揮した軍事性の卓越といった機能面だけでなく、権威を象徴したからこそ広く大名たちに共有されたといえよう。室町から戦国期に将軍の館を手本にした室町将軍邸プランが各地の守護・守護代に共有され、権力とその正当性を象徴したように、天下人の居城を規範とした織豊系城郭プランが、またその権力の正当性をも象徴したのであった。

5　戦国期拠点城郭から近世城郭へ

本章は信長の城をたどることで、戦国期の足利将軍邸を規範とした館城であった勝幡城・那古野城・清須城から、戦国期拠点城郭としての小牧山城・岐阜城へ変化、さらには近世城郭の規範となった安土城への変遷を明らかにしてきた。この変遷の中で注目すべき点を指摘しておきたい。小牧山城や岐阜城・安土城のように狭義の城郭部を隔絶的にプランニングした城郭構造は、同じ戦国期拠点城郭であっても他の多くの事例と異なっていた。たとえば六角氏の観音寺城では、山城内に六角氏の屋敷と一族や重臣たちの屋敷が横並びで存在し、山城内の大名の山上屋敷に家臣たちが日常的に行き来していた（千田二〇〇三・〇九）。同様な城郭構造は、赤松氏の国指定史跡・置塩城《おきしおじょう》（兵庫県）や毛利氏の国指定史跡・吉田郡山城（広島県）、伊達氏の国指定史跡・桑折西山城《こおりにしやまじょう》（福島県）などに共通しており、当該期の大名の居所として一般的な戦国期拠点城郭のあり方を示すと見てよい。

それに対して信長の城は、大名と家臣との屋敷地の配置を、信長の居所を位置的に頂点とし、城郭構造的にもゆるぎない核とするよう進化し、一貫してそうした方向性を打ち出すことで、空間にヒエラルキーを明確に反映した点に大きな特徴があった。こうした権力を反映した（具現化した）城郭構造の成立・完成こそが、中世城郭と近世城郭を本質的に分けるもっとも重要な指標である。よく近世城郭の特徴を石垣・瓦・礎石建物に求める意見があるが、それは表層的な構成物の変化にすぎない。各地の戦国期城郭では部分的に石垣や瓦、礎石建物が織豊系城郭に先んじて採用されており、織豊系城郭だけが石垣・瓦・礎石建物を備えた城郭であったかのように位置づけるのは誤りである。

たとえば石垣はすでに戦国期城郭から各地で採用されたことが判明しており、途切れなく高度化していた。また瓦や礎石建物は織豊政権の展開に関わりなく畿内や、中国・朝鮮半島の直接的な影響を受けた九州の戦国期城郭で使用されており、そもそも中世の山岳寺院などで石垣も瓦も礎石も使われていた。だから先に述べたように、そうした表層の変化をもって近世城郭成立の指標とするのではなく、権力構造の変化を反映した城郭プランの変化の中にこそ、城郭の近世化の本質的な意味を見出すべきである。

そして本章で見てきた信長の城を受け継いだ秀吉・家康といった天下人の居城の変化が、戦国期城郭から近世城郭への転換を主導していった。それによる豊臣政権と江戸幕府による近世的国家体制の成立を背景として、各地に織豊系城郭としての近世城郭が出現した。大名の居所であった本丸を頂点に城郭だけでなく城下全域におよんだ求心的なプランを備えた近世城下町の成立は、将軍と大名、大名と家臣・住民との間に生み出された政治と社会編成のあり方を鮮やかに反映した。つまり本章で検討してきた城郭構造の変化は、戦国期から近世にかけた政治と社会の変化を示したものであった。だからこそ城郭は並立的なプランから求心的なプランへと変化したのである。

すでに指摘したように戦国期城郭では城郭全体の軍事機能を統括した構造上の核が城主（大名）の居所であった主郭に一元化していなかった。だから有力家臣の屋敷は城に対して必ずしも求心的・階層的に配置されず、分散的であった。那古野城のように個々の武家屋敷も城と同様に武装し、相対的に独立し併存的な核として存在して軍事機能を城とともに分有した。

戦国期から近世初頭にかけた天下人の城郭の変化は、軍事構造の大名と家臣による分有的・並立的関係が、しだいに主郭を頂点とした一元的で階層的なものへと変わっていく過程であり、各地に残る多くの戦国期拠点城郭では、城郭プランに表出された大名と家臣の軍事構造の分有が近世初頭まで強固に維持され、その改変がきわめて困難なものであったことを示している。そうした事例として、南九州や東北の諸城にみられる「館《たて》屋敷《やしき》型」の城郭プランをあげることができる（千田一九九〇）。そして近世城郭になってはじめて山頂の本丸が唯一の軍事的な核として山麓はもとより城下におよんだ全域にわたって一元的な軍事的階層の頂点として機能したのである。こうした大きな変化の原動力となった信長・秀吉・家康の城の歴史的意義はきわめて大きかったといえるだろう。

参考文献

愛知県埋蔵文化財センター編『名古屋城三の丸遺跡Ⅰ—Ⅶ』一九九〇—二〇〇五年
愛知県埋蔵文化財センター編『清須城下町遺跡Ⅰ—Ⅸ』一九九〇—二〇〇五年
木戸雅寿『天下布武の城—安土城』新泉社、二〇〇四年
小牧市教育委員会編『小牧城下町発掘調査報告書〜新町遺跡』一九九八年
小牧市教育委員会編『史跡小牧山整備計画策定試掘調査概要報告書1』一九九九年
小牧市教育委員会編『史跡小牧山整備計画策定試掘調査概要報告書2』二〇〇〇年
小牧市教育委員会編『史跡小牧山旧小牧中学校用地発掘調査概要報告書1』二〇〇一年
小牧市教育委員会編『史跡小牧山旧小牧中学校用地発掘調査概要報告書2』二〇〇二年
小牧市教育委員会編『史跡小牧山旧小牧中学校用地発掘調査概要報告書3』二〇〇三年
小牧市教育委員会編『愛知県小牧市堀の内一丁目地内史跡小牧山主郭地区第1次試掘調査概要報告書』二〇〇五年
小牧市教育委員会編『史跡小牧山整備事業報告書〜旧小牧中学校用地』二〇〇五年
滋賀県教育委員会編『特別史跡安土城跡発掘調査報告4』一九九四年
滋賀県教育委員会編『安土—信長の城と城下町』サンライズ出版、二〇〇九年
下村信博「中世今川那古野氏再考」『名古屋市博物館研究紀要』第一九号、一九九六年

新行紀一ほか『愛知県史 資料編10・中世3』愛知県、二〇〇九年
鈴木正貴「信長と尾張の城下町」仁木 宏・松尾信裕編『信長の城下町』高志書院、二〇〇八年
千田嘉博「小牧城下町の復元的考察」『ヒストリア』第一二三号、一九八九年
千田嘉博「戦国期城郭・城下町の構造と地域性」『ヒストリア』第一二九号、一九九〇年
千田嘉博「守護所から戦国期拠点城郭へ」『文化財学論集』奈良大学文化財学論集刊行会、一九九八年
千田嘉博『織豊系城郭の形成』東京大学出版会、二〇〇〇年
千田嘉博『戦国の城を歩く』筑摩プリマーブックス（二〇〇九年、ちくま学芸文庫として修正発刊）、筑摩書房、二〇〇三年
千田嘉博「七尾城から金沢城へ」千田嘉博・矢田俊文編『能登七尾城・加賀金沢城』新人物往来社、二〇〇六年
内藤佐登子『紹巴富士見道記の世界』続群書類従刊行会、二〇〇二年
名古屋市教育委員会編『名古屋城三の丸遺跡・第1次—第10次』一九八九—九七年
前川 要『都市考古学の研究』柏書房、一九九一年
三鬼清一郎ほか『新修名古屋市史』第二巻、名古屋市、一九九八年
三鬼清一郎ほか『愛知県史 資料編11・織豊1』愛知県、二〇〇三年

＊織豊系城郭とは、筆者が提唱した学術用語で、織田信長・豊臣秀吉・徳川家康の城を規範として、その家臣たちに分有された城郭プランをいう。外枡形に代表される主たる出入り口の形式と求心的な城郭構造を特徴としてもち、外形的な要素として石垣・天守・瓦・礎石建物などを採用して、戦国後期から近世初頭にかけて系

統的に発達した。信長・秀吉段階の織豊系城郭は近世城郭の原形と位置づけられ、それを受け継いだ徳川期に定型化した近世城郭として完成した。軍事的構造の頂点は文禄・慶長期にあり、その後はプランとしては一層の理論化が進んだものの同時に形骸化も急速に進行した。

二　鎮西名護屋城と倭城

服部英雄

「倭城《わじょう》《ウエソン》」、それは豊臣秀吉軍が文禄《ぶんろく》・慶長《けいちょう》の役《えき》（壬辰倭乱《じんしんわらん》、丁酉再乱《ていゆうさいらん》、万暦《ばんれき》朝鮮役、万暦日本役）のおり、朝鮮半島に築いた城郭のことである。日本城《イルボンソン》とも呼ばれている。

この戦争で、秀吉軍の日本側（本土側）拠点となったのが、名護屋城跡《なごやじょうあと》並《ならびに》陣跡《じんあと》である。一九二六年（大正十五）、内務省が史蹟に指定している。現在は特別史跡である。

大韓民国内にある倭城（およそ三〇）のうち、一一城が大韓民国文化財に指定されていた。日本が植民地支配していた時代、朝鮮総督府時代に朝鮮宝物古蹟名勝天然記念物保存令（一九三三年、公布制令第六号）により古蹟に指定したものの継承である。朝鮮総督府官報（韓国学文獻研究所編、亜細亜文化社、一九八五、国立国会図書館蔵）によれば、各倭城の指定は下記のとおりである。

一九三五年（古蹟二一一号）　釜山鎮子城台《プサンチンチャソンデ》
同　（古蹟二一二号）　蔚山鶴城《ウルサンハクソン》
一九三六年（古蹟六一号）　釜山日本城《プサンイルボンソン》
同　（古蹟六二号）　馬山日本城《マサンイルボンソン》

一九三七年（古蹟八〇号）順天新城里城《スンチョンシンソンリソン》（現在の指定名称は昇州《スンジュ》新城里城、新城里は新星里《ソン》が正しいと

いう。）

同　（古蹟八一号）泗川船津里城《サチョンソンチンリソン》

同　（古蹟八二号）金海竹島城《キメチュクトソン》

同　（古蹟八三号）機張竹城里城《キヂャンチュクソンリソン》

同　（古蹟八四号）熊川安骨里城《ウンチョンアンゴルリソン》

同　（古蹟八五号）西生浦城《ソセンポソン》

同　（古蹟六二号）馬山日本城（追加指定）

一九三八年（古蹟九三号）勿禁甑山城《ムルグンシュルサンソン》

一九三九年（古蹟六二号）馬山日本城（一部解除）

※ルビは韓国発音、指定時官報にルビはない。

光復《こうふく》後、一九六二年に制定された（韓国）文化財保護法によって、これらは大韓民国指定史跡となった。現地にて「大韓民國指定史蹟」の石柱を見ることがある。ただ二〇〇〇年前後に国指定は解除され、慶尚南道《キヨンサンナムド》・全羅南道《チヨルラナムド》指定史跡ないしは広域市指定史跡となった。すなわち中央政府ではなく地方自治体（道または広域市）指定史跡に格下げされた。倭城はほかにも二〇ヵ所ほどが知られている。亀浦《クポ》倭城のように釜山市史跡に指定されたものもある。

図1　徳湖里倭城

文化財に指定されなかった釜山市湖浦里《コッポリ》（狐浦里）倭城は地下鉄車庫建設で消滅した。巨済島《コジェド》・徳《トッ》湖里《コリ》倭城*のように長年の耕作で石垣が崩されたものもある。しかし加徳訥次《カトクヌルチャ》倭城や順天倭城が周辺開発（埋め立て）にもかかわらず、ほぼ従前のままに保存されているように（グーグルアースによる）、文化財としての保存配慮はなされていると考える。ただ朝鮮遺跡と複合するものが多く、そうした場合は朝鮮遺跡の復原が優先されるから、現状とは変わっていく（釜山子城台、東莱城など）。韓国では史跡での建物復原工事が多く、泗川倭城では最近日本式城門の復原が行なわれた。

図2　安骨浦城　中央郭，東櫓台

図3　安骨浦城　三つある天守台の一つ
写真左から中央部，既に内部の土が流出している．右端の石も中空にあって崩落は時間の問題のように思われる．

概していえば倭城の残りはよく、とくに開発が進んでいない農村部遺跡では良好だ。しかし大半の倭城では管理はほとんどされていないから、夏には石垣をカズラなどが覆う。現地に行くなら冬に限るし、石垣や旗竿石《はたざおいし》のよい写真を撮りたければ、鎌は必携である。

＊ 徳湖里倭城ないし廣里《クワンニ》倭城は、従来見乃梁《ケンダリヤン》倭城または倭城洞《ウエソンドン》倭城とされていた城のことである。しかし見乃梁は城跡よりは北に離れた別の村である（巨済大橋の橋脚がある）。また倭城洞という地名は実在せず、音の似通った外城《ウエソン》の聞き誤りと考えられる（石橋二〇〇五）。文禄当時日本ではこの城を唐島瀬戸口城と呼んでいた。

1 名護屋城

織田信長は清洲《きよす》・小牧・岐阜・安土と拠点の城を移動させていった。信長と異なり、最初から中央政権を継承することができた豊臣（羽柴）秀吉は、まず大坂城を築城（一五八三、天正十一）、その後には聚楽第《じゅらくてい》《だい》（一五八六—九五、天正十四—文禄四）、伏見城（一五九二、一五九六に別位置再建）などの本格的な城を築き、そしてつぎには名護屋城を築いた。

九州北端に新城を築いた理由は大陸進出である。秀吉は、ゆくゆくは秀次《ひでつぐ》に大坂城を譲るつもりだったという。明《みん》国に移り住み、自身の拠点を築く野望があった。織田信長が中央を目指して拠点の城を移動させていったように、最終目標を明の帝都と定めた段階で、順次城を築こうとした。朝鮮・明を従えた場合でも、本土側の基地として名護屋城が重要な役割を果たすと考えた。しかし野望は挫折した。朝鮮半島南端に築かれた多くの城は、領域支配のための城というよりは、軍事拠点・ポイントの確保たる、海岸堡《かいがんほ》（Beachhead、港の確保）になった。

名護屋城の概要については佐賀県立名護屋城博物館から毎年のように刊行されている図録、『秀吉と城』、『秀吉と文禄・慶長の役』、『肥前名護屋城と「天下人」秀吉の城』などに詳しく説明がある。

築城は、石田《いしだ》正澄《まさずみ》書状（相良《さがら》文書《もんじょ》、天正十九年八月）に「なこや御座所御普請」、黒田家譜天正十九年条に「十月より斧始《おのはじめ》」とあることから、天正十九年秋に開始、実際は十月からの着手とされる。天正二十年四月には渡海が始まり、五月には秀吉も到着する。わずか半年で出陣の諸大名を受け入れることができた。突貫工事である。

ただし城内から「天正十八年　天王侍（寺）藤原朝臣美濃□□　五月吉日　住村与介□□」の銘のある丸《まる》瓦《がわら》が出土した。ほかにも「此収巳□□八年十一月三日」「四天□寺□　□住村与介御内」銘瓦が出土、採集されている。転用ではないだろう。諸大名への指令に先立って、秀吉直轄地においては一年半前から瓦を準備していた。大量の瓦が屋根に葺かれる一年半前から準備されていた例は、一七〇一年（元禄十四）冬に上棟された閑谷学校《しずたにがっこう》の改修講堂の伊部《いんべ》焼《やき》瓦に「元禄十三年庚辰年　閑谷学校講堂瓦八月吉祥日作」とあることにもみられる（『閑谷読本』年表）。

普請《ふしん》作事《さくじ》は秀吉到着では終わらず、弾正丸《だんじょうまる》は天正二十年七月以降に浅野弾正《あさのだんじょう》長吉《ながよし》が築城を開始（『有浦文書』）、山里丸《やまざとまる》も同年七月秀吉が母の死で上洛の間に完成した（『大かうさまくんきのうち』、宮武

正登「肥前名護屋城下町の空間構成とその特異性」『国立歴史民俗博物館研究報告』一二七、二〇〇六）。

また本丸の石垣（野面積《のづらづみ》）内側から、より勾配の急な旧石垣（割石積《わりいしづみ》）が検出されている。ふつうは勾配の緩い方、割石よりも野面（自然石）使用が古い技法とされているから、現象としては逆である。当初から埋め殺しを前提とした二段階造成だったとは考えにくく、増築（大規模な継ぎ足し）であろう。拡張は二の丸三の丸にも及んでいて事情はそれぞれに異なるようだ。こうした二重の石垣線は倭城の場合でも西生浦城跡・機張城跡に顕著で、西生浦城では石垣表面のみならず、くるわ内の平面の線でも観察ができる。慶長元年（一五九六）閏七月に伏見城が完全に倒壊する地震が起きた。伏見城では五〇〇〇人を超える死者も出た。これによって耐震基準が見直され、安定性のある緩勾配石垣採用に方針が変わった可能性がある。石垣を全面的に築き直し、それに伴なう建物改築工事が慶長から開始されたのなら、名護屋城では秀吉の死（慶長三年八月）まで普請作事が続いていた。

『肥前名護屋城図屛風』によって、この城と陣跡の様子が可視化できる。この屛風絵の上端右隅に「肥前名護屋図　板倉」と書かれている。一六八八年（元禄元）板倉重常《いたくらしげつね》は狩野光信が画いた『肥前名護屋図屛風』一双を将軍家に献じた（『徳川実紀《とくがわじつき》』『寛政重修諸家譜《かんせいちょうしゅうしょかふ》』）。この図はその下図ということになる（楢崎宗重「肥前名護屋城図と狩野光信」『国華』九一五、一九六八）。絵の城は現況遺構にもよくあう。光信が名護屋城本丸・山里丸の障壁画を担当したことは『甫庵太閤記』・「古画備考」（辨玉集を引用）・「名護屋古城記」にみえる（楢崎論文）。つまり光信は名護屋に長期滞在しており、その描写は写生的である。屛風も彼の生存中に作成されたもので、リアルタイムの観察である。屛風絵の名護屋本城建物は、本丸・二の丸・遊撃丸など、いずれも瓦葺きである（こけら葺きの御殿を除く）。山里丸は一つの門は瓦葺きだが、一つの門は草屋根だった。ついで城外に目を向けると瓦葺きはかなり珍しく、陣跡は大半が草屋根か板屋根である。西方串浦《くしうら》に臨む陣（大和中納言豊臣秀保陣）のみに、瓦葺きの櫓《やぐら》がある。町中では白壁で描かれた蔵だけが瓦葺きである。

名護屋では瓦を大量生産できる体制にはなかった。先の銘文瓦にあったのは大坂四天王寺《してんのうじ》の瓦師《かわらし》だったから、瓦製作は特殊な技能者に委ねられていた。鎮西《ちんぜい》には瓦を一気に製作できる集団はいなかったのではないか。

秀吉も徳川家康も前田利家も、名護屋にて滞陣はしたが、渡海することはなかった。名護屋城は前進基地で、作戦本部でもあったが、この城で明使を迎えたように、外交の場でもあって、豊臣政権中枢の様相を示していた。政権機能は、臨時の城であり前進基地であった名護屋に移されていたのである。本シリーズの一〇巻に述べられるように、日清戦争時には大本営《だいほんえい》が広島に置かれ、天皇も半年広島に滞在して、帝国議会もここで開かれたが、三〇〇年前にもこれと似たような状況があったことになる。

部将たち、たとえば前田利家はのちの利常《としつね》を滞陣中に身ごもることになる女性を陣に同行させたが、正夫人（まつ、芳春院《ほうしゅんいん》）は呼び寄せていない。名護屋城の城主であった秀吉も、正夫人・北政所《きたのまんどころ》をはじめとする家族を呼び寄せることはしていない。随行した秀吉夫人（側室）は京極龍子《きょうごくたつこ》（松の丸）である（『くんきのうち』文禄二年三月二十九日条）。ほか「御たい所」（台所丸か）に北政所老女かう《（孝）》蔵主がいた（『豊前覚書』）。龍子は秀吉が一番相性の良かった側室である。城内山里丸の位置に、のちに広沢寺《こうたくじ》という寺ができる。広沢局《ひろさわのつぼね》という秀吉の側室がいたと伝承される。目を患った女性だったというが、龍子も目の治療に有馬温泉に行っており、よく似ている。本丸の風が強すぎるために、あらたに山里丸が秀吉居所となった（『くんきのうち』）。そこに住む女性にふさわしいのは龍子だった。広沢局と龍子は同一人物のように思われる。

2　陣跡

名護屋城の周囲には大名の陣が置かれた。九州・中国大名が多かったが、奥州伊達政宗や会津上杉《うえすぎ》景勝《かげかつ》、越前堀秀治《ほりひではる》ら東国・北国大名も、つまり全国からの大名が集まり、多くがやがて渡海していった。

いまもその陣跡が多数残される。陣跡の陣主については、故中村質の指導の下、佐賀県教育委員会によって比定がなされているが、その後の新出史料もあり、検討要素が多い。

参陣した佐竹家臣「平塚滝俊日記」（佐賀県教育委員会一九八三）は文禄元年（一五九二）五月のリアルタイム史料である。「佐竹陣（御当陣）の後ろに石田陣、大谷陣、前には上杉陣、増田陣、房州陣、（宇都宮）国綱陣があった」と記述している。上杉陣と大谷陣が近かったことは、天正十九年八月七日直江《なおえ》兼続《かねつぐ》書状（上杉家記『信濃史料』一七）からも推測できる（上杉と直江の陣は、上杉家臣立岩の屋敷か、大谷吉継陣のいずれかでの選定を指示)。旧酒井家に伝来し伊勢崎市・個人蔵となっている『名護屋城屏風絵図』(異本)の描写には、陣と陣主の書き込みがある(宮崎二〇〇四)。平塚日記の記述と屏風絵図は比較的あいそうだ。しかし描かれた陣は東海岸だから、明らかに現在比定されている上杉陣とは位置がちがう。また屏風の石田・大谷陣は現在比定の石田(野元《のもと》)・大谷(魚見崎)陣とまったく異なる位置になる。現在上杉陣に比定される陣(官尺陣)は屏風では波多《はた》三河守《みかわのかみ》陣となっている。波多三河守は文禄の役後に失脚する。現在の上杉陣(官尺陣)は以下に見る陣立書《じんだてがき》にも字官尺と記され、今でも地元(波戸)ではエチゴ陣と呼んでいる。(文禄二年)六月八日秀吉朱印状(名護屋城博物館所蔵文書)によれば、羽柴久太郎(堀秀治)は羽柴三十郎(織田信包《のぶかね》)と替わって帰陣するよう命じられている。つまり陣主が替わる「番替《ばんがえ》」もあった。上杉は渡海する。その際、陣を替えたのではなかろうか。前掲宮武論考は「伊達日記」(『群書類従』二一)に「家康公、筑前殿モ御城ノ北入海ヲ隔御立陣ニ候、政宗モ其北方御陣所ニ候、其西ハ結城殿御陣所ニ候」とある名護屋湾東岸の徳川別陣、伊達陣に関する記述は、現在の比定によく合致するとみる。「筑前殿」が黒田ならあうが前田だとあわない(この日記には加藤筑前ともあるが、だれをさすのか不明である)。結城陣は上記異本名護屋屏風に徳川陣に隣接してみえるが、「伊達日記」とも少しちがう。結城陣は現在陣跡の比定がない。

中村質と佐賀県教育委員会による比定の根拠は、近世後期の陣跡図と書上《かきあげ》である。これらには陣の場所(字)と陣主が記されている。陣跡図には三〇の諸本があって、『肥前名護屋城と「天下人」秀吉の城』に名護屋城博物館所蔵など七種が掲載されている。『文禄・慶長の役城跡図集』所収絵図は文字も読み取ることができる。上記宮崎論考にも別系統の陣跡図が掲載され、文字が活字でおこされている。これらの地図は近代的な測量図ではないから、距離や方向が不正確であって、陣の位置と陣主比定には困難が伴う。屏風絵は地図よりもさらに位置関係がわかりづらい。

書上も何種もある。

A　「名護屋城記」系統（「秀吉公名護屋御陳（陣）之図ニ相添候覚書」『文禄・慶長の役城跡図集』所収ほか）

B　鍋島直茂公譜（『佐賀県近世史料』一―一、享保年中の成立）

があり、Aには一一〇の、Bには七〇の陣と陣主が書かれている。AではBより数が四〇も多い。書上にみえる陣跡の地名は大半がいまも残っている。陣跡図には字名で場所が記される（小字は明治以降多くが統合されて、忘れられたものも多いし、明治期小字の位置を示した地籍図もみつかっていない。しかし地元の呼称としての地名は明治期小字以外のものも含めて、多くが伝承されている。こうした地名をしこ名という。通称名と同義である。近い将来、地名地図公刊予定）。

Bの陣をAの陣と比較すると、全体七〇陣のうち、ほぼ一致しているものが三七、一致しないものが二三である。ちがいには単なる表記のちがいも含まれる。前田利家（A筑前町、B板屋町）、徳川殿（A竹之丸、B古里町）、小西行長（A中魚見、B打椿）をはじめ、陣地の記述が異なるものは多いが、前田陣の筑前町と板屋町は隣接している。家康陣のB古里はA竹之丸から二〇〇㍍ほど下った位置にある。小西を含め、同じ場所のようである。福島正則《ふくしままさのり》陣がAのみにあってBになく、多賀出雲守、丹羽五郎左衛門らはBのみにあってAにないという大きな差異はある。福島陣は屏風と絵図にはあり、多賀は絵図に記載はある。

陣主比定にあたっては、確実なものから順次比定地を確定していくべきであろう。地名と陣跡が一対一で確定できるものは、より確度が高い。たとえば地獄浜（徳川別陣下屋敷）、弁天崎（加《か》藤嘉明《とうよしあきら》陣、以前は結城が在陣か）、笠冠山（宇喜多《うきた》秀家《ひでいえ》陣）、高嶽（鍋島直茂陣）、ゼンニュウ（堀久太郎陣）、鉢畑（豊臣秀保《ひでやす》陣）、尻形（日根野陣）、貫抜《かんぬき》（神ノ木《かんのき》とも、松浦陣）などは一地名に陣が一ヵ所しかない。また地名自体に陣主の名が伝承されるものは、先のエチゴ陣（上杉陣、字官尺）のほか、サツマ陣（島津陣、字湯蓋《ゆぶた》、現在は井樋田《ゐびた》と表記するが同じ）、サナダ陣がある。字名も書上に合致するから彼らが布陣していた確度は高い。一地名に複数の陣がある場合は、位置関係を絵図の記載から推定して補強できる。

なかには地名と一致しないもの、地名がわからないものもあり、それらは今後の検討が必要である。木下右衛門（延俊《のぶとし》）陣は、Aのみにみえ、Bにはない。屏風にもない。書き上げに「御厩詰」とある。「御厩」はふつうは大手筋・城門近くに置かれるけれど、その地名を確認できない。現在比定の延俊陣（法光山）は絵図での距離と方向感覚から違和感がある。また本城から南の太閤道東側の陣跡のいくつかについては、佐賀県が比定する陣主と、絵図には相当のくいちがいがあって、検討の余地が多い。たとえば大谷刑部《おおたにぎょうぶ》の陣（字魚見崎）は現在の比定地（上記波戸とは別陣）ではなく、その東、現在加須屋《かすや》陣に比定されている位置（地名魚見崎）ではないか。書上では加須屋陣は地名池尻とある。寺沢陣（字草辺《そうべ》石《いし》）も、もうひとつ東であろう。

二〇〇年後の記述だが、『伊能忠敬測量日記』（大空社、一九九八、関係部分『浜玉町史』資料編）にも、陣についての貴重な記述がある。文化九年（一八一二）八月二十九日、名護屋城本丸跡にあった「名古屋村城山遠見番所」を出て、右に浅野弾正陣所（二の丸）、西御門を出て、左に堀久太郎陣所、右二町に細川幽齋《ほそかわゆうさい》陣屋、左道端に大和中納言陣所字蜂畑、左道端に鍋島字高岳とある。細川陣を除けば、いまの佐賀県比定とちがうところはない。つづいて左十町（右十町の誤記か）、字大平に加藤主計、並んで溝口伯耆守《みぞぐちほうきのかみ》陣所字臼杵《うすき》とある。清正陣は「左」が正しくは「右」だとすればあうのだが、溝口陣（字臼杵）は清正陣に並ばず、あわない。溝口陣は他の史料（A、B）は清水口としている（もし字臼杵が字薄木〔玄海町今村〕だとすると離れすぎるので、伊能忠敬の認識にも不正確なところがあったことになる）。串浜からつづく波多三河守陣（字戸屋崎）はあう（ただし屛風にはあわない）。二日後、九月一日に串浦を出た忠敬らは、左に福島正則陣を見、つぎに左に字串元ノ辻の多賀出雲守陣跡をみて、字前泊・柴田崎（畠崎）・犬戻を経、字串崎で秀吉軍出陣時の遠見番所石垣跡をみ、字白石（現在の地名はシライワ）、ついで左五町の距離の字薄木の羽柴藤五郎（長谷川秀一）陣所、京極侍従陣所跡をみ、さらに幽霊島、今村、シレイ川（しれいごう、上記の地名はいずれも現存）に到っている。福島正則陣はAの場合には大比羅（大平、加藤清正陣に近接）だったから、全く別位置となる。忠敬がいう福島陣は現在陣《じん》内《うち》・城《じょう》の平《ひら》とよばれる山のようで、これまで陣跡とは認識されてこなかった。多賀出雲守陣は絵図に記述があり、Bでも字串辻だから一致する（Aに記述がないことは前述）。佐賀県教育委員会は字薄木のトンノヤマ（殿の山）を京極若狭守陣に、通称日ノ出を長谷川秀一陣に比定しているが、A、Bそして伊能忠敬の認識に一致する。

このように各陣跡の陣主比定は、その確実度に差異がある。

現在、陣にある石碑は一九三一年（昭和六）建設で、表に「フロヲロ第一陣阯」、裏に「加藤清正」、表に「平野町陣阯」、裏に「前田利家」のように書かれている（フロヲロは旧小字）。地名を優先させている。指定告示をした官報自体には、内訳として「フロヲロ第一陣阯」以下地名のみを記しており、陣主の比定をしていない。当時の名護屋村・佐賀県からの指定申請・進達では島津兵庫頭、上杉宰相など陣主を指定した上で申請しているから、内務省はこの判断（比定）を留保したことになる。陣阯（陣跡）の史蹟指定を積極的に進めたのは、黒板勝美である。大正十年現地を踏査した黒板は一二三三円もの実測調査費を内務省に用意させ、その指揮の下、翌年以降に柴田常恵が調査と実務に当たった（文化庁・指定一件書類）。当時の遺跡学の見識は、不確実な比定は避けるというものだった。

渡海した人数は二〇万人である。徳川家康は渡海せずに一万五〇〇〇人で滞陣し、豊臣秀保は一万人、前田利家も八〇〇〇人で名護屋にとどまった。ほか渡海しなかった多くの大名と、秀吉直轄軍（旗本）を合わせ、軍民二〇万人の巨大都市の出現だった（「朝鮮国御進発之人数帳」『太閤記』所収）。佐竹は渡海せずに二〇〇〇人が在陣したが、家臣である大和田重清《おおわだしげきよ》の日記（『日本史研究』四四―四九）を読むと、最終段階、すなわち秀頼《ひでより》（拾）誕生によって秀吉が陣払いする際も、なんの言及もない。秀吉がいなくなったことに気づかないほど、多数の兵士が滞在し混雑していた。名護屋城周辺では常に普請が続き、朝鮮にはどんどん消耗される焔硝《えんしょう》、鉛を外国から輸入して補給しなければならなかった。

在陣組にも、しごとは山のようにあったようだ。

名護屋の地名には屏風絵にも描かれた女郎町もある。軍事都市名護屋は男性ばかりの町だった。いかにもありそうな施設である。そのほか唐人坂という地名はやはり屏風絵に描かれた明使到着に由来するものか。ホタチメは、対馬でいう火立隈《ほたてぐま》（烽火台《のろしだい》）に関連するのだろうか。黒田長政《くろだながまさ》陣に比定される山をふなはし山という。異本『名護屋城屏風絵図』（旧酒井家）や、一部陣跡図は舟橋を画く。舟橋伝承もあって（鎮西町『後田遺跡』一九八三）、必要時には湾内に舟橋が架けられた。

豊臣秀吉は九州本土（日本）から出なかったが、秀吉軍はつぎつぎに渡海した。日本国内には壱岐の勝本城《かつもとじょう》や府中（のちの厳原《いずはら》）清水山城《しみずやまじょう》のような繋ぎ城が置かれた（いずれも国指定史跡）。朝鮮海峡に面する対馬北端、撃方山城《うちかたやまじょう》（対馬市上対馬町）と結石《ゆいし》《ゆうし》山城《やまじょう》が日本領土では最も端の城であり、渡海基地・待機所であった。

3　倭城（日本城）の特色

文禄の役は朝鮮国に対しては唐入《からい》りの案内をせよ（「征明嚮導」）、道を譲れ（「仮道《かどう》」）という要求であったが、明より冊封される朝鮮が従うはずはない。敵地を侵攻するから、文禄の役時に釜山を中心としてその近海に多くの倭城が築かれた。慶長の役には西と北に拡大する形で徳湖里城（唐島瀬戸口城、旧称見乃梁城）以西、順天までの五城、また馬山と、北部梁山《ヤンサン》、蔚山城が増強された。

倭城はほとんどが慶尚南道に現存している。順天新城里《(星)》倭城は全羅南道である。ほか京畿道《キョンギド》には豊徳川陣（壬辰山城）、白蓮峰陣、平沢農城、平安南道《ピョンアンナムド》にも馬上山倭城の存在が指摘されている（太田秀春「ソウル大「倭城図」と韓国の倭城研究」『倭城の研究』四、黒田慶一「韓国の最近の倭城調査」『韓国の倭城と壬辰倭乱』岩田書院、二〇〇四）。西端の順天新城里から東北端の蔚山までの距離は、日本側でいえば九州東端の門司《もじ》から五島の北端までの距離に相当する。この距離に三〇以上の倭城が築かれた。倭城は大半が福岡城や熊本城と同等か、ないしはもっと大規模だった。

倭城は日本国内の城にはない多くの特色をもっている。一つは港（軍港）を確保するための海岸堡（Beachhead）だったということ、二つは朝鮮半島（大陸）に築かれ、朝鮮人・技術者を多く動員したため、日本城と大陸城（都城・邑城《ゆうじょう》）の折衷技法が見られるということである。この二点を意識しつつ、倭城の特色について述べよう。

海岸堡

橋頭堡《きょうとうほ》（Bridgehead）ということばはよく知られている。川の対岸、敵地に築かれ、交通路である橋を確保する。海岸堡も橋頭堡に類似し、渡海した先（敵地）に構築して、敵に包囲されても援軍が到着するまでの期間、籠城が可能な陣地とする山である。複数の海岸堡を維持することは制海権維持につながる。倭城は大半が海岸堡である。すなわち海岸近くの山を城地として占有し、港を城内（海岸部）に包摂する。

西から順天、南海《ナメ》、泗川、固城《コソン》、馬山、明洞《ミヨンドン》、巨済島（徳湖里、松真浦《ソンジンポ》、長門浦《チャグモンポ》、永登浦《ヨンドンポ》）、熊川、安《アン》

骨浦《ゴルポ》、加徳島、東三洞《トンサンドン》（椎の木島）、釜山、機張、林浪浦《イムランポ》、西生浦、蔚山の各倭城が海岸堡に該当する。もっと多いとする井上秀春説もある。

倭城のうちには海岸部ではなく、内陸に築城されたものもある。しかし洛東江《ナクトンガン》など船が航行する河川に接している。亀浦倭城、金海竹島倭城、狐浦里（湖浦里）倭城、梁山甑山城、馬沙《マサ》倭城、金海新沓《タップ》（農所《ノウソン》）倭城はいずれも洛東江に近接する。洛東江は内陸まで潮汐の影響を受ける。望晋《ボウチン》倭城は南《ナム》江《ガン》に近接している。

図4　機張倭城（上は母城，下は子城・外郭）

良港がある海岸近くにあって、かつ防衛に適した山をもつ場所は限られており、時代を通じて軍事拠点となる。倭城の多くは、朝鮮王朝においてすでに軍事的基地として営《ヨン》、鎮、堡、邑城、船所が置かれていた立地に重複している。こうした場所を占拠し、軍事施設を接収し武器弾薬を押収したうえで、基地として再利用したことが、発掘調査でも確認されている。近年、釜山特別市や順天市など地方自治体による倭城の発掘調査が進行し、倭城の遺構に重なって、前身の鎮時代の遺構が多く見つかっている（沈奉謹「文化交流上に見た韓国の倭城」『東アジアと日本―交流と変容』ニューズレター七、二〇〇五）。

具体的にいえば釜山鎮城に釜山城を、安骨浦鎮城（水軍万戸営）に安骨浦城を、東莱《トンネ》邑城に東莱城を、永登鎮城に永登城を、固城邑城に固城城を、通洋鎮城に（泗川）船津城を、豆毛浦《トウモツポ》鎮城に機張竹城里城を築城した。そのほか西生浦城にも秀吉軍侵略以前から軍事施設があった。これらのことは『東国輿地勝覧』などの地誌に詳述されているから、ハングルによる現地説明板には倭城に関わる記述量は少なく、大半が鎮・営の説明となっている。秀吉軍は朝鮮王朝の軍事的拠点を奪い、労少なくして日本側の軍事拠点にすることができた。

母城と子城・直線的防塁

山頂と港を結ぶという立地が、倭城特有の縄張り（城郭平面プラン）になる。まず山頂と港を結ぶため、母城と子城をもつ。母城は最高位の山の頂に置かれる。子城は海岸・港近くの低丘陵に置かれる。母城と子城を一城郭として一体化するため、長い防塁線が必要になる。この防塁は屈曲（折れ）をほとんどもたない。国内本土の城郭は折れを多用して側射を重視するが、そうした面は稀薄である。西生浦城、熊川城などでは櫓台が塁線（直線）の前面に出るから、折れの代用となっている。直線的な防塁は中国都城や朝鮮邑城には多い。

日本における類例の直線防塁線に、平地では元寇防塁《げんこうぼうるい》や御土居《おどい》（聚楽城外郭）がある（御土居は折れを用いた部分もあるが、基本は直線である）。平地における直線的な防塁は、騎馬部隊（騎兵）の侵入を許さないという防衛戦略に主眼があったと推測される。大陸的である。斜面に「登り石垣」風の塁線（石垣、土塁、濠）をもつ日本国内城もあって、朝鮮から帰陣した大名によるとされるものもあるが（伊予松山城、淡路洲本城《すもとじょう》、近江彦根城、越後村上城など）、倭城にみる規模ほどには発達しなかった。

外郭虎口と簡素な枡形

倭城では厳しい軍事的な緊張を強いられたから、施設はきわめて実戦的で機能本位であった。たとえば、城門の構造がある。門は城にとっては防衛上の弱点になるため、日本城では枡形《ますがた》を設けて防衛する。門空間ではコの字形に石垣を築き、門を攻撃しようとする敵を正面（門）、側面、背面の三方から攻撃・防御する。効率的で、弾薬・弓矢などの損耗が少なくてすむ。しかし大陸の城（都城・邑

図5　熊　川　城

図6　西生浦城　子城

城）に、枡形は顕著ではない。万里の長城には山海関《さんかいかん》・居庸関《きょようかん》・嘉峪関《かよくかん》などいくつも城門（関門）があるが、堅固な重層アーチ門であって、枡形に依存はしていない。

日本国内城の枡形にはコの字状とロの字状の二タイプがある。コの字状枡形が一ノ門（渡櫓門）のみで防衛するのに対し、ひとつの枡形に一ノ門（渡櫓門）と二ノ門（高麗門）の二つを備えるロの字状枡形は一見荘厳だが、二ノ門（高麗門）での防衛は前面のみの一方向となり、枡形の特色が生かせない。ロの字状は江戸城や元和大坂城など徳川の城に多用される。倭城にコの字状枡形は多いが、ロの字状枡形は見られない。

倭城のなかには枡形さえももたない門もある。石垣塀からの側射と門からの二方向攻撃による防衛である。順天城の攻防を画いた「征倭紀功図巻」別名「壬辰征倭図」とよばれる絵図がある。描かれた順天城はきわめて中国風だが、これは明で作成されたからであろう。けれども絵画にみる順天城の様子は、ある程度遺構に合致する。外郭線では、三つの門のうち二つは枡形をもっていない。重層門として画かれる枢要門のみは枡形風に描かれている。

外郭に濃厚なのは日本城の築城技術ではなく、大陸の築城技術（都城）の発想である。門は石垣（塀）に対して直角に置かれている。明・朝鮮軍は防弾装備を施した戦車（装甲戦車）で攻撃してくる。日本本土にはない戦法に対しては、大陸的な防御法が有効だったのだろうか。

この順天（新城（星）里）城は三重の防塁線があって、もっとも外側の防衛線においては、典型的枡形は遺構上、完全には確認できないが、二番目の防塁線と本丸（内郭）には典型的な枡形がある。こうした特色は西生浦城や熊川倭城、徳湖里倭城（旧称見乃梁倭城）、釜山子城台（九州大学所蔵図・前掲書所収による復原）でも指摘できる。倭城は海岸堡だから、港に口があれば、内陸側の門を設営する必要はなかった。巨済島東部の三城には外郭線に出口はない。先述したような朝鮮王朝の営・鎮を継承した

図７「征倭紀功図巻」順天倭城海上封鎖図

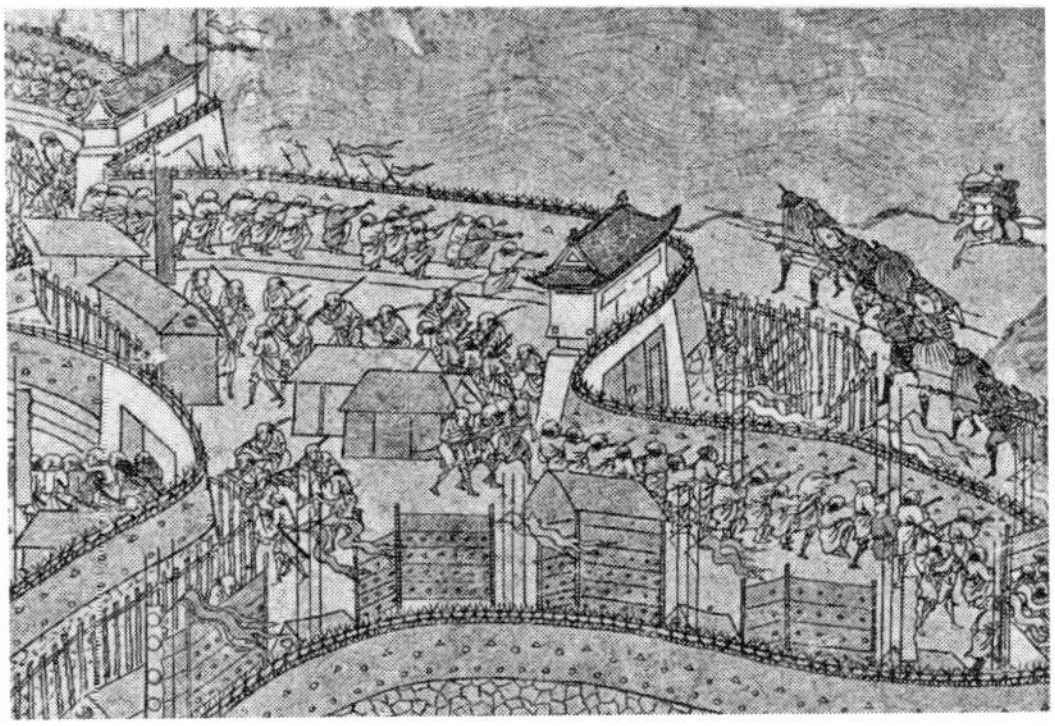

図８「征倭紀功図巻」順天倭城の攻防

もの（釜山子城など）については、外郭線までは日本式に改造する余裕がなかったし、必要もなかっただろう。

日本側古文書に「さるみ」とよばれる現地朝鮮人が多く登場する。秀吉は「博多銀」とよばれる大量の銀を軍資金とした。生野《いくの》銀山の銀で文禄通宝《ぶんろくつうほう》（銀銭）も鋳造し軍費とした。朝鮮王朝下での反体制派のなかには日本を頼る者もいたであろう。資金力に惹かれた現地有力者がいて、日本に協力したことも大いに想定できる。外郭線は彼ら現地の新支配者と技術者に委ねられたのではないか。

作事（建築）の特色

倭城の概観はいくつかの絵図から推定できる。既述した「征倭紀功図巻」は明側の作成であるから、中国風の描写が濃厚に反映されるが、遺構に合致するところは多く、資料の精度は高い。蔚山城包囲の様子を書いた『朝鮮軍陣図屛風』は著名である。鍋島報效会所有のものは一八八六年（明治十九）制作だが、原本が佐賀の乱で焼けたためで、同じ構図の江戸中期作成の図（複本）が二点確認されている（大韓民国国立晋州博物館図録、『秀吉と文禄慶長の役』）。

屛風図によれば、蔚山城の惣構《そうがま》えは一番外に柵、内側に土手の上に塀がある。後方の一部を除いて前面の柵・塀は大半が壊され倒されている。内郭は石垣の上に四つの曲輪《くるわ》があり、その四つの門はすべて枡形をもたない。一方戦前の実測図（「蔚山城ノ防禦図」埼玉県立博物館蔵、『倭城の研究』5・口絵）には桝形を多用した三の丸や、浅野出丸（浅野文書での「小山」）が画かれている。屛風図にみる建物の屋根は御殿を除き、瓦葺きである。明軍・朝鮮軍は石垣上端に梯子を掛けてよじ登っている。画かれた梯子だけで十ヵ所あり、一斉攻撃である。ただ石垣の上にも塀があるので、どのようにしてこの塀を越えて城内に入ろうとしたのかが、わからない。面をもたず線の上のみに建つ塀は、控え柱がなければ簡単に倒れるし、控えがあったとしても、倒れやすかった。熊手や、投げ碇ほかで引き倒すつもりだったと推測する。

蔚山城の構造については浅野家文書・慶長二年十二月二十三日「蔚山之御城出来仕目録」に詳しい記述がある（『大日本古文書』二五六、浅野幸長高麗陣雑事覚書）。「出来仕」とあり、蔚山城はそれなりに完成していた。本丸建物のうち、本丸門矢蔵（二棟）と居矢蔵（四棟）あわせて六棟のうち、三棟が瓦葺き、三棟が栩《（栃）》葺きつまり板屋根だった。塀は「八十九間分」が栩《（栃）》葺きで、「二十五間半分」が屋根は板覆いで、ともに控え柱があると明記されている。控え柱の有無は塀の強度そのものであるから特筆事項であった。二の丸・三の丸もほぼ似た状況だった。蔚山城は慶長二年（一五九七）十一月中旬からの築城開始で、一月とわずかの工事であった。このように、蔚山城では全ての本丸櫓や門、塀に耐火構造に優れる瓦を載せることができなかった。当時の瓦製造体制では、短期間では瓦を十分提供できない。

蔚山城の構造をより詳しく見たい。

（前略）

本丸ノ門塀矢蔵

門矢蔵　弐間半ニ拾壱間　中国衆

高さ冠（かぶき）の下弐間、戸ひら（扉）内壱丈、くゝりくはん（貫《かんぬき》）の木、かな物有、やねおか（大鋸《おおが》）板とち（栩）ふき、
れんじ（連子）三ツ、つきあけ戸あり、入口壱ツ戸あり、おもて弐間ニ戸四本有、板敷、

（中略）

一門矢蔵　三間ニ七間　　加藤主計頭

高さかふきの下弐間、戸ひら内弐間、れんじ六ツ、つきあけ戸有、入口二ツ戸あり、やね
かわらふき（瓦葺）、板しき、

二ノ丸三ノ丸石垣

本丸の門矢倉の一つは長さが「十一間」。細長いが扉は一丈（三㍍）。門に接続して多聞櫓があったようだ。屋根はみたとおり「おか板とちふき」であった。野地板《のじいた》が「大鋸《おが》」で挽いた厚板で、その上に薄い栩（栃）板を重ねて葺いたものである（ほか野地が簀《す》の子《こ》のものもあった）。この建物は「十一間」に連《れん》子窓《じまど》が三つだから、一つの連子窓が三間分ほどあって、長い窓だった。もうひとつの門矢倉は瓦葺きで、七間に六つ、ほぼ一間ごとに独自の連子窓があった。窓はいずれも突上戸《つきあげど》窓、つまり前方に押し上げて支えの棒で開けておく窓（吊り戸窓）だった。左右引き戸に比べると、収納スペースを必要としないから、前方に対して全面の有効利用が可能で、攻撃スペースをより多く確保できる。この突上戸窓は、朝鮮陣に参戦した加藤清正、黒田長政、加藤嘉明らが帰国後に築城した国内の城に多用された（重要文化財の熊本城宇《う》土櫓《とやぐら》、福岡城多聞櫓《たもんやぐら》、松山城ほか。これらの城の古写真でも突上戸窓の多用が確認できる）。

なお惣構えは中国衆が守る「千百四間半土手」と、浅野幸長が守る「三百二十五間半土手」があった。前者が本城、後者が史料に小山とある浅野出丸（東部洞城、現存せず）に該当する。いずれも高さ四尺八寸（一・四四㍍）の土手を築いた上に塀を置いた。この塀には矢切り（矢狭間《やはざま》）があったが、控え柱の記述を欠く。控え柱がなかったのだろう。屏風絵に引き倒された塀が描かれているように、構造的に弱く、当初から期待度が低かった。

倭城を歩くと、朝鮮瓦がごろごろと落ちているところがある。すべての建物に瓦が葺かれていたと考えがちだが、大量の瓦製作には準備期間が必要で、蔚山城のような急ごしらえの城にはまにあわなかった。

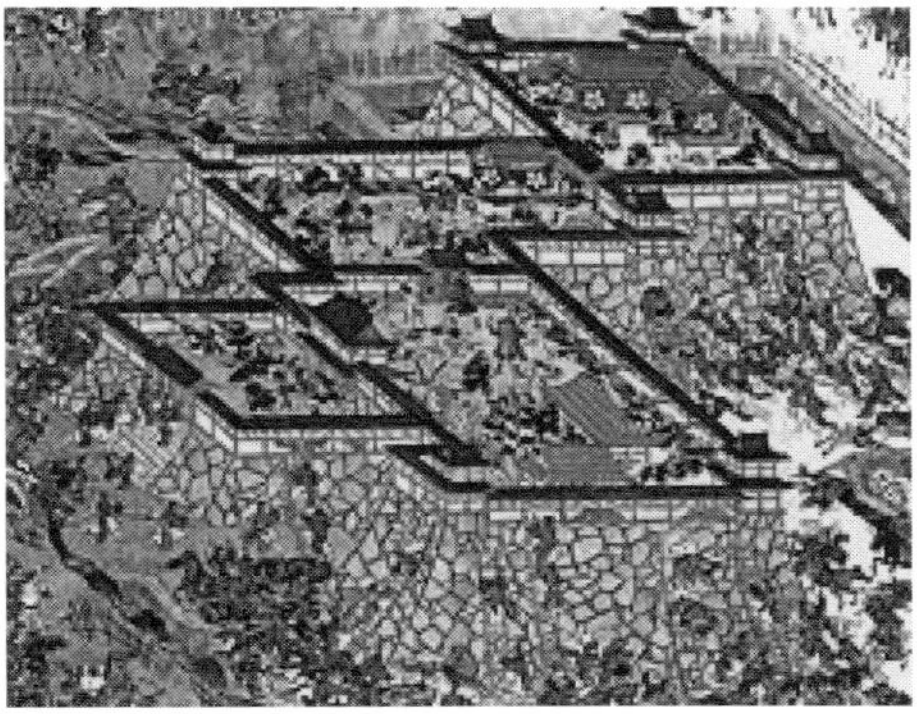
図９　鍋島報效会所蔵『朝鮮軍陣図屏風』の一部，蔚山城攻防図

朝鮮瓦に滴水瓦《てきすいがわら》がある。日本にはない逆三角の瓦だった。金海竹島城、機張竹城里城などから採集された（『倭城の研究』一）。南海倭城天守台下からは「申二月」と書かれた滴水瓦が採集されている（羅東旭「南海倭城の滴水瓦」『倭城の研究』一）。「申二月」は万暦二十四年丙申（一五九六、日本慶長元年）に推定される。つまり朝鮮瓦工が滴水瓦ほか倭城の瓦を製作した。慶南左水営鎮城跡から出土した軒丸瓦と同笵《どうはん》の瓦（同じ型わくで焼かれた瓦、文様が同じになる）は日本・八代麦島城《やつしろむぎしまじょう》や、対馬金石城《かねいしじょう》でも出土した。朝鮮瓦工は鎮城・倭城のほか、日本国内の城瓦も

図10　発掘中の金海竹島城

製作している。

文禄・慶長の役は焼き物戦争といわれているが、陶工たちは秀吉軍の引き上げとともに日本に渡り、有田焼・薩摩焼ほかの祖となった。瓦も同様だった。

述べたように秀吉は「博多銀」と呼ばれる貿易銀を調達した。藤木久志『雑兵たちの戦場』に詳細に記述された伊丹屋清兵衛や、「天正二十一年」（一五九三、文禄二）三月の「高麗国にて銀子借用状」（弘文荘古書目録に写真掲載）に登場する豊前豊永別四郎、あるいは上杉の被官となっていた商業者かつ輸送業者であった立岩喜《（屋）》兵衛（井原今朝男『中世のいくさ・祭り・外国との交わり』）のような戦争商人・高利貸しも活躍した。朝鮮側にも商人がいて日本軍の物資調達に協力した。死の商人はどこの国にもいた。

朝鮮瓦工は日本城の瓦を焼いた。負け組となった日本協力者が、朝鮮で生き続けることは厳しかった。日本に亡命し、瓦を焼き続けるほかはなかった。日本には瓦製作者は限られた地域にしかいなかったし、技術的に朝鮮瓦の方が優れていたから、しごとの需要は山のようにあった。

倭城では朝鮮瓦で屋根が葺かれていたから、建物の屋根も朝鮮式だった。両側が反りあがった屋根である。日本兵にはエキゾチックに映った。

朝鮮王朝内の反体制派も秀吉に協力しただろう。軍事施設として通信網が整備される。烽火台も多く作られ、豊臣軍が活用したが、適切な距離にて見通しのきく場所はおおよそ限られている。これも朝鮮王朝が設置していた烽火台を接収し再利用している（薩藩『旧記雑録』・（慶長三年）二月五日、二月十二日、二月二十三日熊谷直盛書状、服部英雄「中世・近世に使われた「のろし」」『烽（とぶひ）の道』青木書店、一九九七）。

朝鮮王朝の烽火台は漢城《ハンソン》（京城《ソウル》）と各地を結ぶもので、放射状の中心は京城であった。豊臣情報網は半島南端の倭城相互を連絡するものであったから、新烽火台を補塡する必要があった。その場合でも、さるみと呼ばれた現地人（朝鮮人）を動員して道案内をさせている。

個々の倭城概観

大規模倭城を見学する場合、調査目的であれば、踏査するだけで、一つの城に一日ちかくが必要である。高岡徹『文禄慶長の役と北陸大名―肥前名護屋陣と熊川倭城を中心に―』の付図である熊川倭城実測図をみると、二回に亘る調査で、計五日を要している。規模が大きい分、魅力的である。別図はわたしたちが韓国の研究者と共同で順天新城里（星）城を光波測量した実測図である。五人がかりで三日間かけても完成には至らなかった。従来の縄張り図と比べると遺構間の距離に違いがあることがわかる。縄張り図は遺構を中心に図を作成するから全体の相互距離などは今後、修正もあろう。韓国では従来は空中写真はほとんど公開されてこなかったが、今はグーグルアースでたやすく活用できる。空中写真を活用した図面作成に替わっていくことだろう。

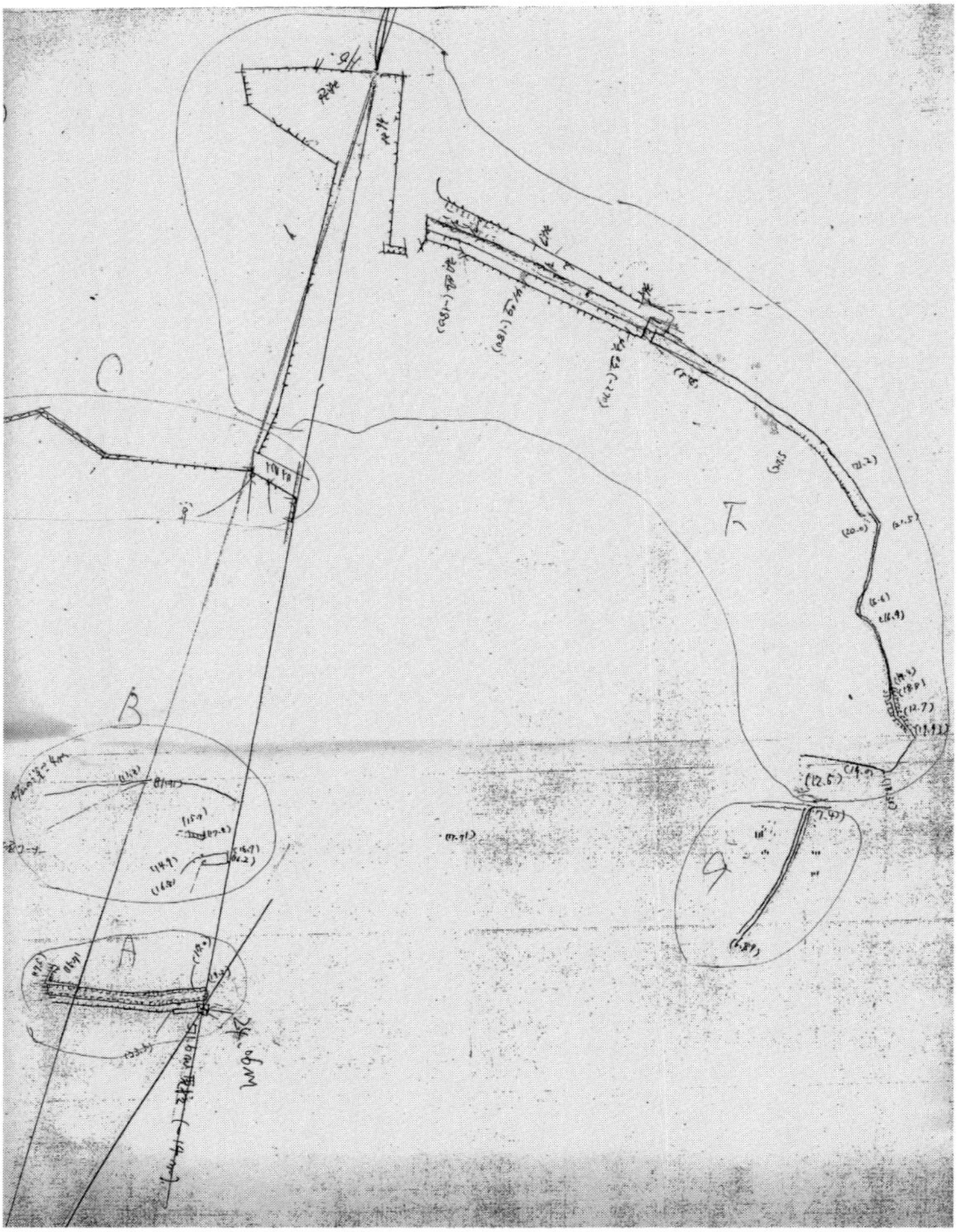

図 11　順天城　実測図

近年倭城の発掘事例も増加している。また慶尚南道のみに目が向きがちだったが、北方の倭城も視野に入ってきた。倭城は韓国にとっては負の遺産だろう。安骨浦城にて史跡碑にあった朝鮮総督府の文字が削られたものをみた。好感はもたれなくとも当然で、やむを得ない。ただ日本の築城技術が最高に発達した段階で、大陸・朝鮮の技術も取り込んだ城郭だから、城郭遺跡としてみれば優れたものばかりである。巨大な城郭、倭城は戦前においても、現在においても多くの歴史愛好家の関心を引き寄せる。日韓共同研究で、新たな研究の進展が期待できる分野である。

倭城解説

各倭城について簡単な解説を付しておきたい。見学の参考のために、遺存度と規模を記した。◎はとくに規模壮大で圧巻。石垣も見事でだれしも感動する。○はそれに次ぐ。▲は篤志家向き。＊は著者未踏査のものである。Aは「九州大学九州文化史研究施設所蔵倭城趾図」（佐賀県教育委員会一九八三）にあるもの、Bは『倭城Ⅰ』（倭城史研究会）に縄張り図があるもの、Cは『倭城の研究』一―五に図面・報告があるもの（数字は号数）、Dはソウル大学校所蔵の倭城図にあるもの（太田秀春「ソウル大学校所蔵の倭城図について」『倭城の研究』四）、Eは堀口健弐「倭城の縄張りについて」（『愛城研報告』、数字は号数）にあるものである。

名称	規模・遺存度	図面	解説
順天新城里(新星里)城	◎	A	小西の実戦の城で、規模は壮大。とくに明・朝鮮軍との実戦の場である外郭

		C2 D	(惣構え)や、本城と外郭(惣構え)を結ぶ中間の枡形虎口の保存の良さが特色。順天城を韓国側は「倭橋」(ウェタリ・曳橋、倭台とも)とよんでいた。「橋」は「台」に同義という。曳橋の語感は中間の枡形虎口一帯の地形になじむ。「九大図」によれば海にも防御施設があった。本丸天守台と虎口の石垣修理がなされて、石積みの雰囲気が変わった。開発(バスターミナル)の話があったが、中止になった模様(最近の事情は不明)。最近史跡探訪用の車道が完成した。
南海船所里城	○	A C1、4 E10	子城と母城がある。母城は畑地。天守台周辺に壮大な石垣が残る。母城から子城がよく見える。実戦を経験した城。
泗川船津里城	○	A E13	戦前に島津家が公園化したとされ、桜の名所だった。外郭は谷を横断しつつ一周させる朝鮮式である。道路で断ち切られて土塁の断面がみえるところがある。京都耳塚の霊を移して祭った碑が近くにある。最近石垣が積み直され、日本風の門が建設された。実戦があった。
固城	▲	A E13	市街地に埋没している。民家の背後に高い石垣が一部残存している。天守台もあった。
徳湖里城(旧見乃梁城)	○	A C1、E10	「九大図」にある天守台石垣は、いまは耕作者によって崩されて残っていない。土塁のようになって堀とともに残り、輪郭はよくわかる。
松真浦城	◎	C1 D、E11	山頂部から海岸まで見事な遺構が残る。内城と外城の二城構成といえる。外郭線に虎口の形跡はなく、海のみを出入り口としていた。孤立感が漂う。
長木浦(長門浦)城	◎	C1 D E10	これも母城・子城というよりは二つの城があるといえる。見事な石垣が残る。山林・藪の密度が濃く、全体像はつかみにくい。西外郭線に虎口はない。外郭で締め切る構想のようにもみえるが、東の二本の外郭線は途中で終わる。外郭

			は増設で未完成か。
永登浦城	○	C1 D E10	山頂部近くに道路ができたが、多くの人は港から歩く。尾根のみを利用する線的な縄張りが特色。港の反対側に外郭線が二本出ているが、役割がわからない。見事な石垣がある。
馬山城	▲	B D E10	一部に高石垣が残る。多くは崩れているか積み直されている。公園化されているものの、保存が良好という印象はない。『倭城Ⅰ』はかなり明確に残っていた時代の遺構図を掲載している。
明洞城	○	C5	熊川城の端城とされる。明洞港の背後と、後方の山の三ヵ所に石垣が残る。
熊川城	◎	C5 D、E10	三浦の乱の舞台の一つ、薺浦の東の山。山頂部から海岸に降りていく石垣線を見ることができた。美しい海だったが、薺浦までの海は埋め立てられた。
安骨浦城	◎	C2、4 E11	安骨浦の港の後背の山にあって、三つの主要な曲輪からなる。いわば本丸が三つあって、天守台も三つある。一つに旗竿石がある。奥の方はカズラが繁茂しており、冬しかいけない。一部石垣は崩壊しかけている。安骨浦の港を囲むように外郭線で閉鎖する。倭城の思想をもっともよく表す。かつては南北の海が美しかったが、安骨浦—加徳間の海は埋め立てられ、南—東側は陸地化した。
加徳訥次城	○	C2 E10	加徳島の離島・訥次島にある。本丸に石垣が残る。最北端の曲輪など、複数の曲輪の形はよく残るが石垣はない。
東三洞城	▲	C3、4	椎の木島といったヨンド（影島）にある。山頂の広い平坦地から釜山湾を行く船を見ることができる。遺構は平場以外確認できないのではなかろうか。
釜山城	○	A B C4、5	母城は動物園だった時代などあり、石垣はほとんど近年積み直された印象がある。天守台の写真および縄張り図が『倭城Ⅰ』にあるが、いまはバスケットコートやテニスコート造成で削平されている。壮大だった遺構は「九大図」から

		E 11(子城)	判読できる。かつては「九大図」を復原図とする見解もあったが、同内容の埼玉県立博物館・宮川肇コレクション図には陸軍工兵大佐原田二郎による測量製図と明記（『倭城の研究』五）。子城は釜山鎮時代の建物が復原されている。周囲に残る石垣は当時のもの。勾配が美しい。
東萊城	▲	A C3	倭城ではなく、日本軍に抵抗して戦った鎮城として顕彰されている。遺構はあまりわからないが堅堀などが残っているという。
亀浦城	○	A B	石垣はよく残る。一部には崩落石もある。市街地にあるのでゲリラ戦の訓練に使われてタコツボが掘ってあるところを見た。別郭は開発で事前調査された。
湖浦里城	▲	A	開発で本体は消滅した。「九大図」から遺構を知ることができるのみ。一部邑内の遺構はわずかに残る。
梁山城＝忽禁甑山城	○	A C2、D、E10	稜線上に築かれた城。永登浦に似た縄張り。石垣があるが故意に崩されたものを含め崩落が目立つ。墓地が多い。
金海竹島城	○	A、C3 E13(母城)	母城・子城からなり、規模は壮大。本丸周辺石垣のほか、周囲の枡形もよく残る。墓地が多い。子城では道路建設にともない、発掘が行われた。子城の石垣は母城に比べてかなり小ぶり。
農所新畓城	▲	C3、D	竹島城の端城。遺構は明確ではない。発掘調査が行われた。
馬沙城	▲*	C3 D	位置を誤記した地図があり、今でも継承されているので、まちがえやすい。韓国国鉄公社慶全線洛東江駅とハンリムヂョン（翰林亭）駅の間にはトンネルが二つある。南側のトンネル上の山の西が倭城で北トンネルの山は城跡ではない。馬沙里集落の南西にあたり、生林面と瀚林面の境界にあたる。

機張（竹城里）城	◎	A B	母城と子城からなり、竹城里の港を囲い込む。母城は日本風で、対して子城や外郭が直線的で大陸的であることはここにも共通する。『倭城Ｉ』は樹木も草木もほとんどなかった頃の写真を、機張ほか多数の倭城について掲載しており、圧巻である。
西生浦城	◎	B C3 D	母城と子城からなる。母城の規模が大きすぎて、子城を見学する時間がなくなるから、はじめに子城から見ることを勧める。子城の高石垣もすばらしい。本丸最奥の閉塞された石垣は臨戦時に備える応急対応とされてきたが、虎口があったとすると位置が不自然である。近年では異なる見解も出されている。
林浪浦城	○	A C2、D	母城と子城からなる。山上に石垣が残り、天守台もあるが、全体に樹木が繁茂しているので、機張や西生浦のような強い印象は受けにくい。子城で発掘が行われた。
蔚山城	○	C2、3、5 D、E10	公園化されている。石垣も残る。籠城戦があり、城包囲の絵や戦前の実測図もある。浅野文書など文献が多い。
望晋倭城	＊	D	
豊徳川陣	＊	D	
白蓮峰陣	＊	D	
子馬倭城	＊	C5	

参考文献

石橋道秀「実在しなかった『倭城洞』」二十一世紀ＣＯＥプログラム（人文科学）「東アジアと日本―交流と変容―」ニューズレター第五号、二〇〇五年

慶尚南道『慶南の城址』一九三一年
黒田慶一編『韓国の倭城と壬辰倭乱』岩田書院、二〇〇四年
佐賀県教育委員会『特別史跡名護屋城跡並びに陣跡』文禄・慶長の役城跡図集、一九八三年
城郭談話会『倭城の研究』一―五、岩田書院、一九九九―二〇〇二年
征倭紀功図巻（『歴史読本』四五（一二）、二〇〇〇年、黒田慶一「南海倭城と『征倭紀功図巻』」およびゲリー・レッドヤード「〈新発見史料〉「壬辰征倭図」の歴史的意義」『倭城の研究』四、二〇〇〇年、週刊朝日百科20『日本の歴史』中世10城、二〇〇二年、Bradley Smith and Wang-go Weng, *China: a history in art*, 1973などに一部所収）
伴三千雄「南鮮に於ける慶長文禄の城」『歴史地理』三六―三八編、四六編、一九二〇―二二、三〇年
釜山大学校韓日文化研究所『慶南の倭城趾』風間千秋訳『東アジアと日本』四、二〇〇七年
堀口健弐「倭城の縄張りについて」（その一―三）愛知中世城郭研究会『愛城研報告』一〇、一一、一三、二〇〇六―〇九年
宮崎博司「肥前名護屋城図と唐津城図（仮称）について」『研究紀要』佐賀県立名護屋城博物館、二〇〇四年
倭城址研究会『倭城Ⅰ』一九七九年

三　キリシタンの史跡と遺物

服部英雄

一五三四年八月、イグナティウス・ロヨラ（一四九一—一五五六）を中心としてフランシスコ・ザビ《（シャ）》エル（一五〇六—五二）を含む七名によって、イエズス《（ジーザス）》会が結成された。ローマ教（旧教）を批判するルターやカルバンに始まるプロテスタント教会（新教）が普及していたが、新たに結成されたイエズス会は、旧教カトリック側の体制内改革運動であった。一五七一年九月二十二日カブラル書簡に、「一向宗はルーテルの宗派に似る」とある（『イエズス会士日本通信』）。仏教の根幹であった自力救済（修行）や呪文・梵字、般若心経《はんにゃしんぎょう》・舎利礼文《しゃりらいもん》などの経典を悉く否定して、ラディカルに飛び出していった鎌倉新仏教（とくに一向宗）は、ルター派・プロテスタントに似ている。これに対し、イエズス会は、たとえるならば旧仏教側の枠組みを維持したうえでの改革を志向した叡尊《えいそん》《えいぞん》、忍性《にんしょう》、明恵《みょうえ》のようなイメージに近いのではないか。十六世紀の日本に影響を与えたのは彼らイエズス会である。戒律を重視し、清貧・貞潔であり、また戦闘的でもあって、世界布教を目指していた。

ザビエルは、ポルトガル西インド植民地の拠点ゴアを経て、鹿児島に上陸した。それは一五四九年のことで、イエズス会結成後、わずかに一五年で日本にまで到達した。以後五〇年足らずで、キリスト教は日本各地に広まった。

フランシスコ会やドミニコ会の起源は旧教・新教分裂よりも前、十三世紀にさかのぼるが、日本へ来たのはイエズス会よりも遅かった。ドミニコ会は九州から、フランシスコ会は東北から布教を広げた。

二〇〇八年に、ローマ法王庁は長崎において列福式《れっぷくしき》をおこなって、江戸時代初期に殉教した一八八名を福者《ふくしゃ》に追加した。聖人に次ぐ栄誉である。その殉教地は

八代《やつしろ》（一一名）、萩・山口（二名）、薩摩（一名）、生月《いきつき》（三名）、有馬《ありま》（八名）、天草（一名）、京都（五二名）、小倉・大分・熊本（加賀山一族一八名）、江戸（二名）、広島（三名）、雲仙（二九名）、米沢（五三名）、長崎西坂（四名）、大坂（一名）

とされていて、全国にまたがっている。

殉教地は文献と照合しての伝承地であろう。狭義の史跡ではないが広義の史跡にあたる。今回顕彰された殉教者は天正遣欧《てんしょうけんおう》少年使節の一人だった中浦《なかうら》ジュリアン（長崎出身）や、日本人として初めてエルサレムを訪問し江戸で殉教したペトロ岐部《きべ》（大分出身）ら司祭四人と、信徒一八四人である。もっとも数が多いのは米沢北山原《ほくさんばら》での処刑者五三名である（上杉景勝《うえすぎかげかつ》臣甘糟右衛門《あまかすうえもん》ほか）。かれらは奥羽の各地で拘束され、この刑場にて処刑されたのである。かつて奥州には天正遣欧使節と並ぶ慶長《けいちょう》遣欧使節（支倉常長《はせくらつねなが》ら）をローマ法王のもとに派遣した大名伊達政宗もいた。

このように、九州から始まって都に至ったキリシタンは、またたくうちに日本列島にくまなく広が

った。現代の日本人のキリスト教信者は全人口の一―二パーセントとされているが、この時代にはいかほどの布教をみたのであろうか。イエズス会巡察師《じゅんさつし》ヴァリニャーノの「日本巡察記」には天草諸島の信徒三万人とある。キリシタン大名毛利《もうり》秀包《ひでかね》の城下久留米《くるめ》では七〇〇〇人の信者がいたという。一五八一年下《シモ》（九州）では一一万五〇〇〇、都では二万五〇〇〇人であった。一五八六年豊後では三万人を超えた（各年日本年報）。一六二六年二月二十六日コウロス神父は深江《ふかえ》二〇〇〇人、口之津《くちのつ》二〇〇〇人、島原六〇〇〇人が管区内の信者だと報告している。天草島原の乱で原城《はらじょう》に籠城した人々は徳川幕府の認定した数字で四万人以上であった。原城籠城者は鉛製のクルス（十字架）を持っており、「立ちかえりキリシタン」（いったん棄教したがふたたびキリシタンになった信者）であった。この数は、合併した現在の島原市の全人口四万九〇〇〇人にも匹敵する。おそらく信者の割合は九州では今よりも多く、教会（南蛮寺《なんばんでら》）は城下や村の各地に建てられていった。しかし長い弾圧の時代があって、痕跡は消された。

文献史料が語る信者の数については誇張もあろうから、史料批判が必要だという意見が多いだろう。しかし思いもかけぬ場所から出土する遺物は、歴史学者の予断を否定する。まさしく史跡の歴史学である。以下管見に入った遺跡遺物を簡単に紹介したいが、この数年素材は著しく増加している。出土時にはキリシタン遺物として認識されなかったけれど、研究の進展によりキリシタン遺物として再確認されたものもある（後述の鹿児島城花十字紋瓦）。事例はアップデートで増加する。以下は現時点での中間報告となる。

1　教会・伝道所

長崎サント・ドミンゴ教会跡

長崎代官村山等安《むらやまとうあん》が一六〇九年（慶長十四）に敷地を寄進して、薩摩京泊《きょうどまり》のサント・ドミンゴ教会を移設した。五年後の一六一四年（慶長十九）、禁教令により破壊され、その地は元和五年以降末次平蔵《すえつぐへいぞう》の屋敷地となり長崎代官所が設置された。

教会の遺構は敷き詰められた石畳と石垣を持つ地下室、井戸である。ここからは花十字架紋瓦《はなじゅうじかもんがわら》（軒丸瓦）が八五点出土した。遺跡は学校校舎の階下に保存公開されているが、付設の遺物展示室があり、壁一面に出土した花十字紋瓦が七六点、市内の他所からの同瓦が一五点飾られていて、見るものを圧倒する。同じ敷地に建った教会建物の瓦でありながら、一点一点の花十字紋が異なっている。十字の先の花模様は微妙に長さ、細さが異なる。十字を囲む宝珠《ほうじゅ》（連珠）の数にも一二、一六、二〇のものがあり、宝珠だけで三タイプに分類される。注文で一度に焼いたわけではないらしい。三巴紋瓦《みつどもえもんがわら》とも共伴していて、建物の軒先がすべて花十字紋瓦で葺かれていたわけではなさそうだ。なぜか発掘報告書では瓦実測図はわずか三点分しか掲載されていないので、この展示室に立つと新鮮な印象を受ける。壁の下に十字紋の鬼瓦（長崎市内の深堀《ふかほり》遺跡より出土）も展示されている。

鬼瓦にも十字を誇示し、軒先には点々と花十字が並ぶ教会。いま展示室壁の前に立って得られる感

図1　長崎サント・ドミンゴ教会跡出土の花十字架紋瓦

動の、何十倍もの感動を信者は得ることができた。マリアとイエスをモチーフにした鉛製メダイ、クルスも出土している。長崎市内にはミゼリコルディア本部教会のような病院を伴う慈善施設がある。サンラザロ病院はラザロの名を冠するから、「ライ」（ハンセン氏病、レプラ）患者の収容施設であろう（ライ患者収容施設レプロサリウムはラザレットとも呼ばれ、乞食の患者ラザロに由来する）。市内からもメダイや聖遺物容器が出土していて、年々キリシタン遺物の数は増加している。

久留米両替町教会

久留米城主は毛利秀包、田中吉政《たなかよしまさ》、有馬《ありま》豊氏《とようじ》と替わる。毛利秀包（毛利元就九子）の夫人は、大友宗麟《おおともそうりん》女子マセンシアであった（「一五八七年日本年報」『久留米市史』七）。秀包もクリスチャンとなり、洗礼名をSimao（シマオ、ないしシマン・フィンダナオ）という。「一六〇〇年年報」によれば、（既設の）レジデンシア（伝道所）に神父が派遣された。つづいて神父のための住院と聖堂を新しく建設した。フィンダナオ（秀包）が城の近くに建設した教会堂のほかに、町のキリシタンたちが、もう一つ教会を建てた。

両替町《りょうがえまち》は久留米城外堀の外側になり、町屋である。両替町一帯はのちの有馬時代に南北の短冊形地割りに変更されるが、その下層で、南北地割りではなく東西方向の細長い大型建物が検出された。有馬氏入城以前の建物である。短冊形ではない先行地割りの中に中央に七本、その両側に規格的にならぶ各一四本（計二八本）の柱穴列が検出された。柱穴には複数の柱痕跡がある。同じ位置に二回柱が立った。つまり建物は再建されている。規模は幅五㍍、長さ一五㍍ほどである。

この南の池状遺構から正面に十字架紋を浮き彫りにした軒平瓦が二点出土した。キリシタン瓦である。毛利家家紋沢瀉《おもだか》紋瓦も出土した。フィンダナオの城の近くにあった教会か、町のキリシタンが建てた教会か。毛利家家紋瓦からすれば前者だろうか。報告書にはその復原建物の写真がある。ヴァリニャーノ指示の建築規則によって機能を重視した復原で、柱数・建物の規模は遺構に忠実ではない。

肥前天草郡上津浦南蛮寺

天草衆であった上津《こうつ》浦《うら》領主種直《たねなお》は一五九〇年（天正十八）に入信し、洗礼名ドン・ホクロンを名のっていた（フロイス『日本史』）。一六一一年（慶長十六）、天草には四つの小さな天主堂があった。一六一七年（元和三）上津浦庄屋ら信徒はイエズス会の救済を証す証言文書（コーロス証言文書）をローマに送った（松田毅一『近世初期日本関係南蛮史料の研究』、『有明町史』にも写真がある）。八代の近く、神津浦（上津浦）の敬虔なキリシタンの存在は『日本切支丹宗門史』にもふれられている。

この地の正覚寺は一六三七年（寛永十四）におきた天草島原の乱の後、この地を統治した天領代官鈴木《すずき》重成《しげなり》が、南蛮寺の建っていた場所に建立したものである。一九八五年（昭和六十）本堂解体の際にその床下から扁平型、自然石型、かまぼこ型（二基）の三様式のキリシタン墓碑、数基が発見された。かまぼこ型二基の正面に、IHSの文字と十字架紋（いわゆる干十字《かんじゆうじ》で左上に加線がある）が刻まれていた。IHSはIesus Hominum Salvator（イエスは人類救済者）の頭文字で、イエズス会章である。その左右には人名と没年月があったが、削り取られて判読困難とされる。『有明町史』は「大つ□きんた」「慶長□□年」と読みうる可能性を示唆し、キンタは女性の霊名であり、大津留キンタではないかとする。

佐賀城下南蛮寺

佐賀城下町図・慶長御積絵図（佐賀県立図書館）には城下の東北・柳町に南蛮寺が画かれている。早く三好不二雄によって『佐賀県史』に紹介された。肥前龍造寺領、およびそれを継承した鍋島領には、初期にはイエズス会が、後にはドミニコ会が影響を及ぼした。龍造寺隆信《りゅうぞうじたかのぶ》はキリシタン大名有馬晴信《ありまはるのぶ》と敵対したから、「デウスの敵」、「異教徒の暴君」とされることが多い。しかしヴァリニャーノは隆信への接近を試みているし、佐賀で歓待も受けている。フロイスがシーザー（ジュリオ・セザル）以上だと評したのはほめ言葉であろう。「佐賀侯」とよばれた人物は受洗した。実現はしなかったが隆信の子家信は洗礼を希望していた。イエズス会の教会は須古《すこ》（鹿島市肥前浜）、レジデンシア（伝道所）は不動山《ふどうやま》（嬉野市）にあった（一五八一、八三、八四、一六〇七、〇九、一〇、一二、日本年報『新異国叢書』ほか）。ドミニコ会の教会は浜（鹿島市肥前浜）に「ロザリオの聖母教会および修道院」、鹿島に「聖ビセンテ教会」、佐賀に「聖パブロ教会」があった。よって南蛮寺はドミニコ会教会と考えられる

(『オルファーネル　日本キリシタン教会史』)。ドミニコ会と鍋島勝茂《なべしまかつしげ》の交流は『異国日記抄』付録や鍋島文書に残されたルソン大司教、フィリッピン諸島長官、イスパニア国王との外交文書により明確である。関係史料が多く、研究も多い。

豊後府内のダイウス堂と教会墓地

一五五三年に教会が建設され、教会墓地も設けられた(フロイス『日本史』)。教会の位置は「府内古図」に画かれた大友館背後西方の「ダイウス堂」の位置とされてきた。このダイウス堂近接地で教会付属墓地とされる墓地が検出された。小児のみの墓域があり、育児院での病死者とされる。ただし成人墓では、伸展葬と屈葬が混在していた。伸展葬はキリスト教徒、屈葬は仏教徒と考えるほかはない。府内(大友)遺跡については大部の報告書が続々と刊行されているが、『キリシタン大名の考古学』にも坂本嘉弘・田中裕介・上野淳也・後藤晃一らによる詳しい考察がある。府内ではナスビ型とか大友型とかいわれる、特殊なメダイが多数検出されている。ナスビ型メダイは大友氏の勢力下の博多や、黒崎にも若干が出土する。伝世品でも平戸個人蔵のものがある。

京都下京教会・南蛮寺跡

一五六〇年ビレラが設け、一五七八年オルガンチーノらが完成。建築には有力信徒のほか、織田信長の支援も受けた。「サンタマリア御昇天寺」である。

発掘調査によって、裏面に線刻画のある石硯が発見された。司教帽ミトラと牧杖を持つ司教と、ろうそく消しを持つ信者が画かれる。五野井隆史によれば、上京した司教で名前のわかる二人のうち、一六〇五年に再建された下京教会（姥柳町）にてセルケイラがミサを執りおこなった光景だという（同志社大学田辺キャンパス歴史資料館蔵、同ホームページに写真）。

北海道・大千軒金山布教所（松前町）

ここは遺跡というよりは伝承地かもしれないが、日本最北端の近世初期キリシタン遺跡である。北海道におけるキリシタンの活動はH・チースリク『北方探検記』（聖心女子大学カトリック文化研究所、一九六二）に記されたアンジェリスやカルワーリュ（カルバリヨ）の活動が知られている。アンジェリスの蝦夷地渡航は一六一八年で、日本国内での布教は困難になっていたが、津軽から蝦夷地ではまだ布教の可能性があった。

一六二〇年に旅行記を残したカルワーリュ（ポルトガル生まれ）は松前から津軽への渡航に際し、金掘りとしての手判《てはん》（渡航手形）を受けている。四年ほど前に蝦夷地で金山が発見され、従事のため渡海する人が昨年は五万人、今年は三万人以上であること、そのなかに多数のキリスト教信者がいたことが述べられる。蝦夷地に渡るものは商人か金掘りであるが、カルワーリュは商人らしい商品を持たなかったので、金掘りとして申告し渡海したとある。松前の殿は禁教の法度《はっと》を出してはいるが、ここは日本ではないから、として彼らの往復を大して気にしていない。カルワーリュは松前で信者たちの告解《こっかい》を聞いたのち、内陸に一日路程の距離にある金山《かなやま》（大千軒《だいせんげん》金山）に赴いて告解を聞き、聖母被昇《せいぼひしょう》天祭《てんさい》をおこなった。金山にはイエズス会の同宿（伝道師）であったベ・ドウキュウ・ドミンゴスとガイファン・ディオゴがいた。

かれが記したように大千軒金山のような鉱山では労働力を必要としたし、他の労働よりも高額な日当が得られたから、各地から人が集まってきた。都市のように人口が多く、キリシタンが布教を目指した。弾圧を恐れたキリシタン信者が隠れ住むことも多かった。いま大千軒岳の登山口、知内《しりうち》川に沿った金山番所《かなやまばんしょ》跡近くに十字架が立てられているのは、後にここで殉教があったからである。金山はもっと頂上の近くであった。のちにアンジェリスは江戸で、カルワーリュは仙台で殉教した。

2 教会遺物

花十字架紋瓦

つぎに本来は教会に付属していた可能性の高い遺物を紹介する。すでにみたように長崎教会では花十字架紋瓦（軒丸瓦）が出土していた。宮下雅史「花十字紋瓦考」（『西海考古』五）によって長崎の事例をみると、さきに紹介したサント・ドミンゴ教会遺構のほかに、万才町《まんざいまち》の数地点（①県庁新別館《しんべつかん》地点より一点、ほかにメダイ二点、②町年寄高島家跡から二点、ほかメダイ・十字架、③ミゼリコルディア跡より二点ほか聖ペドロのメダイ一点）、興善町《こうぜんまち》では新町乙名《おとな》八尾家跡より二点、ほか錫製十字架、ガラス製ロザリオ玉、宿老《しゅくろう》徳見家跡から四点、ほかにも栄町・桜町・金屋町の三地点から四点の花十字紋瓦が出土した。この報告のあと現在までにさらに築《つき》町・磨屋《ときや》町（聖遺骨箱も出土）、立山奉行所（七点）、炉粕《ろかす》町（町名はセントルカスに由来）、そして出島から、花十字紋瓦が出土した。軒丸の花十字紋瓦と組み合わされる軒平瓦は上向き三つ葉唐草紋とされている。

出島（国指定史跡出島和蘭商館跡）ではオランダ・カピタン屋敷跡の二地点から花十字紋瓦三点、乙名部屋跡から花十字紋瓦三点が出土した。前者は建て替え時の廃棄物という。後者は土坑からまとまって見つかった。紋様は長崎市中のサント・ドミンゴ教会や興善町宿老徳見家跡出土瓦に酷似する。出島はオランダ（プロテスタント国）の商館になる前は、ポルトガル（カソリック国）の商館であった。市中と同じものであれば、ポルトガル時代の遺物であろう（『国指定史跡出島和蘭商館跡　カピタン屋敷他建造物群発掘調査報告書』長崎市教育委員会、二〇〇八）。

花十字紋瓦は教会遺物の代表的存在といえる。しかしすべてが教会跡から出土するわけでもなく、上記のように町乙名《まちおとな》のような世話役の家からも検出される。万才町（長崎県庁新別館の位置）からでた花十字紋瓦は、目と鼻の先にあった岬の教会（被昇天の聖母教会・サンパウロ教会）にあったものではないか。信者は教会の建築素材を神聖視し、信仰の対象として、破壊された教会から運び出すこともあった。手元に置かれて信仰の対象になったものは、摩耗する。原城出土の花十字紋瓦は摩耗が顕著であった。

同笵《どうはん》、つまり同じ瓦笵《がばん》（制作時の型）から作られたと指摘されているものに、栄町《さかえまち》ミゼリコルディアと立山の両者、あるいは万才町と後述する大村《おおむら》城下の両者がある。

大村市乾馬場遺跡の花十字紋瓦

大村純忠《おおむらすみただ》（洗礼名ドン・バルトロメウ）の居城大村三城城下には「御やどりの教会」があったが、松浦・後藤・西郷連合軍によって、一五七二年に焼かれ、その後宝生寺を宣教師の住院と日本語を学ぶ語学校に作り替え、大村でもっとも大きな教会が同じ敷地に建てられた。花十字紋瓦は城下乾馬場《いんのばば》から出土した。圏文部分が削られて花十字の部分のみが残されていた。信仰対象として、どこかの破壊された教会から運び出された。述べたように、大村瓦は長崎万才町からの花十字紋瓦に同じ笵であると確認されている。

大村藩家老宇多家跡の寛永十六年銘のある墓石下から、青銅製メダリオン（大型メダイ、無原罪《むげんざい》の聖母）も検出された。スペイン王カルロス一世代（一五一六―五六）に、マドリッドの王立造幣局で製造されたものという（大村市立史料館蔵）。のち同型のものが踏み絵に使われた（旧長崎奉行所引継資料、東京国立博物館蔵）。

鹿児島城二の丸出土の花十字架紋瓦

鹿児島城（鶴丸城）二の丸からは花十字架紋瓦が出土しているが、点数はわずか四点である。量から判断すれば、軒先に花十字紋瓦が連続する（教会）建物があったとはいえない。長崎出土瓦に似る形状のものがあるが、細部が異なるようだ。

鹿児島では十字といえば島津氏の「丸に十字」の家紋の印象が強く、ほとんど先入観になっていた。発掘担当者も、島津家紋の変形と考えて、キリシタン瓦とは連想できなかったようである。これがキリシタン瓦であることを指摘したのは山崎信二である（『近世瓦の研究』）。

薩摩藩主家久《いえひさ》の義母がキリシタンであった。カタリナ（永俊尼《えいしゅんに》）は肥後宇土《うと》（小西行長《こにしゆきなが》）にいた薩州家島津《しまづ》忠清《ただきよ》の妻となり、その女子が家久の妻となって光久《みつひさ》を生んだ。家久は鹿児島城（鶴丸城）を築いた人物である。家久の義母で、光久（藩主）の祖母となる女性が、キリシタン信仰を維持し続けた。一六一二年のコロウス神父書簡によれば、神父を迎えたカタリナのところに娘（家久夫人）がやってくる。城内にいた夫人とカタリナは同居はしていない。しかし城内に信者がいた。鹿児島城下で、大坂城豊臣方だったキリシタン明石掃部《あかしかもん》の子小三郎と、彼をかくまっていたキリシタン藩士が摘発される事件が起きる。とうとうカタリナも種子島に流された。彼女こそキリシタン組織の中心人物だったのだろう。カタリナの前夫との子（喜入《きいれ》忠政《ただまさ》の妻）とその女子（於婦理《おふり》）、つまり女性三代がキリシタンで、ともに流された（パチェコ・ディエゴ『鹿児島のキリシタン』一九七五）。

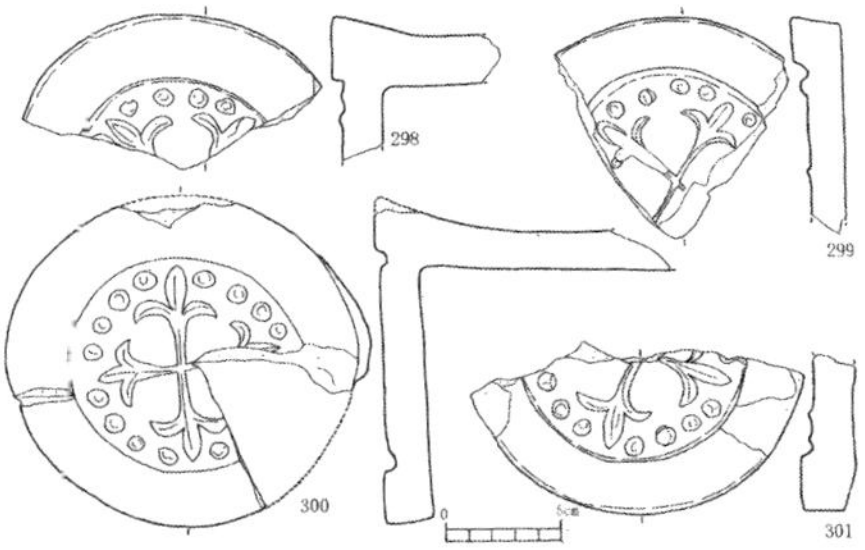

図2　鹿児島城（鶴丸城）二の丸出土の花十字架紋瓦

なお山崎信二は鶴丸城出土の軒平瓦に「大」の字を刻したものがあり、有馬・原城からもそれが出土するとして、キリシタンに関連する可能性を指摘している。長崎市金屋町《かなやまち》ではこの「大」字瓦が大村家の家紋・瓜もっこ入りの瓦とともに出ているので、大村家の「大」と考える人もいる。しかし鶴丸城や原城は大村氏とは関連がない。デウスは大臼と表記され、大日ともされた。安土や京都、豊後府内にはダイウス（大臼、大宇須）という地名が残った。大臼に由来する「大」の可能性も考えられる。

図３　秋月城出土の花十字紋瓦

その他の遺跡から出土した十字紋瓦

宇土城と呼ばれる城跡は二つある（小西城および西岡台）。宇土高校社会科クラブによる発掘で、ドン・アウグスチノ（小西行長）の城跡からキリシタン瓦が見つけられた。愛藤寺城《あいとうじじょう》のものと同じく光芒《こうぼう》があるが、十字はない。光芒のみのキリシタン瓦として紹介する。『宇土城（西岡台）』Ｉに実測図と写真がある。宇土市教育委員会蔵。

一九七一年（昭和四十六）、愛藤寺城跡（熊本県山都町、旧上益城郡矢部町犬飼村）の畑地から、十字紋瓦（周辺を光芒と火炎）が発見された。キリスト教の聖旗をかたどっており、キリシタン大名であった小西行長時代の城代ジョルジュ・結城弥平次によって建てられた伝道所に由来するとされる。十字紋瓦は一部が個人蔵、一部が山都町教育委員会蔵。

筑前秋月城（福岡県朝倉市、福岡県立甘木歴史資料館所蔵）の十字は太く短くて、他の地域の花十字紋とは異なっている。ゴルゴダの丘の表現やイエス礫の十字の形など、大分県豊後大野市の「市万田《いちまんだ》クルス碑」に意匠が似るとされる（大石一久氏、および朝倉市教育委員会による）。

このように現段階の九州では、長崎と久留米をのぞけばすべて城跡からの出土である。為政者への信仰浸透を示すものである。

南蛮鐘（キリシタンベル）

つぎに教会遺物として南蛮鐘が考えられる。当時の南蛮鐘は日本で四点が残されている。南蛮鐘（キリシタンベル）は教会か付属施設にあったのであろう。史跡からの歴史を考える視点からもこの遺物は重要である。

京都妙心寺春光院の銅鐘

妙心寺塔頭春光院に伝わる銅鐘（国重要文化財）には十字架とＩＨＳ、1577と刻まれている。一五七七年すなわち天正五年、京都の南蛮寺はあらかた完成に近かったであろう。この鐘も京都・南蛮寺にかけられていたといわれる。嘉永七年（一八五四）ころ仁和寺から金子の抵当として譲渡されたもので、その折、仁和寺が与えた旧記の概要が、西村貞『南蛮美術』に紹介されている。ただし西村氏も「わけのわからないことばかり」として、書かれた朝鮮由来に始まる経緯を否定し、京都天主堂の遺鐘とみている。

大分県竹田市中川神社蔵の鐘

表面に十字章と「HOSPITAL SANTIAGO（下段に）1612」という銘が鋳出されている。一六一二年は初代岡藩主中川秀成《なかがわひでしげ》が逝去した年である。秀成の父であり、賤ヶ岳《しずがたけ》合戦にて戦死した中川清秀は、摂津の出自で、高山右近《たかやまうこん》と行動をともにすることが多く、近しい関係にあった。

鐘は中川神社に伝来した。中川神社は一八七二年（明治五）四月、旧岡城内の藩祖廟所・荘嶽社、心嶽社、宗鑑社を移築し建立された。すなわちこの鐘は一六一二年にはHOSPITAL SANTIAGO（サンチャゴ病院）にあって、禁教令以後に岡城内に移動されたものである。

図4　大分県竹田市　キリシタン洞窟とサンチャゴの鐘

　レオン・パジェスの『日本切支丹宗門史』一六一四年（慶長十九）の条にはサンチャゴ病院が「聖ヤコボの病院」の名で出ている（聖ヤコボはサンチャゴのラテン語読み）。サンチャゴ病院（ミゼリコルディア（慈善院）付属病院）という名前の病院は前掲のごとく長崎・酒屋町にあった。よってこの鐘はそのサンチャゴ病院にあったものとされる（長崎市にはミゼリコルディア（慈善院）旧地に石碑がある）。同書一六一一年に病院の詳しい活動が記される。ハンセン氏病患者の収容施設であった。ただしサンチャゴという名前は一般的なもので多くあったし、病院も各地にあっただろうから、断定はできない。

　北村清士『大分県のキリシタン史料』（一九六〇）はジョアン・バプチスタ・ボネリの一六二〇年度「日本年報」（一六一七年パジェスの記録）に「豊後でペトロ・ナバロ・パウロとフランシスコ・ボルド

リノの二人のゼスス会神父が難儀しながらも久しく洞窟に隠れていたが、ここを出て再び熱心な布教に従った」という記事を紹介する。この洞窟がどこにあったのかについては志賀氏の支配下とあるだけで、もちろんわからない。竹田・岡城下に西村貞『南蛮美術』にも紹介されたキリシタン礼拝堂とよばれる洞窟があり、大分県指定史跡となっている。ここと年報の洞窟を同じと考える人も多いが、この地方に洞窟は多いし、城下の中心なので、断定はできない。

中川秀政がキリシタンであったとする西村説には松田毅一が批判を加えているが、中川一族周辺にキリシタンが多かったとはいえる。北村清士は「古田織部は中川清秀妹を妻とし、古田妹は高山右近に嫁した。茶人土屋宗俊の妻は高山右近の娘である。その宗俊は古田織部の家に寄食していた」として古田織部がキリシタン信仰者の周辺にいたことを指摘する。中川家家老に織部の本家筋にあたる古田一族がいた（岡藩ほか豊後に信者が多かったことはマリオ・マレガ『豊後切支丹史料』サレジオ会、一九四二）

中川の紋所は中川車とも、中川轡ともいわれるが、見ようによってはＩＨＳの紋章かと見まごうもので、中川クルスともいわれる（沼田頼輔『日本紋章学』一九二五）。中川クルスが十字を示すものであるのかについては、否定する見解もある（松田毅一『キリシタン・史実と美術』）。だが城内廟所にキリシタンベルを置いても、それほど不自然に思われなかったとはいえる。竹田市立歴史資料館寄託。

細川家の家紋である九曜紋鐘

細川家・永青文庫所蔵の細川家家紋・九曜紋を浮き彫りにした銅鐘（キリシタンベル）がある。細川家では毎年七月十七日にガラシア夫人（明智たま）の御弔い（年忌祭）を中津教会でおこなっていた（『日本切支丹宗門史』）。拘束されていた信者の恩赦もおこなわれた。年欠七月七日忠利書状（松井文庫・松井文書八四―三三）では、夫細川忠興がガラシア年忌祭は法要として禅寺にておこなうように指令している。これに対し子の忠利は「心さし申度候」「半天連（バテレン）にて御とむらい候へハ、不及申候」としている。やはり子だから、母の心を思って、教会での年忌祭を望んだ。忠興も忠利もローマ字印章を使った時期があった。禁教令の強化（一六一三年、慶長十八）までは細川家中にはキリスト教を支持する空気があった。

ベル（鐘）は細川一家がキリシタンであった時代に家紋の九曜紋を入れて鋳造された。『天草・島原の乱』（八代市立博物館）の解説によれば、慶長九年（一六〇四）頃小倉で三口の大鐘が作られており、一つが細川家に、一つが下記の森家に伝わったものに該当する、とある（出典未詳）。

旧津山城九曜紋南蛮鐘

現在南蛮文化館にある南蛮鐘は津山城天守閣にあったものである。津山城落成時に森忠政が細川忠興から寄贈されたものといい（『森家先代実録』）、九曜の紋が浮き彫りにされる。意匠は共通だが、永青文庫のものは九曜の上の池の間が小曜一つ半ほどのスペースしかないが、南蛮文化館のものは二つと半分ぐらいのスペースがあるから、細長く見える。同笵ではないが、同じ意匠の鐘を全く別個に鋳ることはむずかしいだろうから、同一工房、おそらくは上記小倉での制作と考えられる。

伏見には、いまも長岡越中町がある（長岡は細川氏の旧姓）。かつて細川忠興屋敷と森忠政屋敷は向かい合っていた。ともに徳川家康の向島屋敷に入り警備にあたる、など同一歩調をとり、親交があった。津山城天守最上層の天井にかけられていたという。

そのほか飛見丈繁『越中のキリシタン』（一九六三、二〇〇二復刊、自家版）には「SCTS PATR」と陽刻された鐘の写真が掲載されていて、西村貞『南蛮美術』も紹介している。バチカン図書館がパトリチウス教会の鐘で十六世紀頃のものと鑑定したとあるが、パトリチウス教会（PATR）が当時の日本で布教したとは聞かない。飛見が所持していた現物も現在は所在不明。

3 キリシタン墓地・木棺とキリシタン墓碑

キリシタンの遺体は伸展葬で埋葬された。日本固有の埋葬は掘削土量が少なくてすむ屈曲位（座棺）とされている。フロイスも「われわれの棺は細長い。彼らのは円く樽半分ほどである」「われわれの死者は顔を上向きにする。彼らの死者は座り、顔を膝の間にはさむ」と記述する（『ヨーロッパ文化と日本文化』）。キリシタン墓であるのか否かは、伸展葬であるのか否かが、目安・指標となる。

墓の上に置かれるキリシタン墓碑は、古くから多くの数が知られている。基本的な形態は欧風のかまぼこ型（樽型、台型）で、伸展葬に対応する。九州はほとんどこのタイプであるが、長短がある。立石を用いた日本式もあって、畿内に多い。十字（クルス）ないしイエズス会であればＩＨＳを刻むか墨書する。ＩＮＲＩすなわち IESVS NAZARENVS REX IVDAEORVM（ユダヤの王、ナザレのイエス、VはU）の頭文字を刻したものもある。日本年号が書かれることがふつうだが、本来ならばキリスト暦（西暦）が刻まれて、人名も洗礼名が書かれる。ローマ字やアラビア（算用）数字が記されることもある。ローマ字もアラビア数字も当時の日本で日常みることはなかった。仏教でいえば梵字（サンスクリット語）が果たしたような宗教的な効果をローマ字の神秘性が担った。キリシタン墓碑には無銘のものも多い。墨書が風化し消えたのだろうか。

上記の条件のうちいくつかを備えていればキリシタン墓とみることができる。片岡弥吉「キリシタン墓碑の源流と墓碑形式」（『キリシタン研究』一六）がヨーロッパ（ローマ周辺）のキリシタン墓碑と比較して指標を的確に示しているので参照されたい。宣教師の墓と一般信徒の墓では差があったのではないかと推測されるけれど、指標がどこにあるのかは不明である。

キリシタン墓碑には古くから県や市町村指定の史跡になっているものもある（国指定は下記西有家の一点のみ）。それらを含め、多くは出土した原位置（地下）にそのまま置かれているとはいえない。出土後何らかの事情で移動し集められた。

全体の概要を知りうる著書に『九州のキリシタン墓碑』があるが、書名のように全国の事例には及んでいない。数の多い長崎には『長崎県の文化財』、大分には『大分県の文化財』、半田康夫『豊後キリシタン遺跡』（いずみ書房、一九六二）などがある。『復活の島』五島・久賀島キリスト教墓碑調査報告書は、近現代までを調査対象とした全島調査である。

以下では代表的な墓地とキリシタン墓碑および注目すべき特徴を持つ遺品を紹介したい。

江戸・八重洲北口遺跡

江戸城外堀の内側で、常盤橋御門の近くに当たる。土坑墓《どこうぼ》六基、木棺墓《もっかんぼ》四基。木棺の一つに十字架の墨書。聖母鋳出メダイ、ガラス製ロザリオ、木製ロザリオを出土。常盤橋御門は東海道や中山道の起点である日本橋に近接しており、ふつうは江戸城の正門として扱われる。その脇のような所にキリシタン墓地があったことは驚きである。

京都・御土居出土キリシタン墓碑および木簡（平安京左京九条二坊十三町遺跡）

慶長十二年

（十字〔クルス〕の下に）IHS《イエズス会》 等麻《トーマス?》□《八》

十二月一日

御土居《おどい》堀跡から出土した木簡に日本語と欧文（ローマ字）が併記されている。Peはパードレの略表記である（『木簡研究』）。

（表）記号（○を三つ） Peせるそ様の せんか如庵殿

（裏）「mairu」（カ） *「 」は文字が逆向き

記号（○を三つ）（ローマ字数文字） fiel. J

せるそ様は宣教師セルソ・コンファーロネ（Confalonieri, Celso 一五八六—一六一四在日）とされる。裏の末尾fielはFaithful. J（忠実なるJ）。達筆でポルトガル人の筆跡のようだ。裏が差出人ならmairu（参る）は文意がややおかしい。逆向きのうえ異筆に見える。

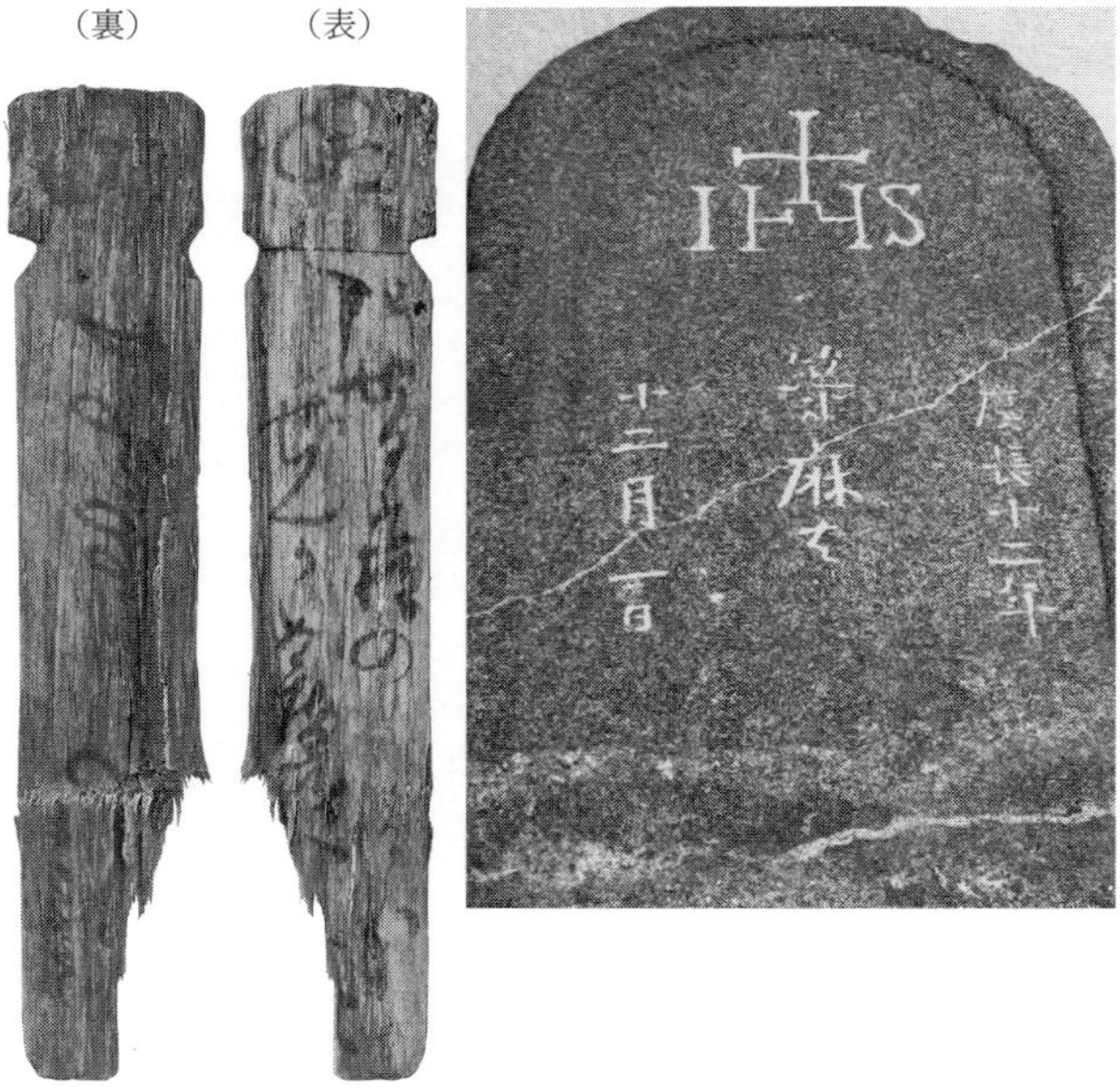

図5　御土居出土キリシタン墓碑および木簡

高槻城跡キリシタン墓

高山右近（ジュスト）の居城、高槻城三の丸跡で木棺墓群がみつかっている。ひとつの蓋には十字架が書かれていた。キリシタン墓である。墓地は北区一六基、南区一一基からなり、不明を除けば全て伸展葬、ただし仰臥と伏臥があった。十字架は二支十字（九州の研究者は「干十字」という、十字の上に横線が入る）で、この木棺には他よりも重厚な木材が使用してあった。木棺二基から木製ロザリオ珠がみつかり、一基では大珠二、小珠九〇、右手首周辺に散乱していて、腕に巻いていたことがわかる。フロイス『日本史』によれば、右近の父、高山飛騨守が轆轤師を招いてロザリオを制作させている。

長崎県南島原市西有家須川・キリシタン（吉利支丹）墓碑（国指定史跡）

十（楔十字紋、背面にも花十字紋）

FIRISACYE
MODIOG.XONE
83　GOXIIRAI　1610
IVG.16　QEICHO 15
（フィリ作右衛門ディオゴ生年八三　御出生以来一六一〇　IVG.16　慶長十五年）

SACYEMOは作右衛門、XONE GOXIIRAIは「生年・御出生以来」、QEICHOは慶長のローマ字表記で、FIRIは未詳。大石一久による拓本写真が『復活の島』にある。「83」は拓本によってもかろうじて読めるかどうかだが、出土時の目撃者が83と記憶していたとある（『長崎県の文化財』）。

大村市原口郷出土のキリシタン墓碑

BASTIAN FIOBV（バスチアン兵部）

大村市今富のキリシタン墓碑

大村市今富町地堂。本来はかまぼこ型で十字紋（「干十字」）があった。いまは起こして「天正四丙十一月十一日　不染院水心日栄霊　一瀬治部大輔」とある。一瀬栄正は一五六三年に大村純忠が重臣二五名とともに洗礼を受けたときの一人。一五七六年（天正四）に没している。没後、弾圧時代に子か孫がキリシタン墓碑そのものを残しつつも、仏式墓碑に改造した（『福重のあゆみ』『長崎県の文化財』）。

大分県宇目町重岡るいさ墓碑

平型の伏墓で、長さ一八〇センチ、幅八六センチ、高さは軸部で二七センチ、両端は二二センチという巨大なものである。上面の円の中に花十字、正面軸部中央部に「るいさ」、左右に「元和五年」、「五月廿二日」と陰刻する。

八　代

八代は小西時代にディオゴ小西美作が城主となっている。本町金立院に花十字のキリシタン墓碑が残されている。慶長以降数度の殉教があって、今次、列福されている。

この場所とは別に、八代市文化財報告書二〇集として『キリシタン寺院跡』（八代市教育委員会）が刊行されている。『妙見宮実紀』は小西行長が「移神殿於同邑石原、以為天主寺」と記す。地元には伝承もあったようで石原五反田とされている（江上敏勝『八代の史話と伝説・総集編』一九八三）。開発地が伝承地の位置に近接したため調査されたが、関係遺物・遺構は発見されなかった。

4　キリシタン遺物

キリシタン遺物には、ペンダント、メダイ、十字架などがある。長崎から出土する指輪やワイングラスもキリシタン遺物の可能性が高い。

プラケット

二〇〇八年七月、伊東氏の勢力下にあった日向市塩見城跡中山遺跡から土製キリシタンの破片二片が見つかった。一点はベールをかぶった女性（聖母マリア）の顔の一部であった。一点はバラとみられる葉が浮き彫りになっている。戦国時代末期から江戸時代初期の十六世紀後半のものとみられる。上部にひもを通す穴がある。壁に掛けて信仰の対象にした「プラケット」である（壁に掛けて用いる飾り板の大きなものを「プラーク」、サイズが小さなものを「プラケット」と呼ぶ）。

天正遣欧使節となった伊東マンショの出生地に近く、マンショの母親である伊東義祐（日向国主）女子は大友宗麟の縁者とされている。伊東氏領国には信者が多かったと推測できる。

ペンダント

大宰府観世音寺講堂跡の表土よりの採集であるから年代は未詳となるが、マリアを刻したほぼ完形の土製ペンダントが出土している（九州歴史資料館所蔵）。

メダイ

一五六一年トーレスは「博多に教会がある」と書いている（デ・ルカ・レンゾ「博多とキリシタン」『中世都市博多を掘る』）。一五六二年ガゴの書簡に「博多のコスメというキリシタン商人が三〇〇クルザードを費やし、自己負担で教会を建てた」とある。一六〇三年キリシタン子弟のための学校が作られた（ローマ文書 Jap-Sin54, 258v）。福岡はキリシタン大名黒田《くろだ》如水《じょすい》（洗礼名シモン）、子の長政（ダミアン）の城下町である。伏見にて逝去した如水の葬儀は博多の天主堂でおこなわれた（『日本切支丹史』）。親子ともにローマ字印章（Simeon Josui, Curo NGMS）を使用していた。

長崎学長区、有馬学長区、筑前博多、豊後府内《ぶんごふない》が九州の布教基地だった。その博多の息浜《おきのはま》から鉛製メダイ（表にキリスト、裏にマリア）、およびメダイと十字架の鋳型、および豊後府内で多く検出されるナスビ型メダイがみつかった。府内と共通する赤褐色ロクロ成形土師器がこの地域に集中することから、博多が大友宗麟（フランシスコ）の影響下にあった時期の遺構と考えられている（佐藤一郎「博多出土のキリシタン遺物」『キリシタン大名の考古学』）。福岡市は近世都市遺跡を周知の遺跡に扱っていないので、キリシタン遺跡は発掘対象になりにくい。今後も長崎ほどにはキリシタン遺物の検出例は増加しないだろう。

北九州市八幡西区に所在する黒崎城下からは、メダイ二点（キリスト像、マリア像・頭上に星を配するサルバトール・ムンディー）が出土している。これらが大友遺跡、博多遺跡から出土する遺物に共通性のあることから、報告書では大友時代の遺物の可能性を指摘している（筑前黒崎は筑前黒田藩領の東端にあり、当初黒田家はキリシタンだった）。

福島県福島市腰浜町では一九六四・六五年にメダイ一〇点が発見された。発見地ジウガ屋敷は江戸時代の「非人」村とされる。弾圧を逃れようとした信者が、困窮者を受け入れたこの村に入って信仰を持続したように考えられる（長島正夫「福島市腰浜出土のメダイ」『福島考古』一三）。

5　弾圧期・潜伏変質期の遺跡

最後の抵抗

今日までもっとも大量にキリシタン遺物を出土している遺跡は、天草島原の乱にキリシタンら一揆が籠城した原城跡（国指定史跡）である。一九九二年以来一六年間の調査でクルス（鉛製二九点、銅製二点）・聖遺物容器二・メダイ一四・ロザリオの玉一三・花十字紋瓦四点が出土している。

原城が多くのキリシタン史跡の中でも際だっていることは、籠城した人々の遺骨が多数出土したことだ。クルスはその遺骨の近くから発見される。遺骨は無数にあるものの、五体が揃ったものは一つもないから何体分であるのかもわからない。大腿骨《だいたいこつ》や脛骨は多く、それで人数が推測されるが、頭蓋骨はきわめて少ない。* 乱後に無造作に投げ捨てられ、その上に石垣上端の巨石が落とされた。強靭な膝関節靭帯の力で足の骨だけはバラバラになることが少なく土中に置かれたが、ほかは分散した。

＊一〇六個体については長崎大学・分部哲秋研究室による分析があり、成人での男女比は二対一、二六個体は少年少女であった（"ANTHROPOLOGICAL SCIENCE" 114–3, 115–3, 2006–2007）。

四〇〇年を経て悲惨な歴史的情景が再現されたのである。だがこの情景は発掘の現場にいあわせたものしか見ることができなかった。遺骨は他の遺物と同じように現場からは取り上げられ、整理箱に入れられて収納されている。現地は戦い以前の状態に戻った。ただし本丸正門前の人骨出土状況については、レプリカが作成されて、原城文化センターに展示されている。ここは観光地には組み込まれていないから、原城を訪れる人もほとんどが足を運ばないが、必ず見学すべきである。

なお発掘調査の開始以前、一九五一年に本丸畑の地権者が黄金十字架を発見した（現在、南蛮文化館

図6　原城　人骨の出土状況

蔵）。ローマ教皇が天正遣欧使節に渡したもので、有馬晴信が所持し、甲斐流罪となる。その死を経て、ふたたびそれを持つことのできた近臣が原城に籠城したという見解がある。

　原城について多くを語る紙面の余裕はないが、著作は多い。史跡の観点からは八代市立博物館編『天草・島原の乱』（二〇〇二）、石井進・服部英雄編『原城発掘』（二〇〇三）、服部英雄・千田嘉博・宮武正登『原城と島原の乱』（二〇〇八）がある。

　有馬氏のもう一つの拠点、日野《ひの》江城《えじょう》跡（南島原市、国指定史跡）でも発掘調査がおこなわれているが、これまでキリシタン遺物の発見はない。しかし高山右近の高槻城では城内に教会があったことからすると、同様な構成になっていたと推定される。この城は東西で構造を異にし、縄張りからも二分される。直線的な階段（石段）を持つ東側に、教会があった可能性が考えられる。天正遣欧使節はこの城内で有馬晴信に見送られて出発し、帰国後もこの城で報告をしている。周辺にセミナリオがあった。

弾圧期の信仰遺跡と遺物

近世という過酷な時代をくぐり抜けてキリシタン遺物が伝来した。双璧は茨木市千提寺の民家に隠し伝えられたザビエル像ほかと、仙台藩・支倉常長使節関係遺品とである。前者はいま、京都大学、神戸市立博物館などに保存される。ザビエル像は大半の歴史教科書が掲載している著名なものだ。『彩都周辺の歴史・文化調査報告書』（一九九九）には一連の遺物や伝承してきた村落のもっとも詳細な分析がある。後者は旧仙台藩切支丹所保管品であり、支倉常長史料を網羅する『大日本史料』十二編十二には伊達家所蔵とされている。長崎・日本二十六聖人記念館所蔵の「雪のサンタ・マリア」画像も外海《そとめ》（西彼杵半島西岸《にしそのぎ》）の信者が代々伝えてきたものである。

すでに多くの報告があるように、信者たちは数代後には自身の宗教の本質を忘れてしまっていたが、神祈りにはオラショが濃厚に反映され、口ごもりつつ「アベマリア、アベマリア」と唱えられる。日常拝礼する納戸神や辻の神様にはマリアやイエスの残像が伝えられた。

平戸島、生月島、五島列島、また外海に所在する潜伏期の信仰遺跡が明らかになってきた。それらのうちには遠藤周作編『大航海時代の日本・南蛮博物館』（一九八一）などで早くから知られたものもある。平戸市根獅子《ねしこ》ウシワキさまの森は長らく禁足の森であった。根獅子に寺を転用した教会があることは一五六六年九月十五日付、フェルナンデスの書簡にみえる。二〇〇八年平戸市教育委員会による発掘調査によって伸展葬の人骨が発見され、キリシタン墓地だったことが判明した。この周辺では従前からも多数の人骨が出土していた。

図7　中江ノ島

一六二二年（元和八）、キリシタンのジョアン・テンカモト・ザエモン（阪本左衛門）はナカエノシマ（中江ノ島、現平戸市）で斬首された（『日本切支丹宗門史』）。中江ノ島・サンジュワン殉教地は、現在に至るまで霊地となった。信者がオラショを唱えるその時間帯だけ、岩の間から聖水が流れ出す。

枯松神社（外海、長崎市下黒崎）では、参道から外れた「祈りの岩」に信者が集まり、オラショを唱えた。明治になってサンジワン（指導者バスチャンの師、サンジュワン）を祭神とする神社を建立した。

二〇〇八年、「長崎の教会群とキリスト教関連遺産」がユネスコの世界遺産（World Heritage）暫定一覧表に登録された。本登録を目指して関係遺跡が調査されている。

参考文献

アレグリーノ・アレグリーニ訳「佐賀のキリシタンについて」『新郷土』六―八、一九八二年
大分県教育庁埋蔵文化財センター編『豊後府内6　中世大友府内町跡第一〇次調査区―ダイウス堂および祐向寺付近の発掘調査―』二〇〇七年
大阪府文化財調査研究センター編『彩都』（国際文化公園都市）周辺地域の歴史・文化総合調査報告書、一九九九年

北島治慶『鍋島藩とキリシタン』佐賀新聞社、一九八五年
九州国立博物館『古代九州の国宝』二〇〇九年
グラウディオ・ニエト、久富紀子訳『ドミニコ会の愛と受難―キリシタン時代の日本布教史の断面―』
『久留米城下町両替町遺跡』久留米市文化財調査報告書　第一一六集、一九九六年
『黒崎城跡』三、北九州市教育委員会、二〇〇七年
ジアン・クランセ『日本西教史』洛陽堂、一九一三年
杉谷　昭「十七世紀初頭、肥前国鍋島領におけるドミニコ会（正・続）」佐賀大学教育学部研究論文集三一―1、2、のち前者は「肥前国鍋島領におけるキリスト教」『肥前史研究』
『高槻城キリシタン墓地　高槻城三ノ丸跡北郭地区発掘調査報告書』高槻市教育委員会、二〇〇一年
為永一夫編『大村純忠の夢』活き活きおおむら推進会議、二〇〇九年
千代田区東京駅八重洲北口遺跡調査会編『東京駅八重洲北口遺跡』二〇〇三年
『長崎市勝山町遺跡』長崎市教育委員会、二〇〇三年
名護屋城博物館『肥前名護屋城と「天下人」秀吉の城』所収図版
パチェコ・ディエゴ（結城了悟）『鹿児島のキリシタン』および所引のコロウス書簡、一六一七年二月二十二日（長崎発）、ローマ文書 Jap-Sin58, 437–38、ジョアン・ロドリーゲス・ジラム書簡一六二五年三月十八日
『福者アロンソ・デ・メーナ o.p 書簡報告』キリシタン文化研究シリーズ二三
フロイス『日本史』松田毅一・川崎桃太訳、中央公論社、一九七七―八〇年
別府大学文化財研究所・九州考古学会・大分県考古学会編『キリシタン大名の考古学』思文閣出版、二〇〇九年

（マカオ発）Jap-Sin60, 344-344v; 460v
松田毅一監訳『十六・七世紀イエズス会日本報告集』同朋舎、一九八七—一九九八年
三好不二雄監修『郷土史辞典　佐賀県』一九八一年
森　浩一編著『姥柳町遺跡（南蛮寺跡）調査概報』同志社大学文学部文化学科考古学研究室、一九七三年
若林邦彦「硯に描かれた聖職者たち」
http://hmuseum.doshisha.ac.jp/html/articles/record/detail.asp?xml=record2006906.xml

四 南蛮交流

鹿毛敏夫

1 十六世紀後半の東アジアの海

瀬戸内海を縦断する船

十六世紀後半、九州の戦国大名が発給した興味深い書状がある。「南蛮交流」の史跡紹介の前に、まずは、その史料の内容から繙《ひもと》こう。

九州の豊後《ぶんご》、現在の大分県に本拠を置いた戦国大名大友宗麟《おおともそうりん》（義鎮《よししげ》）が、瀬戸内海をテリトリーとした「海の戦国大名」村上武吉《むらかみたけよし》に宛てた切り封跡の残る書状である。宗麟の花押により、一五六三年（永禄六）から一五七五年（天正三）の間のものと判明するが、そこに記されているのは次の依頼文である。

「少用の儀につき、堺の津に至り人を差し上《のぼ》せ候。その表の通道の儀、別して御馳走祝着たるべく候。殊に、塩飽《しわく》の津において公事《くじ》の儀、これまた分別に預かり候はば、喜悦たるべく候。随って、到来に任《まか》せ、腹巻一領・甲一刎同色・ならびに太刀一振・刀一腰、これを進《まい》らせ候。いささかの礼儀を

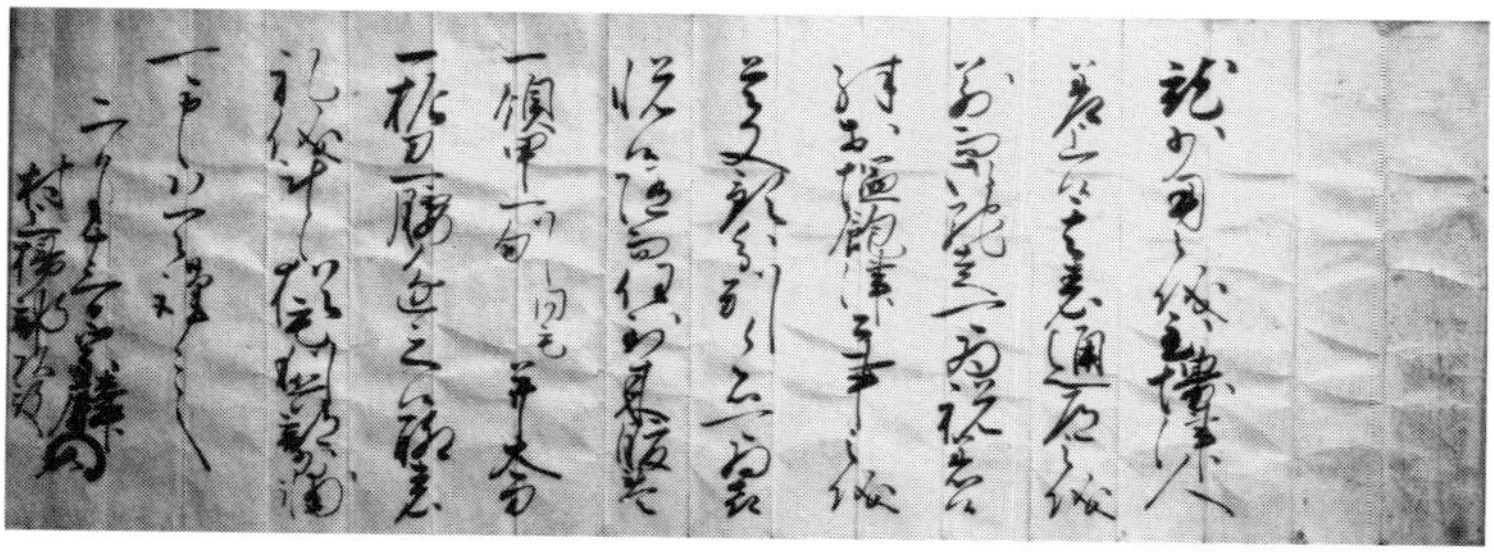

図1　塩飽での公事免除を依頼した大友宗麟書状

表すばかりに候」

所用のため、堺に人を遣わすが、瀬戸内海の通行に際して便宜をはかってほしい。特に、塩飽（香川県丸亀市）の港での公事（通行税）を免除願いたい。礼物として、こちらからは腹巻・甲・太刀・刀を進上しよう、との内容である。

従来、この書状は、日本中世における海の大名の海上支配の実態を示す史料として、また、十六世紀後半西日本の政治・軍事情勢における能島《のしま》村上氏と大友氏の同盟関係を証する史料として、おもに政治・社会史的立場から紹介されてきた。しかしながら、そうした事実に加えてさらに注目したいのは、この書状によって塩飽の港での通行税を免除された「船」の存在である。書状には「少用」としか記されていないが、九州の戦国大名が畿内に派遣したこの船と使者は、いったい何の目的で瀬戸内海を西から東へと縦断したのであろうか。

豊後府内から堺へ

大友宗麟が派遣した使者は、豊後から堺へと向かった。しかし、これは単なる政治的使命を伴った大友家家臣の派遣とは考えられない。

使者の乗った船は、この書状の効力により、本来塩飽で支払うべき通行税を免除される。免れた税の金額は定かではないが、当該期の九州で一位、二位の富強を誇る大名権力がわざわざ一筆認《したた》めてまで免税を依頼していることから考えれば、相当の高額と推測される。特に、大友氏は、この書状に添えて、腹巻・甲・太刀・刀の四品を礼物として村上氏に進上してもいる。これらのことから、この船で大友氏が堺へ運ぼうとしていたのは、単なる「人」ではなく、四品の武具の進上に見合う重要かつ免税額の高額な「物資」であったと考えられるのである。

すでに、この書状が発給される百数十年前の十五世紀前半、豊後府内から兵庫の関までの瀬戸内海を、大量の物資を積んで就航した大型船がある。守護大名大友親世《ちかよ》の大名船「春日丸」である。「大友文書」に残された記録によると、「春日丸」は、応永十九年（一四一二）六月から応永二十一年七月までの二年間に、四度にわたって兵庫に入港している。記録に残されなかった就航は、その数倍であろう。しかも、その積荷の量は「荷足千五百石」。『兵庫北関入船納帳《ひょうごきたせきいりふねのうちちょう》』などから明らかとなる室町期の瀬戸内海就航船と比べて、その規模は、極めて桁外れの大型船といえる。

さらに、大友氏の盛衰を描いた軍記物『大友興廃記《おおともこうはいき》』には、十六世紀後半に大友宗麟が、「船奉行」を添えた輸送船を毎年畿内に向けて就航させたことが記されている。なかでも明らかなのは、ある年の派遣の事例で、「船奉行」として重臣吉岡長増《よしおかながます》の被官佐藤八郎兵衛が乗り込んだ「十六端の船」は、豊後府内を出港し、四国沖の「讃岐国汐分」（塩飽）を経て畿内へ向かったとあり、前掲書状の内容に一致する。

すなわち、大友氏が派遣した使者は、豊後府内から堺までの瀬戸内海を大量の物資を積載して輸送する「十六端」帆の大名船に、「船奉行」として乗り込んだ家臣だったと推測されるのである。

では、この大名船に積み込まれていた物資は何であろうか。その答えとして、もちろん、米穀の年貢物資の輸送が常識的に考えられる。しかしながら、さらに注目しなければならないのは、この船が活動した十六世紀後半という時期の時代的特質、そして船が結んだ発荷地（豊後府内）と着荷地（堺）の当該期における社会経済的地位である。

東アジアの世界システムと南蛮交易都市

十六世紀後半期、日本列島各地の港湾機能を擁する各都市に、いわゆる「南蛮」からの物資が到来した。従来の「唐物」に加えてのその受容は、もちろん、ヨーロッパの歴史学における「地理上の発見」や「大航海時代」に呼応したものであり、特に東アジアにおいては、中華帝国としての明《みん》の冊封《さくほう》体制の弛緩と「倭寇的状況」の出現によって、一段と流動化の様相を呈した。

この時期、ポルトガルは、東南アジアから中国大陸沿岸まで北上し、広東《カントン》・福建《ふっけん》・浙江《せっこう》へと進出した。日本の歴史学における「鉄砲伝来」や「キリスト教の伝来」は、こうした動向の延長線上に位置するものであるが、そのベクトルは決して単一の方向に向いたものではなく、逆に日本人も同ルートを南下して東南アジアに至り、カンボジア・シャム・ルソンなどに「日本町」を形成するほどの交易活動をおこなった。

勘合貿易《かんごうぼうえき》に象徴される従来の国家間の合法的な通交に代わって、十六世紀後半の東アジアでは、さまざまな国と立場の交易集団が錯綜的に交流するようになり、やがてそうした「倭寇的勢力」の活動

図２　高瀬到着の石火矢の輸送を命じた大友宗麟書状

が東アジアの交易システムの主流の位置を占めるようになるのである。

十六世紀後半、この東アジアにおける時代の大きなうねりのなかで、いわゆる戦国大名が国内的および対外的に活動し、また、南蛮交流をおこなう都市が形成された。その実態はどうだったのであろうか。

一例をあげよう。九州の肥後、現在の熊本県を流れる菊池《きくち》川が有明海に注ぐ河口に栄えた都市に高瀬《たかせ》がある。菊池川と繁根木《はねぎ》川の合流点に位置する高瀬は、古くから水上交通の要衝であり、十四世紀後半には守護大名菊池氏の対外交通の拠点として機能する。特に、中世末期の高瀬は、補陀落渡海《ふだらくとかい》の出航地でもあったようで、繁根木八幡宮裏手の寿福寺《じゅふくじ》跡には「駿河善心行人」らによる永禄十一年（一五六八）の補陀落渡海碑が現存する。

天正四年（一五七六）一月、この高瀬に南蛮船が来航した。十六世紀初頭の文亀年間以降、この高瀬地域に勢力を伸長させていた隣国豊後の大友氏は、さっそく肥後方面の家臣に書状を出して次のように指示している。

「高瀬の津に至り石火矢《いしびや》着岸の条、きっと召し越すべき覚悟に候。方角の儀に候間、辛労ながら夫丸《ぶまる》の儀を申し付けられ、運送祝着たるべく候」

高瀬の港に石火矢（大砲）が到着したので、豊後まで輸送したい。肥後方面で夫丸（人夫）を徴用して運送せよ、との内容である。『大友興廃記』には、「さる天正四年丙子の夏、南蛮国より大の石火矢到来す、肥後国より修羅《しゅら》をもって、豊後臼杵丹生《にう》の嶋まで引かせらるる、宗麟公御悦喜なされ、国崩《くにくずし》とこれを号せらる」とも記録されており、南蛮渡来の石火矢が、肥後高瀬から豊後臼杵の丹生島城まで、修羅と夫丸の手によって陸上輸送されたことが明らかである。

一方、同じ九州の肥前、現在の長崎県平戸にも、同時期に南蛮からの物品が渡来している。天正三年二月、薩摩の戦国大名島津義久《しまづよしひさ》の弟家久《いえひさ》が、伊勢や愛宕山などの諸神仏に参詣するため、およそ五ヵ月の旅に出た。家久は「中書家久公御上京日記」と通称される道中日記を残しているが、その七月十三日の条には次の記録がある。

「十三日、唐船に乗り、見物つかまつり候、なんはん（南蛮）より豊後殿へ進物とて虎の子四疋、それをめつらしく（珍）見て帰り候」

参詣からの帰途、平戸に立ち寄った家久は、その港に碇泊中の唐船に乗船して船内を見物したのである。船には、おそらく陶磁器や絹織物などの中国産物資が多く積まれていたものと思われるが、家久が注目したのは、四匹の虎の子であった。その物珍しい動物の行く先を船主に尋ねると、南蛮から「豊後殿」（大友宗麟）への進物である、との返事が返ってきたのである。

2　戦国諸大名の南蛮交流

戦国大名の南蛮派遣船

ここで、戦国大名と「南蛮国」の交流を示す史料を紹介しよう。「島津家文書」に収められている天正元年（一五七三）の「大友氏奉行人連署書状」である。

「今度、南蛮にいたり差し渡され候船、帰朝せしめ、御領中において繋《つな》ぎ置き候のところ、さる大風の砌《みぎり》、少過の子細これ有るの由、到来により、貴殿にいたり使節をもって申され候のところ、いまだ御返事なく候の事、御心許なく候。（中略）しからば、かの船、南蛮国においても、この節のごとく少難の儀これ有ると雖《いえど》も、宗麟より差し渡さる船の段、存知有り、かの国守、相談をもって廉直の扱い、剰《あまつさ》へ使節をもって申し越され候ところ、万一御得心相《あい》滞るにおいては、大国までの覚え、如何〳〵の条、御遠慮をもって示し預かり候はば祝着申さるべく候」

大友宗麟が南蛮に派遣した船が帰朝途中、島津氏領内に立ち寄り係留していたところ、大風によって船が破損した。その件について島津氏に問い合わせたのだが返事が来ない。実はこの船は、南蛮国でも同様の破損を生じたが、大友宗麟の船ということでその国の国守が廉直に処置をしてくれた船でもある。島津氏として深慮された上、御返事をいただきたい、という内容である。

次に、この連署書状に対する島津氏の返書案文を示そう。

「破艘の儀につき、毎々の御使書、珎重《ちんちょう》に存せしめ候。御札のごとく、貴家と当方、御堅盟の故をもって、自他の覚え、かれこれ法意の扱い露顕のうえ、纔《わづか》に思慮をめぐらされ、船・銀子・鹿皮、南蛮国進物種々、目録をもって進《まい》らされ候事、歴然に候」

大友船の破艘について、大友・島津両家は盟約関係にあるので、船と積み荷の銀子・鹿皮・南蛮国からの進物種々については目録に書き上げられている通りに進上するつもりである、との返書である。

二通の史料から明らかになる事実は、次のとおりである。

戦国大名大友氏は、一五七三年かその前年に南蛮（東南アジア）方面への貿易船を派遣した。その貿易船は、派遣先の国で何らかの破損事故を起こしたが、当海域での慣例に沿って、その国の「国守」から船の修復援助を得ることができた。商取り引きを終え、銀子・鹿皮その他東南アジア方面の物資を積み込んで豊後に帰国しようとしたこの船が、今度は島津氏領内の港で大風により再度破損を生じ、島津氏により船・積み荷ともに抑留されてしまった。そして、船の安否を気遣う大友氏側に対して、島津氏は船と積み荷の返還を約すこの返書を送ったのである。

島津氏領内における派遣船の遭難は、大友氏にとって予期せぬ事態であった。しかしながら、「破艘」という海難事故が起こったことによって文献史料上に残された大友氏の派遣船の記録は、シナ海域を縦断して「南蛮」物資を輸送する日本の戦国大名の貿易船の実態を語る極めて重要な史料といえよう。それは、遺跡や遺物のみでは決して語ることのできない南蛮交流の動態としての姿である。

島津氏・大友氏・松浦氏と南蛮

肥後高瀬に到来した南蛮石火矢、肥前平戸に碇泊中の唐船積載の南蛮「虎の子」、そして、大友氏が南蛮派遣船で豊後に持ち帰ろうとした「銀子・鹿皮、南蛮国進物種々」。十六世紀後半、特に天正年間の九州の港湾都市には、「南蛮」からの多くの物資があふれていたに違いない。

では、この「南蛮国」とはどこのことであろうか。

天正年間の京都建仁寺《けんにんじ》の禅僧で、島津氏の琉球外交僧として活動した雪岑津興《せつしんしんこう》が著した「頌詩」のなかに、興味深い史料が収められている。天正七年（一五七九）十一月付けの島津義久書状写で、冒頭に記された宛て書は、「南蛮国甘埔寨《カンボジア》賢主君」、つまり、カンボジア国王となっているのである。

書状のなかで、義久は、「貴国商船一隻、飄蕩《ひょうとう》として日本九州薩之港口に来たる」と述べ、薩摩に漂着したカンボジア船の船主・貢使・副使を尋問し、彼らの九州来航の目的が、「金書・貢物」を「豊州主源義鎮公」（豊後の大友義鎮＝宗麟）に贈るためであることを聞き出している。

一五七九年の九州は、その前年十一月に、日向の高城《たかじょう》において、薩摩の島津軍と豊後の大友軍が壮絶な合戦を繰り広げた直後にあたり、このカンボジア船の薩摩への漂着は、むしろ、大隅半島沖から日向灘を北上して豊後到着をめざしていた同船に対する、島津氏による政治的意図の強い抑留（大友氏に対する一種の経済封鎖）と考えることができる。実際のところ、義久は、書状の後半部分で、「去る歳戊寅《つちのえとら》の冬、干戈《かんか》」（天正六年の合戦）について触れ、薩摩に侵入した大友軍十数万人を倒したことにより、九州全域が島津氏領となったと喧伝し、今後は「我が国必ず貴国をもって善隣をなし、永々自他の和好をなさん」とカンボジア国王に呼びかけている。島津氏対大友氏という、天正年間の九州を二分する政治・軍事対立のなかで、一五七八年（天正六）末以降、軍事的優位に立った島津氏が、従来の大友氏とカンボジア国との通交を遮断し、新たに自らがカンボジア国との通交関係を構築しようと試みたことがわかるのである。

このような、九州の戦国大名と「南蛮国」の主君との間の「善隣」「和好」関係が、すでに、十六世紀後半の天正年間から確立されていたことは注目に値する。同時期、平戸の松浦鎮信《まつうらしげのぶ》も「暹羅《シャム》」との通交関係を結んでいたようで、同氏が「暹羅御皇」に宛てた天正五年（天正五）の書簡も現存している。

一般に、豊臣政権や徳川政権初期の将軍や諸大名が、「安南《アンナン》」「柬《カン》（甘）埔寨《ボジア》」「暹羅」「呂宋《ルソン》」などの南蛮諸国に頻繁に書簡を送り、朱印船貿易に象徴される通交関係を取り結んだのは、十六世紀最末期の慶長年間から十七世紀初頭の近世期といわれる。大友氏や島津氏、松浦氏の事例は、その数十年前のものであり、こうした中世末期西日本の個別戦国大名の南方政策を基盤としたうえに、豊臣期から近世初頭にかけての日本人の積極的な東南アジア進出（有馬晴信や島津家久、さらには末次平蔵《すえつぐへいぞう》や角倉了以《すみのくらりょうい》ら商人による朱印船派遣と、アユタヤやホイアンに代表される「日本町」の形成）がなされたのである。

象と「象簡」

前述の雪岑津興「頌詩」のなかには、カンボジア国王が大友宗麟に宛てた国書が収載されている。貢使の乗った船が、一五七九年に島津氏領内の港で抑留されたため、この国書は大友氏のもとには届かなかったと思われるが、国王は宗麟に「日本九州大邦主源義鎮長兄殿下」と呼びかけて無音をわび、銅銃一門・蜂蠟《はちろう》三〇〇斤・象一頭を贈るとともに、「象簡」（象つかい）一名と「鏡匠」二名を派遣しようとしていた。

「南蛮屏風」にしばしば描かれる象が、日本に初めてもたらされた時期は定かではないが、慶長二年（一五九七）七月、豊臣秀吉のもとにルソンから銀盤や銀椀に加えて「黒象」が贈られた際の記事として、『鹿苑日録《ろくおんにちろく》』に「象日本に到るは、三十五、六年已前、豊後太守大友に贈るの由これを聞く」との記述があることから、永禄から天正年間にカンボジアから豊後に数回贈られた象が初期のものと考えられよう。

さらに興味深いのは、「象簡」の存在である。カンボジアからの象は、単に日本には生息しない珍獣として贈られたのではなく、それを飼育し、操る象つかい一名とともに届けられたのであり、そこには単なる物質的交流の枠を越え、技術・技能・技法といった非物質的文化のアジア史的流動の様相を垣間見ることができるのである。

図3 「南蛮屏風」に描かれた象

3　南蛮交易都市

堺

以上に述べてきた十六世紀後半期の東アジア海域の世界史的環境とそのなかでうごめく戦国諸大名の能動的な活動実態、そしてそれに続く十七世紀初頭における諸階層の活発な海外交易の実態を踏まえたうえで、さっそく、同時期の日本に繁栄した南蛮交易都市の実態を、堺から順に紹介していこう。

まず、堺という地名は、町が摂津国と和泉国の境界に位置していたことに由来するという。古代の堺で注目されるのは、開口《あぐち》神社とその本社住吉大社である。『神代記《じんだいき》』には「開速口姫神《あきはやくちひめのかみ》」「開口水門《みなと》姫神社」として記されており、流水の速い港の存在をうかがわせる。

大阪湾に面する「堺浦」は、大津道・紀州街道・竹之内街道を通って畿内内陸部へとつながる。十三世紀には丹南鋳物師《いもじ》廻船《かいせん》の出入港として機能し、十四世紀には海会寺《かいえじ》・引接寺《いんじょうじ》などの大規模寺院が創建された。

南北朝期になると、堺は南朝方の軍港として発展する。その後、和泉国守護となった山名《やまな》氏清《うじきよ》は、堺を「泉府」と改称して守護所を設置した。

堺が国際的な交易港として登場するきっかけは、十五世紀半ばの応仁の乱である。乱以前の畿内において、最大の国際交易港は兵庫であった。九州の守護大名大友親世の大名船「春日丸」が畿内へ物資を輸送する際に、兵庫の港を利用したことは先述した通りである。従来の遣明船もこの兵庫を発着港として利用していたが、一四六五年（寛正六）に兵庫を出発した足利将軍と細川氏の遣明船は、応仁の乱での対立勢力の動きのため瀬戸内海を経ての帰航ができなくなり、土佐沖から紀伊水道を北上して堺の津に着岸したのである。この後、堺は五回にわたって遣明船の発着港として機能することになり、経済的に大きな発展をとげるようになるのである。

堺の町は、中世から近世初頭の各段階で数度の大規模火災によって焼失しながらも、一貫して都市的発展をとげてきた。地下には、その痕跡が幾重にも重なって埋蔵されており、その遺構は「堺環濠都市遺跡」と呼称されている。

遺構からの出土遺物に着目すると、国内陶磁に加えて海外からの陶磁器の出土も多く、まず、十四世紀末から十五世紀にかけての遺構からは、中国産の青磁や白磁の碗や皿が多数見つかっている。十五世紀後半の遣明船の発着期になると、中国産青花《せいか》の出土が増加し、十六世紀にはその種類も多様化してくる。そして、十六世紀末には、それまでの景徳鎮窯《けいとくちんよう》系に加えて、福建省の漳州窯《しょうしゅうよう》系の青花が多く検出されるようになるのである。

この青花の出土状況の特徴として指摘されているのは、遺構の表道に面する建物跡からは景徳鎮窯系青花が多く出土し、濠などの周辺部では漳州窯系青花が増加する事実である。これは、中国産青花の階層差を示すものであり、優品としての景徳鎮窯系青花の需要を補完するかたちで安価な漳州窯系青花が堺にもたらされたものとされている。

図4　硫黄が入った状態で出土したタイの焼締陶器四耳壺（堺）

堺の南蛮陶磁

「堺環濠都市遺跡」出土の貿易陶磁のなかで、特に興味深いのは、硫黄が入った状態で屋敷地内に埋設されていたタイの焼締《やきしめ》陶器四耳壺《しじこ》の発見である。壺が見つかったのは都市堺のほぼ中央部に位置する車之町西の調査区で、出土した五個の四耳壺のうちの二個に硫黄が充塡されていた。備前焼とよく似たこの陶器は、タイのアユタヤ付近の窯では日常雑器として使用されていたものである。

堺でこうした東南アジアの陶磁器が出土しだすのは、十六世紀末から十七世紀初頭にかけてであり、これまでに、タイの四耳壺や鉄絵香合《こうごう》、ベトナムの白磁印花《いんか》文《もん》碗・焼締鉢・焼締長胴瓶などが確認されている。なかでも、焼締陶器壺はそれ自体が商品だったのではなく、前述の四耳壺のように、液体物や固体物を輸送する容器として運ばれてきたものである。南方産の砂糖や硝石《しょうせき》、酒などが、これらの壺や瓶に詰められて海上輸送されたものと考えられよう。

また、これらの陶器のなかには、ベトナム焼締長胴瓶のように、この時代の日本における茶の湯文化の発展の過程にのみこまれ、本来の雑器としての性格から、茶人の嗜好にかなった茶道具として珍重されるようになるものも存在するのである。

豊後府内

さて、十六世紀後半に栄えた南蛮交易都市として、次に紹介するのは九州の豊後府内である。府内の町は、大分川が別府湾に注ぐ河口西岸に展開した。前近代社会における瀬戸内海という「海の道」に着目して表現するならば、堺が瀬戸内海の東端に位置して京都を中心とする畿内経済に直結する港湾都市であったのに対し、府内は瀬戸内海西端に位置して環東シナ海経済圏につながる港湾都市だったということができよう。

府内の町の起源は、十一世紀にさかのぼる。「宇佐宮神領大鏡」の天喜元年（一〇五三）の中文《もうしぶみ》では、大分川は「市河《いちのかわ》」と呼称されており、河口の川辺で河原市が開かれていたことが推測されている。

この市町一帯が、十三世紀に相模国から西国下向した大友氏の守護所設置により豊後国の政治的中心としての機能を有するようになり、やがて十六世紀末には五〇〇〇軒の町屋を擁する西国有数の都市として発展したのである。

十六世紀後半期の府内の様子を描いたとされる古図が、今日に複数現存している。古図はいずれも近世以降の写しであるため、これまではその信憑性が問われていたが、近年では、その古図の現在比定地から、大友氏の大名館跡や同氏菩提寺の万寿寺跡、さらにはキリスト教会の敷地の一部と思われる墓地、そして多数の町屋跡が発見されている。

古図によると、町は南北に四本、東西に五本通る大路と小路によって区画され、築地塀で囲まれた二町四方の大友館を中核に、その周囲に御所小路町・上市町・下市町・工座町《たくみざまち》・鋸町《のこぎりまち》・小物座町・

寺小路町・稲荷町・唐人町など四五の町が展開している。
遺構の状況をみよう。府内の中心に位置する「大友氏遺跡」の大友館跡からは、主殿の礎石跡と想定される根締石が等間隔で検出され、また、二町四方の敷地の南東部からは安山岩《あんざんがん》や凝灰岩《ぎょうかいがん》の巨石と玉砂利を配した池を有する庭園も発見された。この庭園は十六世紀中頃に造園されたと推測されるが、その一部には一五八六年（天正十四）の島津軍の府内侵攻時のものと思われる破壊の痕跡も残っている。

大友館の推定敷地とその周辺からは、金箔土師器皿や金製飾り金具などの金箔製品や、天目茶碗《てんもくぢゃわん》や茶臼などの茶の湯道具のほかに、ガラス製小皿・下駄・漆器・鉛玉（鉄砲弾）・華南三彩《かなんさんさい》の水注《すいちゅう》・タイの鉄絵小壺なども出土している。

一方、「中世大友府内町跡」と呼称された府内の町遺構を南北に縦断する大路からは、古図に描かれている木戸の柱穴が確認された。府内の町屋の遺構からの出土遺物として注目されるのは、表裏にキリストと聖母子像をかたどったメダイや、ガラス製コンタ（ロザリオの珠）などのキリシタン遺物である。一五五一年（天文二十）のフランシスコ・ザビエルの滞在と布教活動以降、イエズス会宣教師の重要活動拠点として機能した府内には、キリスト教会やコレジオ、西洋医療の病院などが開設された。先述した教会墓地からは、日本人キリシタンの埋葬人骨も確認されている。

六割を超える貿易陶磁

堺同様、豊後府内からも多くの貿易陶磁が出土しているが、特に注目されるのは横小路町の遺構である。

横小路は、大友館の北方を東西にのびる街路であり、調査では幅約一〇㍍の十六世紀の道路が検出された。その街路に面したある町屋では、直径一・五㍍の備前焼大甕一〇個を地面に埋設していた甕倉が発見された。遺構は、やはり一五八六年の島津軍の府内侵攻時に火災にあい、遺物を廃棄して埋めたものと考えられる。出土遺物としては、まず、堺と同様に、中国の景徳鎮窯系と漳州窯系の青花が多くみられ、青磁・白磁・華南三彩・焼締陶器擂鉢《すりばち》も確認されている。特に、擂鉢は、流通商品ではなく、中国との貿易従事者か渡来中国人が日常生活用品として使用していたものと考えられる。また、舟徳利《ふなどつくり》や白磁皿などの朝鮮王朝産陶磁も複数含まれている。

特筆されるのは、タイの焼締陶器四耳壺とベトナムの焼締長胴瓶の出土で、特にタイの四耳壺はこの大甕埋設遺構から一一個体分が確認されており、この点でも、当該期の東アジア海域世界における堺と豊後府内の都市性格の共時性が指摘されよう。

図5　豊後府内で出土したミャンマー産黒釉陶器三耳壺

このほかにも、日本国内では沖縄県首里城や福岡県博多遺跡群などの数点しか出土例をみないミャンマー産黒釉陶器三耳壺も確認されている。

横小路町の当該遺跡からは、国産の備前焼や信楽焼も出土しているが、全遺物中に占めるその割合は過半数に満たない。遺物の六割以上が貿易陶磁であったとの調査報告は、十六世紀後半期の豊後府内のアジア的性質を如実に物語っていよう。こうした遺物組成の特徴は、横小路町のこの遺構のみならず、大分川に隣接してベトナム産白磁印花文碗などが出土した上市町などの複数の遺構にも共通して指摘されている。また、このほかにも、大友氏の菩提寺万寿寺に隣接する堀之口町からは、タイのクンディ形土器水注が出土している。現在も調査が進行中の「中世大友府内町跡」の遺構全体での遺物組成でも、その三割が貿易陶磁になる見通しである。

平戸

南蛮交易都市として次にあげられるのは肥前の平戸である。

平戸は、九州最西端の北松浦半島と向かい合う平戸島北部の都市で、東向きに開けた港の眼前は平戸瀬戸と呼称される海峡である。堺と豊後府内を瀬戸内海航路東・西の港湾都市と呼ぶならば、平戸と後述する長崎は、より広域な東シナ海航路の東北端の港湾都市と呼ぶことができる。日本史的感覚からみれば、瀬戸内海から関門海峡を越え、博多を経由して外洋に向かう船にとっての国内最終寄港地が、平戸やその北の的山《あづち》大島、西の五島列島である。

八世紀から九世紀の古代、遣唐使船はしばしばこの平戸に寄港して風待ちした。また、十世紀から十四世紀に博多をめざして来航した唐や宋の商船も、平戸や五島列島に立ち寄ることが多かった。十五世紀の遣明船も、平戸や的山大島、五島列島から中国へと渡っている。

東アジア海域に「倭寇的勢力」が暗躍した十六世紀半ば、平戸にも有力な中国人海商が来航した。嘉靖《かせい》期の倭寇の棟梁王直《おうちょく》である。明の海禁政策を破って、東シナ海域でいわゆる密貿易を手がけていた王直は、天文から弘治年間の九州を訪れ、豊後の大友氏や平戸の松浦氏ら日本の戦国大名としばしば交渉した。一五四二年（天文十一）、平戸を訪れた王直は、松浦氏の保護を受け、この地を本拠のひとつとした。また、天文年間末期になると、ポルトガル船も平戸に来航している。平戸の遺構からは、この時期のものと思われる中国産の青花や青磁・白磁も出土している。

図6「平戸和蘭商館跡」の発掘現場

十七世紀の徳川政権期に入ると、一六〇九年（慶長十四）にオランダ船が、一六一三年（慶長十八）にはイギリス船が相次いで平戸に来航し、幕府の許可のもとでそれぞれの商館が開設された。この両商館併設期の平戸の様子を描いた一六二一年（元和七）の絵図が、オランダのハーグ国立中央文書館に所蔵されている。絵図では、鏡《かがみ》川と戸《と》石《いし》川が注ぐ平戸港の海岸に沿って家屋が描かれ、その中央部に平戸藩政庁、東北端にオランダ商館、南西部にイギリス商館が確認できる。海岸部には護岸石垣が描かれているが、実際にオランダ商館跡の発掘調査でその石垣が確認され、文献史料とのつき合わせから一六一六年（元和二）のものと推測されている。この石垣の裏込めからは、景徳鎮窯系青花などの大量の中国産陶磁器が検出されており、何らかの理由で破損した流通商品を廃棄したものと考えられる。

貿易競争に敗れて、イギリスが一六二三年（元和九）に商館を閉鎖したのに対して、オランダは、一六三七年（寛永十四）およびその二年後に石造倉庫を建設して、商館機能を拡充させた。発掘では、この時期の建物の基礎も見つかっており、「平戸和蘭商館跡」との名称で国史跡に指定され、その倉庫の構造も明らかになりつつある。

長崎

一六四一年（寛永十八）、江戸幕府は、平戸オランダ商館の長崎への移転を申し渡した。ここに、平戸の貿易は終焉を迎える。

さて、長崎は、元来小さな村だったものを、戦国大名大村純忠《おおむらすみただ》によって一五七一年（元亀二）に町建てがおこなわれ、港が開かれたとされる。それ以前の状況は定かではないが、文禄期の豊後臼杵の唐人町に居住し、豊臣秀吉の京都方広寺《ほうこうじ》の大仏造立の際に漆喰塗りの技術職人として活動した中国人陳元明《ちんげんめい》の末裔に伝わる系図に、同氏の三代前の陳李長が一族とともに中国江蘇《こうそ》省の揚州《ようしゅう》から船に乗り、一五〇六年（永正三）に肥前の森崎、現在の長崎市に着岸して日本に定住したとの記録がある。肥前国内にしばらく逗留した陳李長一族は、やがてその五人の子どもの代に肥前・肥後・筑後・豊後に分住するようになり、そのうちの陳覚明が一五一五年（永正十二）に豊後府内に移住して仏師として生業をたて、以後、義明から元明へと家業をつないだとされる。元明は大仏漆喰の技術奉公の恩賞として、秀吉から褒美の朱印状を与えられているが、中国を出帆したその祖先一族の肥前森崎での上陸の記事からは、十六世紀初頭段階の長崎における、ある程度の浦機能の存在を想定することができよう。

大村氏によって十六世紀後半期に町建てされたのは、大村・平戸・島原・外浦《ほかうら》・分知《ぶんち》・横瀬浦《よこせうら》の六町である。場所は、現在の長崎市中心部の万才町《まんざいまち》一帯で、寛永年間の記録によると、ここには国内他所からの移住者や外国人、あるいはキリシタンが多く居住していた。先述の陳李長一族の上陸地森崎も、六町の町屋が建つ陸地が長崎港に突き出た岬の先端、現在の長崎県庁付近である。

港湾都市長崎の起源ともいえる六町については、その一部分において発掘調査が実施されている。なかでも注目できるのは、大村町の状況で、文献史料に記録される一六〇一年（慶長六）の火災の焼土層が検出されたことで、その前後の時期の町の実態が明らかになった。遺構では、蔵と思われる礎石建物や、住居と思われる掘立柱建物のほか、井戸・石組み排水溝・獣骨・陶磁器などが確認された。特に、獣骨では、刃物による切断痕が残されている牛骨が多く、居住西洋人による食用解体をうかがわせる。また、陶磁器では、中国産陶磁の割合が九割を超えており、その状況は十七世紀前半まで続いている。

長崎で出土する陶磁器における東南アジア産陶磁器については、十六世紀段階ではほとんどみられないものが、十七世紀初めに急増し、十七世紀半ばにはまた減少していく。堺や豊後府内とは、時期的な相違があるものの、タイの四耳壺やベトナムの焼締長胴壺の出土などの共通点がみられる。

現在の長崎市役所付近にあった豊後町の調査では、一六六三年（寛文三）に市街の大半を焼失した大火の状況も確認されている。地下室を設けていたと推測される遺構からは、焼土のほかに、大量の壺の破片が出土した。その産地は、地元の肥前のみならず、中国からベトナム・タイ・ミャンマーにかけて広がっており、これもまた、先述の豊後府内の横小路町と同様の組成を示している。

一六三六年（寛永十三）、長崎に雑居していたポルトガル人が、沖合に造成された出島に収容された。ポルトガルはその後わずか三年で日本から撤退することになるが、ポルトガルに代わって出島に入居したのは、一六四一年に平戸から商館を移転させたオランダである。

近世出島のオランダ商館でおこなわれる貿易では、年に五、六艘が入港するオランダ船との間で、陶磁器や金・銀などを輸出し、生糸・砂糖・蘇木《そぼく》などを輸入した。

商館跡の発掘調査では、近世後期段階の商館倉庫の礎石や、出島周囲の護岸石垣が確認され、大量の肥前陶磁が出土した。また、オランダ人商館員の生活を示すガラス杯・ワインボトル・クレーパイプや、食生活を物語る牛骨なども確認されている。

アジア史のなかの日本

堺・豊後府内・平戸そして長崎。都市の成り立ちや後背地条件、そして繁栄した時期も微妙に異なる四つの都市であるが、十六世紀後半から十七世紀の間のいずれかの時期に、東アジアの海を介して、国内はもとより、中国・朝鮮・東南アジアそしてヨーロッパ諸国と結ばれた。

それは、日本社会において、中世的な権力分散構造が集権的な近世幕藩体制へと転換していく、いわゆる中・近世移行期の一側面であるが、その動態はいうまでもなく、日本史という一国史の範疇でとらえられるものでなく、また、ヨーロッパの歴史学における「大航海時代」という単純な時代認識に収斂《しゅうれん》されるものでもない。アジアにおいて「中華」を自認し続けてきた中国の影響力が相対的に低下していく時代史的兆候のなかで、「東夷」（東アジア）の国々と「南蛮」（東南アジア）の国々がいかに「中華」を介さずにかかわっていくことになるのであろうか。また、その相互関係のなかに、新たに登場するヨーロッパの「南蛮」がいかに介入していくのであろうか。

局地的な地域や海域の人間行為がようやくひとつにつながったともいえるこの時代の歴史は、地球的規模での地域間の流動的かつ相対的な連関構造を想定しながら考えていくマクロの視点が必要である。その一方で、例えば、十六世紀段階の日本そのものを、ひとつの「国」と考えて画一的にとらえるのではなく、室町幕府権力に向き合いながらも各々の独自性・独立性を志向する守護や戦国大名、そして世紀末に登場する豊臣政権の動向が複雑にからみ合う弾力性ある「国」と考え、その内的構造をミクロにとらえていく視点も欠かせない。

第一部のタイトル「アジアの中の戦国日本」をうけた本章「南蛮交流」に課せられたのは、当該期に繁栄した各南蛮交易都市を史跡として紹介することだけではなく、戦国日本の流動的な内部構造に即した時代認識から、遣明船の派遣に象徴される室町幕府のアジア外交のなかに島津氏・大友氏・松浦氏・大村氏などの戦国大名の「南蛮交流」の姿を浮きあがらせ、さらに、豊臣政権から江戸幕府にかけて進展する国家的「南蛮交流」への転換を描くことである。当該期日本の政治的中枢である畿内の室町幕府や豊臣政権と密接に結び付いた堺、十六世紀後半の九州で全盛を迎えながらも世紀末に登場した豊臣政権をまえに没落した戦国大名大友氏膝下の豊後府内、遣明船の寄港地から戦国大名松浦氏の時代を経て江戸幕府初期の貿易拠点へと性格を変転させていった平戸、そして、戦国大名大村氏の町建てから近世には江戸幕府による貿易統制の恒常的拠点として機能した長崎。史跡指定された各都市の盛衰の歴史は、まさにアジア史のなかの日本を象徴している。

参考文献

岩生成一『南洋日本町の研究』岩波書店、一九六六年
大分市教育委員会・中世都市研究会『南蛮都市・豊後府内―都市と交易―』二〇〇一年
鹿毛敏夫『戦国大名の外交と都市・流通―豊後大友氏と東アジア世界―』思文閣出版、二〇〇六年
鹿毛敏夫編『戦国大名大友氏と豊後府内』高志書院、二〇〇八年
川口洋平『シリーズ「遺跡を学ぶ」三八　世界航路へ誘う港市・長崎・平戸』新泉社、二〇〇七年
堺市博物館『南蛮―東西交流の精華―』二〇〇三年
日本貿易陶磁研究会『貿易陶磁研究』二六、二〇〇六年
平戸市史編さん委員会『平戸市史　絵図編　絵図にみる平戸』二〇〇一年
福岡市博物館『堺と博多展―よみがえる黄金の日々―』一九九二年
村井章介『海から見た戦国日本―列島史から世界史へ―』筑摩書房、一九九七年

II 南の王国

首里城正殿（戦災前）

一　貝塚時代の村と生活

當眞嗣一

環太平洋の西側を縁取る琉球諸島《りゅうきゅうしょとう》は、東西南北の文化が交差する地域として環太平洋文化圏のなかでも独特の文化を形成し、歩んだ道のりについても日本史の一部と位置づけられながらも独自の歴史的発展を遂げてきた地域である。

先史時代の琉球諸島には、北琉球文化圏（奄美《あまみ》・沖縄）と南琉球文化圏（宮古《みやこ》・八重山《やえやま》）の二つの文化圏があった。北琉球文化圏は九州縄文文化に源流をもち、西南九州の影響下で幾度か変容を繰り返しながら、地域色の強い土器文化を発達させた。これに対して、南琉球文化圏は縄文・弥生文化の影響を全く受けず、台湾・フィリピンなどの南方との関わりの深い独特の先史世界をつくり出した地域である。

沖縄の化石人骨

沖縄県は東西一〇〇〇キロ、南北四〇〇キロにわたる広範囲の海域に点在する大小一六〇余の島々で構成される。県土面積は全国の約一〇〇分の一弱、しかし、海域を含めるとその広さは広大であり、実に本土の二分の一にも相当する。

この広い海洋空間に囲まれた地域に人びとがその足跡を残したのは、人類学者の研究成果によると、今から三万年から二万年も前の時代だといわれている。約三万二〇〇〇年前の山下洞人《やましたどうじん》、二万年前のピンザアブ洞人や下地原洞人、それから一万八〇〇〇年前の港川人などがそれである。なかでも港川人については、「原日本人」のルーツだとされ人類学者の注目を集めている。これらの化石人骨は、琉球石灰岩地帯の洞穴や岩陰からしばしば発見される。石灰岩は中性あるいは弱アルカリ性のため骨の保存に適しているといわれる。そのため日本の八〇㌫以上の化石人骨が石灰岩地帯の多いここ沖縄県で集中的に発見されている。

山下第一洞穴遺跡では六層相当層から七歳前後の女児骨が出土した。上層である第三層からの炭化物によるカーボン測定値が三万二〇〇〇±一〇〇〇B P. を示すことからこれらの出土遺物はこれを遡る年代資料とされ、化石人骨は山下洞人と呼ばれることになった。また、港川遺跡の年代は、一万八〇〇〇±五〇〇B P. のカーボン測定値が得られた。

港川遺跡は、雄樋川の河口部に架けられた橋の袂、高さ七㍍、幅一㍍ほどの垂直方向の割れ目である。この付近はかつて粟石と呼ばれる建築石材を切り取る鉱山があった場所で、いまでは閉山となり断崖絶壁となった石切り場の跡だけが残されている。粟石は、コンクリートやブロックなどがまだ普及していなかったころ、屋敷囲いや建物の壁などに使用され、台風銀座の沖縄では重宝な石材でありかつては盛んに切り出されたものである。この鉱山から化石が見つかるということがわかったのは、長年化石の収集を行い研究していた大山盛保という人の鋭い観察力の結果によるものだった。大山は

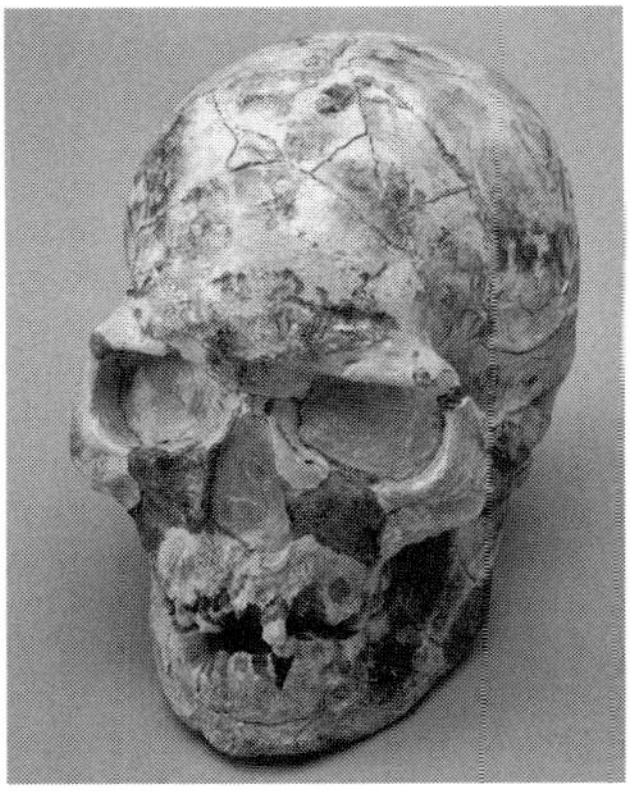

図1　港川人頭骨（複製）

たまたま庭石として買い取った岩石の中にシカの化石が付着しているのに気付き、その販路をたどってこの港川の遺跡を発見することになった。化石収集に何回も通ううち遂に化石人骨と遭遇する。

化石人骨はやがて東京大学の人類学者の目に止まり、沖縄洪積世人類遺跡調査団が編成されるところとなり、発掘調査が実施されることになった。調査の結果、北東から東西方向に続いている割れ目内の堆積層からおびただしい量の古生物の化石が発掘されたが、その時の調査では化石人骨を発見することはできなかった。動物の化石にはイノシシ、シカ、コウモリ、ネズミ、ハブ、トカゲ、カラス、カメ、カニなどいろいろな種類の化石があり、その多くは現在絶滅種になっている。

大山が収集した化石人骨は、鈴木尚を中心とする人類学者によって研究され、港川人と命名されることになった。現在ではその特徴が明らかにされ、日本はもとより、世界中の人類学者たちに注目されている。鈴木は、港川人の化石人骨について次のように語っている。「人骨はかなりバラバラに発見されたので、復元作業がかなり手間取った。復元できた人骨は、七―八体で、形質的には縄文人と違うタイプのものであり、ホモ・サピエンスに類似する。数体の人骨は骨格が揃っており身長もわかる。男性一体は骨が非常に発達しており、身長一五四㌢、女性三体は一四一・七㌢、一四六㌢、一四七㌢で現代人から平均すると約一〇㌢の差が認められる。顔つきは、眉間部がかなり隆起し、額は狭くそのわりに顔の幅が広い。更新世特有の顔つきである。歯は摩耗度がひどく、縄文人より磨耗している。手足の骨も縄文人とは違う。縄文人は筋肉の付着部分が強いが、港川人の場合は比較的きゃしゃである」

　現在、日本の旧石器時代の遺跡は全国で数千ヵ所といわれている。この遺跡の大部分は、後期旧石器時代のものとされている。港川遺跡や山下町第一洞穴遺跡から発見された化石人骨は、カーボン測定値の年代観では後期旧石器時代に属し新人として分類される。

　今から二〇〇万年前にはじまる第四紀に入ってから氷期と間氷期が幾度か交代した。氷期は、大きなものが四回あり、また間氷期は三回あった。山下洞人や港川人が出現したのは最終氷期にあたるウルム氷期である。この時期は、最寒冷期で年平均気温は現在より七度も低く、沖縄の気候は今の関東あたりとほぼ同じで、世界中の海面の位置が今より一四〇㍍も低かったといわれる。港川人を周辺の同時代人と比較すると、低・広顔、低身長を特徴とするという。そうした特徴をもつ港川人と中国南部の柳江《りゅうこう》人との類似性に着目した鈴木は、大陸南部から最初に日本列島に流入したグループが港川人だと考えた。ところが近年、馬場悠男は港川人の頭骨などは中国大陸の山頂洞人や柳江人とは異なり、ジャワのワジャク人に類似性があると発表している。馬場によれば、かつて更新世末期の太平洋沿岸部や島嶼《とうしょ》群には大陸南部と違ってより古い形態をもつ初原モンゴロイドと呼ぶべき人類が互いに交流しながら分布しており、港川人などはそのグループの一派として捉えられるものだというのである。

ところで、形質人類学や年代測定データの結果で旧石器時代人にみられている港川人の文化を研究するには現在大きな課題が残されている。それは、港川人骨に新石器時代の遺物だけでなく、旧石器時代の文化遺物が一切伴っていないからである。どうしたことだろうか。その後、一九九八年（平成十）から二〇〇一年（平成十三）にかけて四次にわたる調査が沖縄県の援助のもと旧具志頭《ぐしちゃん》村教育委員会によって実施されたが、化石人骨および旧石器などの文化遺物を発見することができなかった。港川人に伴う旧石器が発見されないことには、その文化内容について語ることはできない。港川人に代表されるような沖縄旧石器人たちの文化を明らかにしていくうえで今求められていることは化石人骨に伴う旧石器の発見である。

奄美諸島の旧石器

近年、奄美地方では港川人とほぼ同じ年代とされる後期旧石器時代の存在が確認され注目を集めている。これらの旧石器は不定形剝片石器群《はくへんせっき》とよばれるものであるが、そのことについて加藤晋平は、「三万年ほど前に、東南アジアの何処かで適応をした人類が東アジア沿岸各地へ拡散した結果、すなわちその一派が琉球列島沿いに北上し、残されたものと推測される」と述べている。

沖縄最古の土器文化

今からおよそ一万二〇〇〇年前になると、九州の西北部に土器が登場する。その土器は表面に豆粒状のイボイボがあることから豆粒文《とうりゅうもん》土器と呼ばれた。次に現れたのが隆線文《りゅうせんもん》土器、さらに爪形文《つめがたもん》土器と続く。これらの土器がつくられた時代は縄文草創期と呼ばれ九州の縄文文化が成立していく時期にあたる。これらの土器と一緒に使われた石器が細石刃《さいせきじん》である。細石刃とは、薄くて小さな石刃のことであり、これらの石刃は一つびとつ使うのではなく、数枚の細石刃を骨や角の軸に並べて連続して植え込み、一つの道具を作るのであるが、このようにしてできたナイフや槍は、大型の石器より威力が絶大だったと考えられている。細石刃についてはそのルーツが大陸に求められている。

　沖縄の土器文化は、九州からの伝播遮断を繰り返しながらゆっくりしたテンポで歩みはじめる。これまで発見されたもので最古の土器は、うるま市のヤブチ洞穴遺跡、読谷村《よみたんそん》の渡具知東原《とぐちあがりばる》遺跡、嘉手納町《かでなちょう》の野国《のぐに》貝塚B地点から発見された爪形文土器である。今から六千数百年前という時代であり縄文早期の時期に相当する。約七〇〇〇年前の野国第4群土器と呼ばれる無文《むもん》土器も爪形文の下層から見つかっているが類例がすくなく現在のところはっきりしたことはわかってない。

図2　野国貝塚B地点出土　爪形文土器

　爪形文土器とは、爪と指頭を使って器面いっぱいに押圧し装飾化する薄手の土器である。野国貝塚B地点の発掘調査では、爪形文土器片が約五〇〇点、粗面加工の石斧《せきふ》七三点が出土した。この発掘の際、沖縄の爪形文土器にも九州の遺跡と同様細石刃が共伴するかどうか注目されていたが、沖縄の爪形文土器に伴う石器は細石刃ではなく粗面加工の石斧を中心とする石器ということになった。また、カーボン測定が示す年代値も、九州爪形文土器年代の約半分の数値しか示さなかった。九州爪形文土器文化との石器組成や年代測定値の違いは、沖縄土器文化の始まりを縄文草創期におくか、それとも縄文早期におくかという点で大きな課題を残すことになった。そうした中で近年、奄美大島笠利町《かさりちょう》の喜子川遺跡の調査において、爪形文土器の出土が約六万四〇〇〇年前に降灰したとされているアカホヤ火山灰層より上層であることがわかり、沖縄の爪形文土器を九州の系譜とする考えに一石を投ずることになった。現在では、沖縄最古の土器・爪形文土器の系譜をめぐる議論は、縄文時代草創期の爪形文土器を祖型と考えるしかないとする見解と、まったく無関係で他人の空似だとする否定的意見とが相対立している。沖縄最古の土器文化の系譜をめぐる問題の解決にはまだまだ時間がかかりそうである。

沖縄の爪形文土器を残した人びとは、海岸低地の川岸や洞穴にその痕跡を多く残している。野国貝塚B地点では、六六一頭のイノシシの骨が食料残滓として発掘されていることから、この時代にはすでに集団的な定住生活がはじまっていたものと考えられている。

次の縄文前期の時代は室川下層式土器、神野A式土器、神野B式土器に代表される土器文化である。室川下層式土器は、底の先が尖った深鉢の形をしており、器形、模様のつけ方、焼き方などにその特徴がある。室川貝塚の最下層で発見されて研究者の注目を集め、その後、発見された遺跡名をつけ命名された土器のことである。

沖縄の縄文時代前期を代表する土器としては室川下層式土器などの他に条痕文《じょうこんもん》土器や曾畑《そばた》式土器な

ども知られている。曾畑式土器というのは九州の縄文時代前期を代表する土器で、その祖型は韓国の櫛目文土器にルーツを求めることができるといわれ、分布範囲は西北九州を中心に沖縄本島までおよんでいる。一方室川下層式土器は九州では発見されていない。その分布範囲が薩南諸島の種子島までであることと、遺跡の立地条件が室川貝塚のようにやや内陸部まで拡大されていく傾向にあることなどから、室川下層式土器がつくられる頃には、貝塚人たちが拡散しつつ、南西諸島の地域的個性が芽生えた時代ではないかともいわれている。つまり、九州から島伝いにやってきた縄文時代人たちは、やがてサンゴ礁の島々へ適応しながら南西諸島独自の土器文化を生み出していったのではないかという推論である。縄文時代前期の生活の場所は、主に海岸低地や台地縁辺部にみられるという特徴を有しているが、時代が降るにつれ遺跡の立地条件もしだいに内陸部へと拡大していく傾向にあった。とはいっても遺跡の数や分布範囲も前時代に比べそれほど増えているというわけではなく、範囲についてもまだ限定的であった。

縄文中期の土器は従来空白になっていたが、面縄前庭式土器の系譜が明らかになったことでその空白が埋められることになった。この時期の土器は、奄美大島と沖縄諸島の間で差異が認められないということで「中流式土器」と呼称されていたのが、現在では面縄前庭Ⅰ式土器―面縄前庭Ⅴ式土器時代と統一して呼称されるようになっている。この時期になると、北琉球文化圏の中で独自の土器が誕生し、土器文化としての地域色を強めていく時代だといわれるが、その文化の内容についてはほとんど明らかになってない。

縄文後期になると、前時代より一層地域性が強まっていく。これまでの奄美・沖縄の文化圏はしだいに特徴を表し、奄美諸島のグループと沖縄諸島のグループという形で顕在化する。沖縄諸島の土器は仲泊式土器系統・伊波《いは》式系統・カヤウチバンタ式土器系統の三つの系統に分けられ、奄美諸島の土器は、宇宿《うしゆく》下層式土器として一括して押さえられる。この時代の遺跡を代表する伊波《いは》貝塚や荻堂《おぎどう》貝塚は、日本考古学研究の歴史の中でも早い段階に科学的発掘調査と報告書が刊行されたことで学史上も著名であり、一九七二年（昭和四十七）沖縄の日本復帰と同時に国指定の史跡になった遺跡である。ここで伊波貝塚と荻堂貝塚をみることにしよう。

伊波貝塚

この貝塚は沖縄本島中部金湾に面して広がる沖積低地の背後、標高八〇㍍前後の石灰岩台地の縁辺部から崖下に形成された貝塚である。東西約一六〇㍍、南北約二〇㍍の範囲で貝層が点々と確認されており、厚いところで六〇㌢以上の貝層の堆積もみられる。一九二〇年（大正九）大山柏によって発掘され、二二年には調査報告書『琉球伊波貝塚発掘報告』が刊行された。発掘では三枚の層序が確認されたが遺構の検出はなかった。出土する土器は深鉢形の土器が多く、わずかに壺形も含まれていた。深鉢形土器は口縁部が朝顔形に開く平底で、文様は二叉状工具による平行点線文が多く、文様帯は頸部に限られ、口縁部は四ヵ所に山形をつくる波状口縁で、摘み状の突起を付けるのが特徴的であり伊波式土器として型式設定された。石斧、凹石、石杵などの石器と貝輪《かいわ》、貝匙、貝小刀、貝皿、有孔の垂飾品《すいしょくひん》などの貝製品およびイノシシの牙でつくられた垂飾品、骨針などが出土した。食料残滓の自然遺物は多種・多量の貝や魚骨が出土した。現在では付近の山では生殖していないイノシシの骨、天然記念物のジュゴンの骨なども出土した。住居跡などは発見されていないが、背後にひかえる琉球石灰岩の崖下には岩陰などがあり住居として使用されたものと思われている。

貝塚は一九〇四年（明治三十七）、鳥居龍蔵によって発見され、前述したように大山柏が発掘した。沖縄の考古学界で早くから調査・研究された遺跡であり、学史的にも学術的にも貴重な遺跡として、一九七二年日本復帰と同時に国の史跡に指定された。伊波式土器の標識遺跡でもある。

図3　伊波貝塚の現況と出土土器の文様

荻堂貝塚

貝塚は沖縄本島中部の一五〇メートル前後の琉球石灰岩台地の北側崖下に形成されている。層序は表土層と混貝土層（遺物包含層）、基盤である石灰岩の三層からなる。

一九一九年（大正八）松村瞭によって発掘され、翌年、「琉球荻堂貝塚」（『東京帝国大学人類学教室研究報告』第三篇、一九二〇）として報告された。

出土する土器は、荻堂式土器と称されているものである。壺形と深鉢形土器があるが、壺形土器は少ない。深鉢形土器は平底で口縁部に四つの小型突起を有し、胴の上部から口縁へかけてすぼまり、突起の部分で外側へ開く。この突起は外面でこぶ状の膨らみをもつのが特徴である。文様は口縁部と口頸部に施文され、頸部では一―四段の文様帯からなる。文様には数種認められるが連点文と鋸歯文を組み合わせて施文する例が多い。叉状工具・単箆工具などを用いて施文する。伊波式土器に後続し、大山式土器に先行する土器である。石器は石斧、石槌、凹石、骨製品にはイノシシの骨を利用した大小の骨針のほか骨銛、装飾品などが出土している。貝製品は豊富であり実用品としての貝包丁、貝皿、貝匙などや装飾品の垂飾り、貝環、貝玉などが出土した。自然遺物は貝類が主体だが陸産マイマイも多量に出土している。ほ乳類にはイノシシの骨が多く、ジュゴン、イヌの骨も出土した。発掘者の松村は、この貝塚から発掘された土器を含む沖縄の貝塚から出土する土器について、日本石器時代土器の一地方型とみなして「琉球式」土器との名称を与え「琉球式土器ハ我ガ石器時代の後期に属スベキモノナルト同時ニ何時ノ頃ニカ内地ヨリ押サレ押サレテ彼ノ遠島ニ流込ミタル者ノ遺留シタルモノ」

と述べている。

貝塚は一九〇四年（明治三十七）、鳥居龍蔵によって発見され、松村瞭が発掘した。沖縄における本格的に行われた考古学的発掘調査であり、遺跡や遺物の詳細な研究の上に記述された報告書も発行され、学史的にも学術的にも貴重な遺跡として、一九七二年（昭和四十七）日本復帰と同時に国の史跡に指定された。荻堂式土器の標識遺跡でもある。

華開いた貝塚文化

このように縄文後期は、沖縄の貝塚人たちが大きく活動する時期であり、沖縄島を中心に周辺の小さな島々にも拡散し分布圏を広げながら数多くの貝塚を遺した。貝塚の分布件数は急増し、人口も前時代と比較にならないほど増えていったことと思われる。発見される遺物も多種多様であり、まさに沖縄貝塚文化が華開いた時代であった。おそらく地域間の交流も活発に行われていたのであろう、土器の文様や形態において見分けがつかないほど共通している。石器、貝製品、骨製品も豊富でその種類も多くなる。なかには装飾品、護符とみられる遺物も発見されているが、とくに蝶形の骨製品が多く出土するのは大きな特徴である。実際に蝶を象ったものであれば、胡蝶となった荘子の夢の世界を彷彿させ、大陸との交流のみならず独自な精神生活の習俗として興味深い。

当時の食生活についてみると遺跡の前面に広がるサンゴ礁の海から採れる貝類や魚類、ジュゴン、海草といった海の幸ばかりでなく、山の幸としてイノシシ、木の実、根菜類などが食膳を賑わしたことだろう。また、生活の場としては、飲み水が手に入れやすい石灰岩台地の縁辺部や崖下などを好んで選び、縁辺部で竪穴住居をつくり、崖下で石灰岩などの岩陰を利用するなど、季節や天候などに応じてそれぞれ住み分けながらの生活をしていたものと思われる。

縄文晩期は宇佐浜式土器と宇宿上層式土器をもって代表とされる。この時期になると北はトカラ列島から奄美諸島および沖縄諸島にいたるまで同一系統の土器の分布が見られる。縄文後期の土器の場合には、奄美と沖縄では土器形式によって分布の偏りが見られたが、この晩期になると奄美・沖縄一円に宇佐浜式土器と同系統の土器が分布し、奄美・沖縄諸島の土器文化圏が成立することになる。

縄文時代晩期になると、前の時代よりもさらに人口も増えムラを形成するようになった。古いデータではあるが、友寄英一郎の試算では（「先史沖縄の人口」『古代文化』第一五六号、一九七一年九月）、前の時代の終わり頃に八〇〇―一六〇〇人いた人口が、この時期になると一挙に二倍弱に膨れあがり、一二〇〇―三七五〇人の人口に増加したのではないかと想定されている。

仲原遺跡―二千数百年前のムラ―

この時代の後半頃を代表するうるま市伊計島《いけいじま》にある仲原《なかばる》遺跡では、二一軒の竪穴住居が発見されたが、これらの竪穴住居は比較的大きい一軒の建物を中心に四―五軒の建物が寄り添うように存在し、少なくとも三―四時期にわたって存在していたことがわかっている。

また、伊計島のすぐ隣り宮城島《みやぎじま》のシヌグ堂遺跡では、竪穴の深さが三〇㌢未満のもの三〇基、三五㌢以上のもの一三基の竪穴住居跡がみつかった。津堅島《つけんじま》のキガ浜貝塚では階段状の入り口をもつ竪穴住居跡も発掘されている。宜野湾市の喜友名《きゆうな》ヌバタキ遺跡では一辺が五㍍を超える集会所か共同作業場を思わせるような大型の建物跡も見つかっており、この時期には原始的なムラが形成・発展したことが確実視されている。こうしたムラの立地には、おそらく見晴らしのよい台地が選ばれたのであろう。当時の遺跡が石灰岩台地の開けた場所から数多く発見されるのはそのためである。前の時代の伊波荻堂貝塚人たち、崖下や岩陰などを生活の場にしていた人々がどうしてこの時代になって居住の場を変えたのだろうか。この時代の特徴として、海の幸や山の幸を反映した貝塚があまりみられないこと、遺跡の規模が拡大すること、木の実などを磨りつぶす粉食と関係する磨石や石皿などの石器類が増加傾向にあること、また、この時期の土器が宇佐浜式土器や仲原式土器に代表されるように、丸底ないし尖り底で煮炊きに使われる深鉢形土器が主体を占め貯蔵用の壺形土器も比較的多いことを理由に原始的な農耕の存在を想定する研究者もいるが、考古学上の遺跡や遺物などからの確証は得られていない。

図4　仲原遺跡の整備状況

1　弥生—平安並行時代

稲作文化が存在したか

紀元前三世紀頃から紀元後十—十二世紀までの時代である。本土ではすでに狩猟・漁撈の自然物採集生活に別れをつげて水稲稲作が開始され、生産基盤も著しく変化していくなかで階級社会へと移行していき古代国家が成立、発展、衰退し、やがて華やかな奈良・平安時代へと続いていく時代に相当する。縄文時代まで本土と同じ道を歩んできたここ沖縄では、この時代になってまったく別の道を歩むことになった。沖縄の考古学の世界ではこの時代を便宜上、弥生―平安並行時代として呼称する。時代の流れとしては紀元前三世紀頃から十―十二世紀頃までの約一五〇〇年間の長期にわたる時代である。

弥生―平安並行時代になると僅かな例外を除き遺跡の立地が海岸砂丘地に集中する。前時代の遺跡が石灰岩丘陵のオープンサイトに立地していたのが、どういうわけかこの時代になると海岸に近い砂丘地に移動するようになるのである。この現象をどのように理解するか、一方では漁撈に経済基盤をおいたための現象だとする見解があり、また、他方では砂丘の後背地に着目してこの時期に水稲稲作の可能性を見出そうとする考え方がある。前者は、従来からの生業が引き継がれていったとする考え方であり、後者は、九州からの土器の移入とともに水稲稲作の伝播を積極的に考えていこうとする意見である。

貝の道

この時代の九州弥生時代との関わりではっきりしていることは、ゴホウラやオオツタノハ、イモガイなどの南でとれる大形貝が半加工の状態で集められ、鹿児島県の高橋貝塚などの加工地を経て、北部九州を中心とする消費地に運ばれていったことである。これらの南海産の貝は、さらに九州から山陰を通って北海道まで運ばれていったことが最近の調査研究によって判明した。いわゆる「貝の道」と呼ばれるのがそれである。

九州弥生人へのゴホウラの供給地となった沖縄諸島の先史文化は、「貝の道」が開かれて以後、弥生文化の大きな影響下にあったことは容易に想像できる。しかし、弥生文化が沖縄に定着したとの見方には考古学研究者たちの多くが否定的である。弥生文化とはいうまでもなく稲作文化のことであるが、稲作農耕の存在を裏付けるような考古学的資料は正直なところまだ発見されていないのである。

沖縄では三四ヵ所の遺跡から弥生土器が検出されている。同時に弥生文化における墓制の一つである箱式石棺墓をはじめとして、鉄斧、砥石《といし》、ガラス玉、中国漢代の五銖銭《ごしゅせん》などといった弥生文化に伴う遺物も発見されていて、量的には確実に増加の一途を辿っている。

木綿原遺跡―墓制を知る遺跡―

一九七七年（昭和五十二）の夏、読谷村で発見された木綿原《もめんばる》遺跡の例は、二〇〇〇年前の箱式石棺墓が私たちの前にそっくりそのまま姿を現した初めてのケースだった。箱式石棺墓は全部で七基、それに伴う人骨が一三体、土葬が四体、合計一七体の人骨が掘り出された。ほとんどの遺骸が伸展葬で仰向けの姿勢をとっているのにたいし第三号と命名された壮年男性の人骨のみはうつ伏せに葬られ、額部にはサラサバティガイをあてがい、足は二枚のシャコガイで覆われていた。

図5　木綿原遺跡の石棺墓

また、第五号箱式石棺墓に葬られた成人の男性は、遺骸の上に貝殻がちりばめられ、丸いガラス玉と貝小玉《こだま》が副葬されていた。被葬者たちは、いずれも特殊な人物だったに違いない。木綿原遺跡の墓地群の研究からいえることは、この墓地の性格が、葬送儀礼をとり行う一つの広場を共有するいくつかの群によって構成される群を単位とする各群による共同墓地として解釈できるということである。このような共同墓地は、九州弥生時代の前期から中期の墓制に見られる特徴であり、わが沖縄諸島の貝塚時代に九州弥生文化の影響が墓制の上でも強く影を落としていたことを知ることができる。

具志原貝塚—サンゴ礁とともに生きる人たち—

弥生—平安並行時代は、前半の時代と後半の時代とでは土器形式や遺跡立地、あるいは文化内容の点において大きな違いが見られる。この時代の土器は一般に無文化《むもんか》が進み、薄くて焼きのよい深鉢形や壺形の土器が多くなるが、前半には底が尖り底になり、後半になるとくびれ平底と呼ばれるカメ形土器が主流となる。また、遺跡の立地も前半には海岸砂丘へと居住を移し、規模も大きくなるが、後半になると、遺跡の規模は小さくなり洞穴やその周辺、あるいは小丘陵を形成する内陸部への移動が認められる。

前半の遺跡は、サンゴ礁の海が広がる海岸砂丘に展開し、広大な貝塚を形成することが多い。沖縄本島北部の伊江島《いえじま》に所在する具志原《ぐしばる》貝塚はそのいい例である。この貝塚は、海岸砂丘上に形成され縄文前期を含む複合遺跡であるがその主体は具志原式土器という弥生時代の中期に相当する時代である。数次にわたる発掘調査の結果、九州弥生時代中期の山ノ口《やまのくち》式土器、同後期の免田式土器、ガラス製の小玉、貝符《かいふ》、ゴホウラやイモガイの集積、住居跡などが発見された。沖縄で最初に弥生土器が出土したこともあって一九八六年（昭和六十一）国の史跡に指定された遺跡である。この時代の遺跡は、沖縄本島と周辺離島などで数多く残されているが、前述したようにサンゴ礁の海を前に広大な貝塚を形成し、九州弥生人たちの貝輪の素材となるイモガイ・ゴホウラなどを含む貝製品および九州との交流を示す資料も多く発見されることが知られている。そうしたことから、この時代はサンゴ礁の海を生業の場としつつ、長い先史時代の過程でも最も漁撈活動が活発化した時代だったのではないかとみられている。

図6　具志原貝塚と出土状況

交流のあかし開元通宝

この時代の後半になると遺跡の立地や土器の形態に大きな変化があらわれてくることは前述した通りである。この後半を代表する土器としてアカジャンガー式土器と呼ばれる土器があり、近年の研究では奄美大島の兼久《かにく》式土器との関係で出現したのではないかとみられている。兼久式土器の年代が六世紀から十世紀に位置づけられているので沖縄諸島の年代を知るのに参考となる。外部との交流を示す資料として、この時代になると開元通宝という中国の銭貨も発見されるようになる。開元通宝は中国唐の時代、六二一年にはじめて鋳造されるが、沖縄本島と周辺離島を含む八ヵ所の貝塚から合計三八枚、八重山諸島でも二ヵ所の貝塚から合計二八枚発見されている。こうした開元通宝はどのような経緯で沖縄諸島に持ち込まれたのだろうか。現在のところ、①中国商船や九州からの日本商船との交易　②中国南部からの民間人の往来　③九州からの文化伝播　④遣唐使の寄港　⑤大和から派遣された役人によるなど諸説あるが、未だ定説をみるにいたっていないのが現状である。いずれにしろ、この時期には、外部からの来航者たちが交易のため沖縄の地を訪れていたことは確かであろう。こうした来航者たちの活動はしだいに増え、終末期にもなると恒常化し、やがて沖縄社会に大きな変革の時代をもたらしていくのである。

2　南部琉球文化圏の先史時代

八重山先史時代の概要とその文化

以上、これまで述べてきた琉球の縄文文化や弥生—平安並行時代の文化も実は沖縄本島止まりで、三〇〇キロ以上も離れた宮古島以南にはのびていない。沖縄本島から宮古島までは島影一つ見えない大海原である。縄文人たちは危険をおかしてまで遙か海のかなたまで渡ることはしなかったのである。

宮古・八重山の先史文化は、前述したように南部琉球文化圏として理解できる。この地域には縄文・弥生文化の波及はなく、台湾・フィリピンなどの南方との関わりの強い文化である。この地域の最古の土器は、およそ四千数百年前の下田原式土器である。『石垣市史』による八重山考古学編年ではこの時期を下田原期としている。下田原式土器は器壁が厚く、口縁部がやや内傾した平らな丸底をもつ鉢形で、肩部に一対の牛角状把手がある煮炊き用で、ほとんど無文だが、口縁下に爪形文・細沈線文・連点文のあるものもわずかにある。石器は短冊形で横断面が三角形に近い刃部を磨いた礫《れき》または荒削りした轢製の石斧を伴う。この系譜の石斧は沖縄以北にはない。少量の貝殻や魚・イノシシなどの骨が出土し、貝・骨製の錐《きり》・装身具や穿孔したサメの歯などが出土している。遺跡は海岸に近い砂丘後背地の微高地に立地していることから考えると、こうした小高い場所を選んで小さな集落をつくり生活していたようである。主な遺跡としては下田原《しもたばる》貝塚、仲間《なかま》第二貝塚、ピュウシタ遺跡、大田《おおた》原《ばる》遺跡などが知られている。下田原期の人びとが住み始めた頃の八重山の自然環境は、島の周囲にはすでに「石西礁湖」など広いサンゴ礁が形成されていたといわれている。海岸地形は一般に砂浜が発達し、海側には干潮時にサンゴ礁の平坦地、つまり礁原が現れる。礁原の上には水深二・三㍍の潮だまりが広がっているので、ここで海の幸を求め、大きめな魚を得たければ水深の深いラグーンを目指せばよかったし、海の幸には恵まれたすばらしい環境であったようである。

下田原式土器文化に続くのは土器を欠いたいわゆる無土器文化である。焼石が多いことからすると、石蒸《いしむ》し調理が土器による煮炊きに代わったとみてよいであろう。前代と同じ局部磨製石斧があるが、大型化し、研磨面が拡大する傾向がある。しかし、この時期の特徴はシャコガイの蝶番部分を利用した貝斧の存在である。この種の貝斧は八重山・宮古の先島諸島に限られ、沖縄以北にはおよんでいない。フィリピンや南太平洋諸島の貝斧との類似に注目が集まっている。遺跡の多くは海岸の砂丘に分布し、イモガイ科の貝を円板状に加工した貝盤やサメ歯製品、スイジガイの突起を磨いて刃とした貝器などが出土する。炭素年代測定法での年代を参考にすると一七七〇±八五BP—十二世紀前半までがこの時期に入る。無土器期と編年されている。開元通宝、中国陶磁器（北宋末）、カムィ焼などがわずかに出土する。遺跡の立地は海岸砂丘に集中する。主な遺跡としては、仲間第一貝塚や大泊浜《おおどまりばま》貝塚、崎枝赤崎《さきえだあかざき》貝塚などがある。

次は新里村《あらさとむら》期で十二世紀—十三世紀である。この時期の土器には新里村式土器やビロースク土器がある。出土遺物は北宋末から南宋の中国貿易陶磁器が少量出土する。遺跡の立地は丘陵上か平野部にあり、八重山の遺跡でみられるような村の周囲を石垣で取り囲むということはこの時期まではまだなかったようである。

十三世紀末から十七世紀初頭までを中森期と呼ぶ。土器には中森式土器があり、この時期になると鉄器が普及したのであろうか石斧は完全に出土しなくなる。この時期の大きな特徴は中国貿易陶磁器が大量に出土することである。遺跡の立地は丘陵の上か平野部に多い。琉球石灰岩の手ごろな石を積み上げる技術が盛行し、石垣が登場する。スクと呼ばれる沖縄のグスクに類似する遺跡が増えていくのもこの頃である。

次はパナリ期といわれる時代である。十七世紀から十九世紀の期間が該当し、パナリ焼と呼ばれる土器が使用される時期である。この時期になると、沖縄本島で焼かれた湧田・壺屋陶器が移入され、遺跡からは地元で生産された八重山陶器とともに発見される。遺跡は近世の廃村や現在の村落と重なる。

では国指定史跡の川平《かびら》貝塚の内容をみることにしよう。川平貝塚は中森期に属する遺跡である。

川平貝塚

この貝塚は南部琉球文化圏にある八重山諸島石垣島川平にある貝塚である。一九〇四年（明治三十七）鳥居龍蔵によって調査され、その成果が発表された。鳥居は約二ヵ月間滞在し、川平獅子森《ししもり》の遺跡と四ヶ村西端の遺跡の二ヵ所の発掘調査を実施したといわれる。一〇〇年以上が過ぎた今日、残念ながら二ヵ所の四ヶ村西端の遺跡がはっきりしない。獅子森の遺跡として紹介された遺跡は、獅子ムルと仲間《なかま》ムルおよびその周辺一帯の土地を含め、「川平貝塚」として一九七二年（昭和四十七）日本復帰と同時に国指定の史跡になった。

鳥居による調査成果は「八重山の石器時代の住民に就いて」（『太陽』第一一巻第五号）で発表されている。それによると、遺物は土器、青磁、石斧、凹石、石杵、石皿、貝皿などが出土し、自然遺物は貝類、魚の骨、哺乳動物などであった。報告のなかで鳥居は土器について言及し、沖縄本島以北の土器とは別系統であることを明らかにした。外側に横耳がついたこの種の土器に注目し外耳《がいじ》土器と命名している。外耳土器の名称は、八重山考古学の用語として定着し使用されている。本章では、『石垣市史』の八重山考古学編年に準じたのであえて使用しなかった。中森式土器類似の土器のことである。

沖縄諸島には国の史跡として指定された遺跡以外にも多くの先史時代の遺跡がある。これらの遺跡は私たちの祖先が歩んできた道のりについて語ってくれる語り部であり、こうした遺跡や遺物をとおして貝塚時代のムラと生活を具体的に知ることができるのである。

二　グスク時代

當眞嗣一

1　グスク時代とは

沖縄県の考古学ではグスクが展開した時代をグスク時代と呼んでいる。時期的にはおおむね十二世紀後半から十六世紀前半までが視座に入り、日本の歴史で平安時代末から鎌倉・室町時代中期に相当する時代である。

このグスク時代の名称を初めて使用した高宮廣衛は、河出書房から出版された『日本の考古学』Ⅳ古墳時代の地域的特色「沖縄」の項で、「貝塚についであらわれる代表的な遺跡に城跡がある。この時代を城時代と仮称しよう」と、貝塚時代に後続する時代を「城時代」として設定した（沖縄では「城」と書いてグスクと読むことから現在では「グスク時代」という表記に変わっている）。またその前後、鳥越憲三郎も『琉球宗教史』を著し、「按司《あじ》たちは各々要害の地に城を築いた。そして彼らは互いの勢力の均衡の下に、地方的実権力として琉球を分割的に統治した」と述べ、この時代を「城郭時代」と呼び村落時代に続く時代としてとらえた。両氏が、沖縄各地に所在するグスク遺跡を一つの指標としてとらえ「城時代」・「城郭時代」を設定した理由は、高宮が述べるようにこの時代を顕著に表現している遺跡が城（グスク）だったからである。そして両氏は、グスク時代のことを、グスクによって代表される時代と規定した。つまり、グスク時代という考古学的区分は、南西諸島における独特なグスク遺跡を標識とする考古学的時代区分なのである。

2　グスクとは

グスクは奄美《あまみ》大島から八重山《やえやま》列島に至る南西諸島で十三世紀から十六世紀前半にかけて構築された城のことである。奄美諸島と沖縄島ではグスク、宮古島《みやこじま》では「ジョウ」、石垣島《いしがきじま》などでは「スク」ともよび、いずれも「城」の字をあてている。グスクの分布範囲は琉球王国の政治的支配領域に対応する。その分布状況は、一九八三年（昭和五十八）に実施したグスク分布調査の結果沖縄本島とその周辺離島で二二三ヵ所を数え、北部地域で四五ヵ所、中部で六五ヵ所、南部で一一三ヵ所であって、南部の糸満《いとまん》市では四二平方㌔に四三ヵ所で一平方㌔に一ヵ所の割合になるように、北部に薄く、南部に厚く分布している。宮古諸島では一六ヵ所報告されているが、その他の地域では分布調査が不十分で実数は不明である。

グスクは防御に適した場所に立地しており、地形を巧みに利用して峻険なところはそれを生かし、平地に続く所には石垣や二重の石垣をめぐらし、あるいは堀切《ほりきり》を設けるなど高い独立性をもって築かれている。グスクには石築と土築がある。奄美大島や沖縄本島北部の非石灰岩地帯では土築のグスクが多く、沖縄本島の中・南部や先島諸島の石灰岩地帯では石垣を多用するグスクが多い。土築のグスクは土塁や切岸、堀切などによって築かれ本土の中世城館に類似する。

沖縄での石築グスクの初現は十四世紀の前半から中頃にかけてのことであり、本土の近世城郭で石垣が採用される時期より約一〇〇年から一五〇年以上も古く、近世城郭の石垣とはルーツが異なる。各地にグスクが造営されていく時期は、農業と東アジア諸国との貿易で得た富を基盤にして地方領主である按司が出現し、互いに貿易の利権や支配領域の拡大をめぐって争った国家胎動期であった。グスクはいわば琉球社会が統一国家を誕生させていく時代の緊張した社会の中で現れた歴史的な記念物であり、軍事施設としての機能を貫徹する防備と自衛の拠点であると同時に攻略の指揮本部であった。

グスク遺跡は、その遺留された遺構として地上には高い石垣や削平地（曲輪《くるわ》）などが遺り、地下には、長い期間にわたって埋もれてきた遺物がある。発掘調査が実施されたグスクの成果をみると、どのグスクからも多量の貿易陶磁器が出土する。量的には中国産の陶磁器が多く出土し、そのほか日本、朝鮮、ベトナム、タイ産のものも含まれている。時期的には、十四世紀の中葉から後半で急増し、十五世紀頃でピークとなって十五世紀の後半から十六世紀で減少する。つまり琉球の大交易時代の興隆と衰微の状況と一致する。このような貿易陶磁器の出土状況からもわかるように当時の琉球は「大交易時代」を迎えており、グスクの築城・維持過程には日本を中心として中国・朝鮮半島からの技術導入があったことは確かである。

3　琉球王国の誕生

グスク時代の最盛期は、鎌倉幕府が滅びて足利尊氏が権力を一身に集めていた十四世紀の中頃である。この時期になるとグスクを本拠とした按司たちの中には互いに抗争を繰り返し、按司のなかの按司ともいうべき「大世の主」に成長していくものが現れた。やがて沖縄本島北の今帰仁城《なきじんじょう》を居城とする北山《ほくざん》、最初は浦添城ついで首里城《しゅり》を居城とした中山《ちゅうざん》、南部の大里城《おおざと》を居城とした南山《なんざん》の三大政治勢力にまとまっていった。沖縄の歴史では、この時代を三山鼎立時代《さんざん》といっている。三山の王たちに中国皇帝はそれぞれ山北王・中山王・山南王の王号をおくっている。三山を武力によって併合し、統一政権を樹立したのが沖縄本島南部東海岸の佐敷《さしき》から興った尚巴志《しょうはし》であった。尚巴志は一四〇六年に中山王武寧《ぶねい》を討ち、そして北山王攀安知《はんあんち》を一四一六年に攻略し、さらに一四二九年には南山王他魯毎《たるみー》を滅ぼして三山を統一した。首里グスクを王の居城とする琉球王国の誕生である。

国内を統一した尚巴志は、三山の時代から始まった中国との外交貿易に力を注いだ。南方諸国はタイ、ベトナム、マレーシア、バレンバン、ジャワから香料や染料、象牙、酒などを、日本からは刀剣や扇を仕入れ、中国への貢ぎ物とした。中国からは生糸、絹織物、陶磁器類を輸入し、日本や朝鮮に輸出した。当時の那覇《なは》港は中国やシャムなどアジア諸国の人々でにぎわい、各国々の珍しい産物で満ちあふれていたといわれている。その繁栄ぶりについては、かつて首里城正殿にかかげられていたという「万国津梁の鐘」の銘文にもうたわれている。

尚巴志は父思紹《ししょう》を初代の王とし、以後、尚巴志—尚忠《ちゅう》—尚思達《したつ》—尚金福《きんぷく》—尚泰久《たいきゅう》—尚徳《とく》と続いた。強大に見えた尚王朝ではあったが内部抗争に揺れ、一四六九年には家臣であった内間金丸《かなまる》によって滅ぼされてしまう。思紹から数えて七代六四年の短い王朝であった。尚巴志が三山を統一してうち立てた王朝を、後の尚円《しょうえん》王（内間金丸）を始祖とする王朝と区別するために第一尚氏王朝と呼ぶ。

第二尚氏王朝の三・四代目の尚真《しん》・尚清《せい》王のころになると、王権は強大化し、北は奄美大島から南は与那国島《よなぐにじま》にいたる全琉球が完全な琉球王国の統治下に入った。とくに尚真王（在位一四七七—一五二六）の代には、各地でグスクを構えて割拠していた按司を首里城下に集居させ、一切の武器を取り上げて使用を禁じ、身分制・位階制を定めて中央集権体制を確立するなど琉球王朝に繁栄をもたらしたといわれている。この尚真王の中央集権化政策の中で尚真の軍門に下った八重山のオヤケアカハチの最後をもっていよいよグスク時代も終焉を迎えることになった。

琉球王国は一八七九年まで存続する。その間、一六〇九年には島津《しまづ》氏の侵攻を受け、その支配下におかれたが王国の形態はそのまま残された。しかし統治の変容にともなって琉球はこれまでにない事態に迫られ、やがて鎖国政策をかかげる幕藩体制下におかれるようになっていった。十八世紀後半以後、欧米諸国は日本に開国を迫るようになり、異国船が琉球近海へも頻繁に来航するようになった。一八四四年にはフランスの船が、二年後にはイギリス船が来航し、国交と貿易、キリスト教の布教をもとめてきた。こうしたなかで、異国と境界を接する先島諸島の海防監視体制が強化され、烽火《のろし》の制である火番盛《ひばんむい》制度も確立されていった。

一八五三年には、アメリカ東インド艦隊を率いてペリー一行が来航した。以後、遠征中にペリーは五度も那覇に寄港し滞在した。その目的は、江戸幕府との条約交渉のための基地として琉球を利用することにあったといわれている。長く鎖国を続けた幕府と日米和親条約を結んだペリーは、琉球に戻り、今度は琉球と修好条約を結んだ。

一八六八年の明治維新以後、明治政府は一八七二年に王国を廃して琉球藩とし、その後、一八七九年の廃藩置県によって沖縄県となった。

以上、グスク時代という時代設定、およびグスク時代の意味とその内容を述べるとともに、琉球王国誕生から王国崩壊までの時代を大急ぎで概観してきた。つぎに沖縄のグスクを具体的に理解していくため個々のグスクやその特徴、歴史的意義などについてみていくことにしよう。

4　各グスクの内容

首里城跡

首里城は那覇市の東部、標高約一二〇—一三〇㍍の石灰岩丘陵上に築城された歴代琉球国王の府城で、かつては海外貿易の拠点であった那覇港を見下ろす形で立地し、軍事的・地勢的な観点をふまえて造営された沖縄最大の城（グスク）である。

築城年や築城主は明確でないが、一四二九年に琉球王国が成立して以降は王城として沖縄県が発足した一八七九年（明治十二）までの約五百有余年にわたって王国統治の拠点として政治・経済・文化の中心的役割を果たした城であった。

城郭の広さは約四・二㌶、城内には歓会門《かんかいもん》や久慶門《きゅうけいもん》といった大小一二の石造門があり、これらの門を連ねる琉球石灰岩の城壁の厚さは約四㍍、高さが六―一〇㍍もある。

城内の主な施設をみると内郭のほぼ中央には西向きの正殿が建ち、正殿に向かって右側の建物が南殿と番所、北側に北殿がある。北殿と南殿は通常は王府の行政施設として機能していたが、ときには北殿が冊封使《さくほうし》、南殿が薩摩役人の接待所として使用された。正殿の前の広い庭は御庭《うなー》と呼ばれ、御庭では冊封の式典などさまざまな儀式が行われ、首里城の中心的な空間であった。正殿を境に西側が行政的な施設であるのに対し、東側から南側にかけては「御《う》内原《うちばる》」とよばれる王の私的空間であった。

正殿は百浦添御殿（ムンダスィ）とも呼ばれ、外から見ると重層、内部は三層からなり、高さ一・七四㍍の基壇の上に建っている。正殿に上る正面中央部にはハの字状に広がる石の階段が取りつき、この石階段の最下左右両端には高さ二・一八㍍の石の龍柱が立ち威容を誇っていた。

城外に目を転じると城と一体のものとして、守禮門、園比屋武御嶽石門、玉陵、円覚寺、弁財天堂、円鑑池など種々の施設があり、また、城の外郭北西方面を防御するための堀として龍潭が築かれている。

正殿などの城内にある建造物の多くは、大正末から昭和初期にかけて学術的価値が認識され国宝になった。しかし、去る沖縄戦で首里城内の地下に第三二軍の司令部壕が掘られたため集中砲火を浴び灰燼に帰してしまった。戦後琉球大学が創設され校舎などが建設されたことで荒廃の一途をたどったが、戦災にあった文化財の復元を望む県民の声は強く、その間琉球大学が移転したこともあって首里城跡を中心に約一八ヘクタールが国営公園に位置づけられ、正殿や南北殿およびその付属の建物などが随時復元されていった。そして沖縄の本土復帰二〇周年にあたる一九九二年、沖縄戦による焼失から四七年ぶりに蘇った。現在では首里城公園として多くの観光客が訪れている。

復元前に実施された正殿跡の発掘調査では七回にわたる改修時期が明らかになった。第Ⅰ期は、沖縄戦焼失前の正殿から約一〇メートル後退した基壇の最下層で検出された遺構群である。上層遺構を残したままの一部の試掘調査しかできなかったため遺構の全体像はつかめていないが、大和系瓦が多量に出土したことから、大和系瓦で葺いた建物の存在が考えられた。第Ⅱ期は、第Ⅰ期の文化層を削って構築された基壇で、沖縄戦焼失前の基壇から八メートルも後退したラインで検出された。正面の基壇化粧石にはほぼ五〇×七〇センチの大きさに加工された琉球石灰岩が使用され精巧な整層積み（布積み）になっており、その高さは推定一・六メートルを測った。ところがこの化粧石の表面は、赤く変色し剥離や崩落が目立ち火を受けていることがわかった。基壇周辺からは焼けただれた遺物も多く発見されていることから大きな火災にあったことを物語っている。第Ⅲ期基壇は第Ⅱ期より約二メートルも拡張されているが、基壇正面の化粧石は粗雑であった。また、基壇正面中央部には石段が取りついているが、第Ⅳ期基壇改修時に一部取り壊されていて現状で六段しか残っていなかった。しかし、勾配などから推定して、もともと一二段の石段だったことがわかった。また、石段の踏面《ふみづら》表面はほとんどすり減っていなかった。おそらく、第Ⅲ期基壇の使用期間が短かったからであろう。第Ⅳ期の基壇もまた約三㍍拡張されていて、基壇石積が雑に仕上げられていた。当初この石積があまりに粗雑に積まれていることから、石垣補強のための裏込《うらご》め石積みと考えられていたのが、その後に発掘された南殿基壇とのつながりが明らかになり、第Ⅳ期基壇として再考することになった。第Ⅴ期基壇は、第Ⅳ期基壇を約一・八㍍拡張した雑石積基壇である。この第Ⅳ期も南殿基壇石積みとの接続関係から明確にされた基壇である。第Ⅵ期は、つぎの第Ⅶ期の基壇とほぼ同規模であり、第Ⅶ期の基壇面石の背面に残っていた。このⅥ期のすぐ前面にはつぎの第Ⅶ期の基壇面石が張られているため石積みの全容はつかめないが、第Ⅴ期の基壇同様雑石積加工だったことがわかった。第Ⅶ期は焼失前における戦前の首里城正殿の基壇である。

このように首里城正殿跡の発掘調査は、琉球王国の宮殿としての正殿の変遷史に光を当てるという大きな成果をあげた。首里城の正殿跡には第一尚氏・第二尚氏と続く王権のもとに琉球王国という統一国家が成立・発展・壊滅していった歴史が埋没しており、この遺跡に立てば、まさにその歴史の変遷の過程を体感することができる。こうした遺跡は、この首里城のほかには日本にも例がなく、まさに希有な遺跡だということができよう。

中城城跡

沖縄本島中部中城《なかぐすく》湾の海岸線に沿った標高一五〇―一六〇㍍の石灰岩丘陵上にあり、東北から西南に連郭式に築かれた城郭である。一八五三年、日本本土へ向かう途中に来琉した米国のペリー提督の一行もこの城の美しさと築城技術を高く評価して、城内の状況を描いた絵や測量図面を残している。

この城は築城家として知られる護佐丸《ごさまる》が勝連《かつれん》半島に拠っていた阿麻和利《あまわり》に対する備えとして、一四四〇年、先の座喜味城《ざきみじょう》から移り築城したとされている。しかし近年、発掘調査の成果から城の創建はそれ以前であり、護佐丸は北の郭と三の郭を新たに拡張改築しただけで、実際の創建年は十四世紀代まで遡ることがわかってきた。

十五世紀前半から半ばにかけて、琉球は、第一尚氏王統によって国家統一が行われていく過程にあり、その最終段階でこの城が果たした役割は大きいものがあった。

護佐丸の滅亡後この城がどのような使われ方をしたのか定かでないが、第二尚氏時代になって中城の領地が王子の領地となったことから考えると王子の居城としてしばらく使われていた可能性が高い。その後、間切《まぎり》という行政単位ができると間切番所《ばんじょ》が城内に置かれた。番所は明治になって役場という名称に替わり一九四五年四月の沖縄戦で焼け落ちるまで継続して使用された。

城は六つの曲輪からなり、平地からの比高は東北方面が約八―一〇㍍、西では十数㍍、東方の海岸線を望むところでは断崖に面して約二十数㍍におよび自然の要害となっている。現在、城への進入路は東側の搦手《からめて》のところになっているが、もともとは西の首里城側に向かうところが大手口《おおてぐち》である。この大手の虎口《こぐち》は相横矢《あいよこや》が掛かる構造となっていて左右の城壁石垣から敵兵を狙撃することが可能である。さらに、城門の北側脇の胸壁には大手を入ってきた敵兵を狙い鉄砲狭間《てっぽうはざま》が穿たれている。門をくぐると細長い郭に出る。伝承によるとそこは城兵たちが弓の訓練を行ったところだといい、この郭の

図1　中城城の二の曲輪から主郭へぬける石造拱門

左手を降りていくと水場を取り込んだ井戸曲輪もある。さらにこの細長い郭を右折しながら階段を上っていくと、木々が鬱蒼とした曲輪となる。この曲輪には、現在、久高島《くだかじま》や首里への遙拝所、雨乞の御嶽などがあって神々しい雰囲気を醸し出しているが、曲輪内の複雑な形状を見ると、万が一侵入してくる敵兵に対する心理的な軍事的効果をねらってつくられたものと考えられる。事実、首里遙拝所後方の城壁には三ヵ所の鉄砲狭間も穿たれていて、大手に向かう城道が狙えるようになっている。

桝形《ますがた》状の小広場を通って石造拱門《きょうもん》をくぐると主郭にいたる。主郭は、この城で最も高い位置にあり面積も広い。基壇が曲輪の東よりに残っており主殿が建っていた。

主郭と二の曲輪は石造拱門によって連結されているが次の三の曲輪にはつながっていない。三の曲輪へは一旦北側の曲輪に出てから急勾配の石段を上って入るようになっている。この三の曲輪だけは城壁石積みが相方積《あいかたづ》みになっており、ほかの曲輪と比べて違いを見せている。そのことからほかの曲輪との築造年代の差を考えることができる。

城の城壁石垣には琉球石灰岩が用いられ、一部に野面積《のづらづ》みも認められるがその大部分は切石積《きりいしづ》みで技巧的な相方積みと布積《ぬのづ》みという工法によって積まれている。また、この城は、虎口の多くが石造拱門になり守りが堅く、首里城に向かう大手の石垣に鉄砲狭間を設けるなど軍事的に優れた築城技術によって築かれている。

今帰仁城跡

今帰仁城は、三山鼎立時代における北山の領域を支配した国王の居城である。沖縄本島北部の本部半島北東部標高九〇—一〇〇㍍前後の古生期石灰岩の上に営まれており、規模の大きさ、石垣遺構の保存度の良さなど沖縄屈指の名城たる風格のある城跡である。城の縄張《なわば》りは複雑で、主郭を中心として大小九つの曲輪で構成されている。西に大手をおき、東側に向かってしだいに高くなり、二の曲輪から北殿跡、その左右に大庭《うみやあ》・御《う》内原《うちばる》、そして最高所の主郭に達する。主郭の東側に展開する一段低くなった曲輪を志慶間門《しじまじょう》の郭といい、そこに搦手の志慶真門《しじまじょう》を開けている。城壁の石垣は、古生期石灰岩の岩塊を手ごろな大きさに割り、それを平積みにして三—八㍍の高さで積み上げ、その総延長は一・五㌔にも達する。城壁の上部の厚さは二—三㍍、さらにその上に厚さ六〇㌢、高さ九〇㌢の胸壁を設けるなどして防御や攻撃に備えている。

今帰仁城跡は、城壁の崩落が進んでいることや文化遺産として積極的活用を目指すなどの目的をもって一九八〇年（昭和五十五）から地元今帰仁村の手で保存整備事業が年次的に進められている。主郭の調査では、石垣以前の城柵、土木工事の跡をとどめる版築《はんちく》や土《ど》留石積《どめいしづみ》、基《き》壇建物《だんたてもの》、掘立柱建物《ほったてばしらたてもの》跡などの遺構が検出された。これらの遺構群の重複関係と層序などの検討によって、今帰仁城の変遷は第一期から第四期に分けて辿れることがわかった。第一期年次的には十三世紀の終わりから十四世紀の初めにかけて城が創建される時期。この時期の今帰仁城はまだ石垣がなく、木の柵をもって城柵としており、城の規模もそう大きいものではなかった。第二期は今帰仁城を代表する高い石垣が築かれる時期で十四世紀の前半から中ごろまでである。この時期には、南北一〇・三メートル、東西一三・八メートル、高さおよそ九〇センチの石積の基壇の上に梁間《はりま》四間、桁行《けたゆき》五間の殿舎が建てられる。第三期は怕尼芝《はにじ》、珉《みん》、攀安知《はんあんち》の三王が城主のころで、『明実録《みんじつろく》』には怕尼芝が六回、珉が一回、攀安知が一一回ほど中国に使者を遣わして進貢し、貿易を行っていたことが記録されている。この時期は今帰仁城が最も栄えた時代である。十四世紀の後半からはじまったこの第三期も、攀安知王が中山王・首里城の城主尚巴志に滅ぼされることによって終わり、以後第四期となる。第四期は、攀安知滅亡後監守時代に入り、一六六五年の最後の監守が首里へ引き上げるまでの約二四三年間である。

図2　今帰仁城跡

こうした地下遺跡のほかにも今帰仁城内には、琉球開闢神話と関係の深い城の守護神を祀った御嶽などがあり、その御嶽は現在でも信仰の対象になっている。

図3　座喜味城跡　大手の石造拱門

座喜味城跡

沖縄本島中部西海岸側にあり、三山鼎立時代の北山と中山の領域が互いに接する境界に位置し、北山の領域が見通せて首里城とも連携がとれる標高一二五㍍前後の展望のきく台地の上に築かれた城である。国王の居城である首里城と緊密な連携を図るという国防上の必要性から琉球史の中でも築城家として知られる護佐丸によって十五世紀前半に築かれたといわれている。

護佐丸は当初、座喜味城の北東約五㌔にある山田グスクに城を構え中山側の北山に対する防衛ラインの任を負わされていたが、一四一六年に北山が滅んだ後、その必要もなくなり広大な領地と良港を控えた座喜味城へ移ったといわれている。築城に当たっては山田城の石垣を壊してそれを手渡しで運ばせ、慶良間島《けらまじま》や与論《よろん》・沖之永良部《おきのえらぶ》の島々、遠く奄美大島や喜界島《きかいじま》などからも多数の人夫が動員されたといわれている。しかし、まもなくして城主の護佐丸が、沖縄本島東部の勝連半島で勢力を誇っていた阿麻和利の台頭に備えるため、中山王から移封を命ぜられ中城城に移った。そのため僅か十数年で廃城になったとされる。

城は比高差一〇—一二㍍を測る上下二つの曲輪で構成され、上を主郭、下を二の曲輪と呼びそれぞれの曲輪には石造拱門が取りつき連結されている。城壁は琉球石灰岩の切石を用いて布積みと相方積みの両方によって積まれている。石垣の高さは、最も高い所で六―八㍍、低いところで三㍍を測る。城門はとくに拱（アーチ）形式で、沖縄的手法が用いられた最初の石造拱門と推定されている。

大手にあたる第一の石造拱門の右側の城壁は折れて南に大きく張出し、城内に侵入してくる敵兵に対して横矢が掛けられるようになっている。城門をくぐって城内に入るとそこは二の曲輪で、城兵の溜まり場となる空間である。その奥の五段の階段の上には主郭に通ずる石造拱門を構える。二の曲輪の左側は幅が狭くなりあたかも城内の奥への連絡通路に見せ掛けているが、しばらく入ると行き止まりで袋小路になっており、そこに入り込んだ敵兵には上からの攻撃が掛けられるように軍事的にも工夫された構造をとっている。

主郭は面積二二六七平方㍍、礎石《そせき》を有する板葺《いたぶき》の殿舎が新・旧二時期重なって存在していたことが発掘調査で確認された。このうち、新しい時期の建物遺構は修景整備が行われ、建物の礎石の位置や規模などが地表表示で見られるようになっている。

この座喜味城跡は、今次大戦で旧日本軍の高射砲陣地となり、戦後は米軍によって通信基地に接収されたが、一九七二年沖縄の日本復帰と同時に史跡に指定され、その翌年から環境整備事業が着手され旧来の姿に整備された。

勝連城跡

沖縄本島中部の東海岸に突出した与勝《よかつ》半島の付け根に近い独立丘的な台地とそれに近接する石灰岩台地の先端部を取り込み、周辺に石灰岩の石積みをめぐらして築かれている。この城は、琉球王国の

図４　勝連城跡の城壁

王権が安定していく過程で、国王に最後まで抵抗した有力按司阿麻和利の居城である。伝承によると城主は初め勝連按司であったのがやがて茂《も》知《ち》附《づき》按司にとって変わり、その後阿麻和利が城主になったといわれている。阿麻和利は宿敵中城城主護佐丸を計略でもって滅ぼしたが、その直後、一四五八年中山王と争って敗退し、城は廃城になったといわれている。ときあたかもこの時期の琉球は王権が確立していく時期に当たり、最後まで王権を争った護佐丸と阿麻和利が滅びることによって中山王の地歩はますます強固なものになっていったといわれている。

城郭は梯郭式で、東南から北西にかけて東の曲輪を配し、この東の曲輪と三の曲輪の間には谷間のような窪地を挟み、そこに四の曲輪を設ける。この四の曲輪の北と南にそれぞれ西原御門、南風原御門と呼ぶ石造拱門を開けて城外へと通じた。また、城内三の曲輪には東に向かって四脚門を開け、一段上がった二の曲輪には殿舎建物が建っていた。一の曲輪は城の最高所にあり、ここでは瓦葺建物の存在が発掘調査で確認されている。城の創建についてははっきりしないが、近年行われた発掘調査では、最古の遺構は十三世紀頃で、海外貿易の拠点として栄えていたことが分かった。最後の城主阿麻和利は、一四五八年宿敵であった中城護佐丸を計略でもって滅ぼしたが、その直後、中山王尚泰久の追手によって滅ぼされた。主郭からの眺望はよく、北は遙かかなたに金武湾《きんわん》に浮かぶ島々を望み、南は中城湾を隔てて南西に中城城と相対峙する実に気宇壮大な城である。

一九七七年（昭和五十二）から文化庁・県の指導の下に保存整備事業が実施され、現在遺構調査とともに城壁石垣の整備が進められている。

以上首里城跡、中城城跡、今帰仁城跡、座喜味城跡、勝連城跡の五つのグスクは、二〇〇〇年十二月世界遺産として登録された。

安慶名城跡

安慶名《あげな》城跡は、沖縄本島中部東海岸よりにあり、金武湾にそそぐ天願《てんがん》川河畔の琉球石灰岩独立丘に築かれている。

この城が築かれたのは、琉球が三山に別れていた十四世紀頃と推定されるが、当時の状況を記す文献は皆無である。伝承によれば安慶名大川《おおかわ》按司の居城だとされる。大川按司はこの城の北約四キロにある伊波《いは》城の城主伊波按司の三男とも、五男とも伝えられ、その元祖は沖縄本島北部に勢力を誇っていた今帰仁城主の子孫だったといわれている。また、城主になってからは二男を屋良《やら》城、三男を喜屋武《きやん》城に配置して、付近一帯に大きな勢力を誇っていたと伝えられている。

城の構造は、独立した岩山の頂上部を内郭として取り込み、その中腹に外郭を廻すいわゆる輪郭式をとるが、外郭に侵入した敵兵を四方に分散させる仕掛けをつくるなどその縄張り構造は座喜味城の縄張りと類似するところが多い。

内郭と外郭はそれぞれ人頭大の野面の琉球石灰岩塊を積み上げ、低い所で約二㍍、高い所で一〇㍍以上もある。外郭から内郭に入る城門は自然の岩壁を穿ってつくられたもので、その中に敷居とまぐさがはめ込まれた跡が残る。門の幅は九一㌢、高さは一六〇㌢でかなり頑丈な扉が取り付けられていたのであろう。

内郭は二つの郭からなり、一の郭が約四〇〇平方㍍、二の郭が約一五〇平方㍍ほどの平場を有している。これらの平場には遺物包含層なども認められ貿易陶磁器の破片が表面採集される。遺物の多くは十四世紀から十五世紀に属する。

一の郭の東北東隅の城壁には狭間が認められる。この狭間は、安慶名城の弱点となる北東側の小丘に向けられたものである。狭間は地上から四五㌢の位置に穿たれ縦七〇㌢、幅四五㌢と縦長に切られ外に狭く内に広い形をとる。この狭間の奥行きは石垣の幅と同じ二七〇㌢である。つまり、狭間が切られた石垣の幅が広いため筒状になり左右の射界がとれない構造をしているのである。中城城の例にみるように琉球では十五世紀前半すでに火器兵器の存在が確認されていることからこの安慶名城の狭間もこの種の銃眼の可能性を考えることができる。

知念城跡

知念《ちねん》城跡は沖縄本島南部知念半島の東端にあり、太平洋を望む海岸段丘上にある。現在の集落から北西約三〇〇㍍離れた山林の中にあるが、この地はかつて古集落が存在した場所である。

城の創建については不明だが、知念按司代々の居城であったといわれている。城は上・下二つの郭から構成されているが、伝承によれば、上に位置する古城は『おもろさうし』に「ちゑねんもりぐすく、かみおりはじめのぐすく」「あまみきょが、のだてはじめのぐすく」とうたわれた霊場で、天孫氏が築いたと伝えられている。この古城から約一〇㍍低くなって、しっかりした石垣によって囲まれた郭を新城と呼んでいる。古城に対しての新城という呼称で、新しい城という意味が込められている。この新城は、第二尚氏三代目尚真王の異母兄弟にあたる内間大親が築いたといわれている。

図5　知念城の石造拱門

城は古城と新城が東西方向に連なっており連郭式の構造をとる。古城部分は東側の岩山を巧みに取り込む形で造営されており、岩山の縁辺に野面積みの高さ一・五—二㍍の石垣をめぐらしている。その中はあまり広くはないが人為的に削平されており、曲輪としての機能を確認することができる。新城部分は東側に正門、北に裏門が開いているが、両門とも拱門形式をとっている。この二つの門とも両脇は切石による相方積みになっている。城内には蔀《しとみ》の機能を有する石垣や意味不明の石積み、あるいは沖縄の開闢伝説で名高い久高島を拝するための遙拝所、火の神を祀る祭祀施設などが散見され、内部施設の複雑さを感じさせる。

近世の記録によると、十七世紀の末には城内の神殿が瓦葺きに改築され、十八世紀に入って重修されたことがわかる。この神殿は、その後、琉球王府時代になってからは知念番所として間切行政の拠点となったが、集落が城の近くから丘陵下の現在の集落に移動したのに伴い、一九〇三年（明治三十六）に廃止された。

糸数城跡

糸数《いとかず》城跡は、沖縄本島南部知念半島から西へ延びる石灰岩台地の西端断崖上に築かれている。沖縄本島南部でこれまで一一三ヵ所におよぶ城跡が確認されているが、そのなかでも石積みの巧みさ、城壁の保存の良さでは他の城の追随を許さない。築城年代については明らかでないが、口碑や伝承によると、三山鼎立時代に玉城《たまぐすく》城にいた玉城按司が領土支配を行うため自分の次男を大里の大城《うふぐしく》按司に、三男を糸数按司に封じて、それぞれ城を創建させたといわれている。また、城の増築中、比嘉ウチョウという武士の頭が用材を求めて国頭地方へ出かけ留守をしている隙に、糸数城の西側真和志《まーじ》地方で勢力を誇っていた上間按司に急襲され、あえなく落城したとされる。

城を特徴づける城壁は野面積みと切石積みの両方が用いられ、切石積みの所で最も高く六㍍余りも積み上げられている。とくに「フェー（南）のアザナ」と呼ばれる櫓台《やぐらだい》の石積みは高く、攻撃にさらされやすい平野部に突出させ死角をなくす工夫がとられているのは圧巻である。

西側は、天然の断崖を利用してその縁に野面積みの低い石垣がめぐらされている。東側には大手の城門、その北側に横矢の効く石垣が長く延び、やがて「ニシ（北）のアザナ」と呼ばれる見張りと展望を兼ねた櫓台にいたる。「ニシのアザナ」に立つと琉球王国の拠点であった首里城をはじめとして遠く西の方に慶良間諸島、北に中部の山々を望むことができる。旧集落に向かって開けられた大手門は、沖縄の城で古い形式である楼門になっている。もちろん櫓は残っていないが、両脇のがっちりした切石積みが往時の面影をよくとどめている。南西の方角には裏門たる搦手が開いている。そこには比嘉ウチョウが一人で架けたといわれる石橋があって、その石橋の前に小広場があり馬出《うまだ》しになっている。

図6　糸数城の城壁

城内にはいくつかの平場がある。殿舎跡といわれる最も大きな平場が中央に位置し、その東に隣接して低い石垣で楕円形状に囲まれた「糸数城の嶽」、その前面の広場に「グスクの殿」などがある。そのほかにも数枚の平場が確認されている。一九八六年（昭和六十一）から玉城村《たまぐすくそん》（現在は南城市）によって保存整備事業が実施され現在にいたっている。これまでの発掘調査ではA地区とB地区と呼ばれるところから十三世紀から十四世紀頃の掘立柱建物跡が検出され、貿易陶磁器などの遺物が多量に発掘された。

具志川城跡

具志川《ぐしかわ》城は久米島《くめじま》北西海岸にある海城である。久米島は、沖縄県の県庁所在地那覇市の西方約一〇〇キロの東シナ海上にあり、五八・八二平方キロの面積を有する島である。

城は東シナ海からの荒波が直接打ち付ける海岸線に突き出た琉球石灰岩の岩山を利用し、三方が石灰岩の断崖によって囲まれた天嶮要害の地に築かれている。グスクが築かれた岩山の軸線は東北東から西南西に走り、全体の形は三角形に近い。城はこの岩山全体を取り込む形で築城されている。石垣の用材として琉球石灰岩、珊瑚石灰岩、安山岩など三種類の石が使用され野面積みと切石積みが認められる。

久米島はグスクの分布密度が高い地域で、この具志川城跡のほかに宇江城《うい》城跡、伊敷索《ちなは》城跡など大小一〇ヵ所ほどの城跡が知られている。また、時代は下がるけれども城の由来について書かれた古文書も数多く残っている。その一つ『久米具志川間切旧記』には、具志川城の由来が記されている。それによると、具志川城は仲地にやという人が土地の選定を行い、真たふつという按司が築いたが、年代は不明である。城の滅亡については、中山王尚真の軍勢によって滅ぼされてしまいそれ以後は廃城になってしまった。

近年、具志川城跡の調査が整備事業の一環として地元久米島町によって精力的に進められ大きな成果を挙げつつある。まず二の曲輪の発掘調査では、基壇跡の規模や造成の状況が明らかになった。それによると基壇の空間利用は大きく二時期にまたがっている。下層が十四世紀後半、上層が十五世紀半ばから後半頃である。出土する遺物は東アジアの国々との貿易を示す陶磁器、銭貨、金属製品など多種多様で出土量も多い。とくに青花磁器や磁州窯系陶器などの出土は、具志川城の政治的に、また流通史に果たした役割の大きさを物語っている。

先島諸島火番盛

火番盛は火をたく丘という意味があり、沖縄本島ではヒバンムイ、八重山諸島ではピーバンムルと発音されている。あるいは火立毛（ヒータチモー）、火立盛（ヒータチムイ）、トオミヤー、遠見台と呼称されることもあるが、のろしをあげる場所、つまり烽火台のことである。また、火番盛の維持管理に係わり遠見となって近接船舶の警戒監視ならびにその通報の役にあたるものを遠見番、その役所を遠見番所といった。

遠見番所は、江戸時代に鎖国政策との関連で各地に設置されたものであり、その目的は、海上での警戒監視と通報の任に当たることであった。一六三八年（寛永十五）、幕府が長崎港外の野母村日野山・権現山に遠見番所を設置し、異国船の侵入を警戒監視させたのが始まりで、以後国内各地に設置されるようになった。

沖縄では一六四四年（正保元）、すなわち尚賢王四年に沖縄本島の各要処および離島に初めて火番盛が設けられ、「貢船二隻、久米・慶良間・渡名喜《となき》・粟国《あぐに》・伊江《いえ》・葉壁（伊平屋《いへや》）などの島に回至すれば、烽火二炬を焼き、一隻であれば烽火一炬を焼く。異国船であれば烽火三炬を焼き、転次伝えて焼きて、以て早く中山に知らしむるを為す」（球陽研究会編『球陽』読み下し編、一九七四）として烽火の制が定められた。

琉球列島の西南端に位置し、早くから異国船の来航が多かった先島《さきしま》諸島では、沖縄本島に比べてこの種の施設の必要性が遙かに高く、琉球の海防監視体制が強化されていくなかでいち早く遠見番制度が確立した。先島地方の近世文書には、異国船の頻繁な来航を反映して、火番盛や遠見番の業務に関する記載が数多く認められるのはそのためである。

火番盛は、可能な限り遠くを望み、小さな島々からでもよく見えるようにして三―九㍍の高さで螺旋状に石を丹念に積み上げ、頂部に囲いをめぐらしているものが多い。また、囲いの中には方位石を置くものもある。通信方法においては、一八七五年の『八重山諸村公事帳』に「地船と唐船が立火二つ、大和船が立火三つ、外国船は立火四つと」とあり、『球陽』の記事とは異なっている。おそらく先島諸島の独自性を王府が認めたからであろう。

先島諸島の火番盛は群として良好に残り、その実態も古文書などによって明確で情報伝達や通信のあり方を実証するものとなっている。そればかりでなく中国・台湾、フィリピンなどに最も近く位置し、日本の鎖国体制に連動する琉球の海防監視体制強化の影響を大きく受けざるを得なかった先島諸島の歴史的背景をも示唆する歴史的記念物である。

参考文献

『沖縄県史　各論編2　考古』沖縄県教育委員会、二〇〇三年
『沖縄県文化財調査報告』那覇出版社、一九七八年
『沖縄の城ものがたり』むぎ社、一九八八年
『ぐすく　グスク分布調査報告（Ⅰ）』沖縄県教育委員会、一九八三年
新城徳祐『沖縄の城跡』一九八二年
『図説日本の歴史6　中世』同朋舎、一九九一年
名嘉正八郎『図説沖縄の城』一九九六年
『日本城郭体系　第一巻』新人物往来社、一九八〇年
『日本の名城　百選』小学館、二〇〇八年

三　琉球の信仰

當眞嗣一

1　琉球史の概要

九州本土を離れて南に花綵《はなづな》のように連なる島々が琉球諸島である。奄美大島《あまみおおしま》を含むこの地域にかって琉球王国という独自の国があった。

琉球諸島に人類が住み着いたのは今から遙か数万年の昔のこと。歴史は遷り貝塚時代と呼ばれる自然物採集の時代へ、やがて農耕が開始され歴史の歯車はグスク時代といわれる争乱の時代に、そして琉球王国が誕生する。十四、十五世紀の琉球は、中国を中心とするアジア諸国と盛んに交易することで統一国家を発展させ独自の歴史と文化を築いてきた。

本章では琉球の信仰についてみていくのであるが、その前段階として信仰の時代的背景ともなる琉球歴史の概要について大急ぎでみていくことにしよう。

人類学者の研究によれば琉球諸島には今から約三万二〇〇〇年前の山下洞人《やましたどうじん》（那覇市《なはし》）、二万年前のピンザアブ洞人（宮古島《みやこじま》）や下地原洞人《しもじばるどうじん》（久米島《くめじま》）、それから一万八〇〇〇年前の港川人《みなとがわじん》などがいたということが明らかになっている。なかでも港川人については「原日本人」だとされ人類学者の間で非常に注目されている。

新石器文化に属する沖縄の古い土器文化は縄文文化圏の範疇として捉えられている。しかしこの琉球の縄文文化も実は沖縄本島止まりで、三〇〇キロ以上も離れた宮古島以南にはのびていない。沖縄本島から宮古島までは島影一つ見えない大海原である。縄文人たちは危険をおかしてまで遙か海のかなたまで渡ることはしなかった。

沖縄で発見された最古の土器は、六千数百年前の爪形文《つめがたもん》土器である。つぎの時代になると、西部九州の縄文前期を代表する土器文化が沖縄に南下定着したが、その後の縄文後期になると南島独自の土器文化として発展していく。

水稲稲作《すいとういなさく》によって特徴づけられる弥生文化は定着しなかった。弥生人との交流で注目されるのは、「貝の道」と称される海上の道を通ってゴホウラやオオツタノハ、イモガイなどの南島産大型貝が半加工の状態で北部九州を中心とする消費地に運ばれていったことである。最近の研究では、これらの南海産の貝が九州から山陰を通り北海道まで渡っていることも分かってきた。

弥生時代に続く時代、つまり日本の歴史でいえば古墳時代・奈良時代・平安時代にかけての状況については今のところよくわかっていない。沖縄諸島のどの地域でも古墳が造営された形跡はないし、また、古墳文化も存在しない。そのころの沖縄社会は、日本の政治の枠外にあり、日本の歴史とは異なる独自の歴史を歩んでいた。

十二世紀から十四世紀の半ばにかけて琉球では「按司《あじ》」と呼ぶ地方領主が各地にグスクを築いて争うグスク時代を迎えていた。この時代の琉球は、農業と東アジア諸国との貿易で得た富を基盤に按司が出現し、互いに貿易の利権や支配領域の拡大をめぐって争った国家胎動期であった。海外との交易を通じてもっとも繁栄をきわめ、今帰仁城《なきじんじょう》を居城とする北山《ほくざん》、首里《しゅり》城を居城とした中山《ちゅうざん》、島尻大里《しまじりおおざと》城を居城とした南山の三大政治勢力が台頭した。琉球史ではこの時代を三山分立時代といっている。やがて南山の領域であった南部東海岸の佐敷から興った尚巴志《しょうはし》が中山の武寧《ぶねい》を討って中山王となる。尚巴志は一四一六年に北山王を攻略し、さらに一四二九年に南山王を滅ぼして三山の統一を成し遂げる。首里城を王の居城とする琉球王国の誕生である。国内を統一した琉球王朝は、対外貿易に力を注いだ。南方諸国はタイ、ベトナム、マレーシア、バレンバン、ジャワから香料や染料、象牙、酒などを、日本からは刀剣や扇を買い入れ中国への貢ぎ物とした。中国からは生糸、絹織物、陶磁器類を輸入し、日本や朝鮮に輸出した。当時の那覇港は中国やシャムなどアジア諸国の人々でにぎわい、各国々の珍しい産物で満ちあふれていたといわれている。その繁栄ぶりについては、首里城正殿に掛けられていたという「万国津梁《ばんこくしんりょう》の鐘」(首里城正殿鐘)の銘文にもうたわれている。

琉球王国は、一四二九―一八七九年まで存続する。その間、一六〇九年には島津氏の侵攻を受け、その支配下におかれたが、王国の形態はそのまま残された。

薩摩侵攻後、羽地朝秀《はねじちょうしゅう》や蔡温《さいおん》のころになると比較的安定した時代を迎えることになった。首里王府は、美術工芸や芸能の振興に力を注ぎ、中国や日本から積極的に諸技術を導入し、文化の黄金時代をむかえたといわれている。当時の琉球の文化は、絵画や書跡などの美術、染織・漆器・陶器などの工芸、あるいは文学や芸能など、多彩な展開を示した。

十八世紀末になると、西洋の黒船が琉球近海に頻繁に来航するようになった。ペリー一行は、米国東インド艦隊を率いて一八五三年五月二十六日に来航し、以後、遠征中に五度も那覇に寄港して滞在した。その目的は、江戸幕府との条約交渉のための基地として琉球を利用することにあったといわれている。

一八六八年の明治維新後、明治政府は一八七二年王国を廃して琉球藩とし、さらに一八七九年の廃藩置県によって沖縄県に改めた。ここに十五世紀初め統一国家として成立して以来約四五〇年におよぶ琉球王国の歴史は閉じられた。

2　琉球の信仰

どこの国のどのような社会でも、人びとは神や精霊に対して敬虔な感情や恐れをいだくであろう。その神や精霊を信じ、尊ぶのが信仰だといわれる。琉球社会でも古い時代から、人びとは神や精霊にたいして敬虔な感情や恐れをいだいてきた。それは土着の自然崇拝、祖先崇拝として発生し、やがて琉球固有の信仰として琉球王国時代に体系化されていった。聖域である御嶽《うたき》は、琉球固有の信仰を代表するものであり、自然崇拝や祖先崇拝の象徴的なものであった。

たとえば後述する斎場御嶽《せいふあうたき》には自然の切り立つ奇岩と鬱蒼とした森に囲まれた空間があるだけで、偶像もなければりっぱな拝殿や殿舎が建っているわけでもない。人々はその空間で一生懸命に琉球王国の繁栄を祈り、時として神のお告げを聞き、神と対話した。こうした御嶽は沖縄各地に数多く点在しており、自然を崇拝する心は今もなお県民の心の中に深く生き続けている。

ところで琉球王国時代の信仰は、琉球固有の信仰だけではなく仏教や道教、神社の信仰など多彩であった。

琉球への仏教の伝来は英祖《えいそ》王代、十三世紀の中頃であった。禅鑑《ぜんかん》という僧が来琉し、浦添《うらそえ》城の西に極楽寺を創建したことが沖縄における仏僧仏寺の始まりだとされている。その後、十四世紀の中頃察《さっ》度《と》王の代になると日本から頼重法印《らいじゅうほういん》が来琉して護国寺《ごこくじ》を開山し、さらに十五世紀の前半には尚巴志の冊封使《さっぷうし》であった柴山《さいざん》が、中国からの三度目の来琉を果たし、神仏の恩に感謝するため大安禅寺を建立した。第一尚氏六代の尚泰久《たいきゅう》の時代には、琉球仏教の興隆期をむかえることになった。京都から来琉した五山僧の芥隠承琥《かいいんじょうこ》がその推進者だったといわれている。尚泰久王は芥隠の教えを受けて仏教に深く帰依し、多くの寺を建立したが、それは仏寺だけでなく、末吉宮《すえよしぐう》やその他の神社も創建している。今、尚泰久代に建立された寺社をあげると次の通りとなる(比嘉春潮『沖縄の歴史』)。

一四五六年建立　報恩寺、普門寺、天竜寺、大聖寺、大安寺、広厳寺、建善寺、長寿寺、天尊廟

一四五七年建立　永福寺、龍翔寺、大祥寺、天妃宮

一四五八年建立　永代院
一四五九年建立　東光寺、臨海寺

琉球の仏教寺院は主として臨済宗と真言宗であった。仏教寺院の拠点となったのが臨済宗であり、真言宗の寺院は神社信仰の別当寺として発展したといわれる。

第二尚氏の尚真《しょうしん》王の代になると、琉球の仏教の確立期をむかえ多くの寺院が建立された。その代表的な寺が円覚寺《えんかくじ》であった。

神社の祭神は琉球にも勧請《かんじょう》された。第一尚氏尚金福《しょうきんぷく》王時代の一四五二年、長虹堤《ちょうこうてい》の竣工を記念して長寿禅寺が建立された。時の国相懐機《かいき》が長虹堤築造の際神仏の加護に感謝して天照大神を勧請し社を建て長寿禅寺を創立したというのがそれである。その後、次々に神社が建立されるようになった。琉球八社として波上宮《なみのうえぐう》・沖《おき》宮・識名《しきな》宮・普天間《ふてんま》宮・末吉宮・安里《あさと》八幡宮・天久《あめく》宮・金武《きん》宮がある。これらの八社は、琉球王国時代に官社とされ、金武宮を除く七社には、首里王府から役俸や営繕費などが支給されていた。また、波上宮には護《ご》国寺《こくじ》（波上山・三光院）、沖宮には臨海《りんかい》寺（沖山・潮楽院）、識名宮には神応《じんのう》寺（姑射山）、普天間宮には神宮《じんぐう》寺（普天間山）、末吉宮には遍照《へんしょう》寺（大慶山万寿寺・末吉山）、安里八幡宮には神徳《じんとく》寺（高明山）、天久宮には聖現《せいげん》寺（天久山）、金武宮には観音《かんのん》寺（金峰山）というようにいずれの神社にも真言宗の寺が付属していた。なお、これらの八社のうち七社までは熊野《くまの》権《ごん》現《げん》を勧請し、祭神は伊弉冉尊《いざなみのみこと》・速玉男尊《はやたまおのみこと》・事解男尊《ことさかおのみこと》であり、八幡宮だけは八幡大菩薩を勧請し、応神《おうじん》天皇・玉依姫《たまよりひめ》・神功《じんぐう》皇后の三神を祀っている。

琉球における神社信仰は、主として真言宗の僧たちによってすすめられていったといわれている。日本の神々は、近代になるまでは仏教と一体のものとして信仰されてきた。つまり権現信仰であるが、琉球では仏教が神道と結びつくかたちで発展してきたという経緯がある。それを端的に表しているのが、沖縄各地に「ティラ」や「グンギン」と呼ばれる拝所が存在していることである。

3　信仰遺跡

本節では、まず琉球固有の信仰として斎場御嶽や園比屋武御嶽石門《そのひやんうたき》、玉陵《たまうどぅん》について触れ、その後に仏教や神道など外来の信仰遺跡についてみていくことにする。

斎場御嶽

沖縄本島南部の知念《ちねん》半島突端の琉球石灰岩が屹立する山の中にある。現在でも亜熱帯林で覆われ、さまざまな巨石寄岩の景観が格式の高い御嶽の神々しい雰囲気を醸し出している。御嶽内には大庫理《うふぐーい》、寄満《ゆいんち》、三庫理《さんぐーい》およびチョウノハナと呼ばれる拝所がある。この斎場御嶽は、沖縄開闢の神、「アマミキョ」の創成になるとの伝承があり、沖縄随一の霊場として知られている。この斎場御嶽が、いつごろから国家的聖地になったかについては不明であるが、首里王府時代には、祭祀組織の長である神女《しんじょ》の最高位聞得大君《きこえおおきみ》の「御新下り《おあらおり》」の御名付け所の大嶽として崇敬され、大君自らが、君・のろを率いてこの御嶽で参籠《さんろう》する風習があった。『琉球国由来記《りゅうきゅうこくゆらいき》』巻一三には、「サイハノ獄　久手堅村　神名、君ガ獄主ガ獄御イベ六御前　一御前、大コウリ一御前、ヨリミチ一御前、サノコウリ三御前、ギョウノハナ此斎場獄、阿摩美久、作給フト也……」と記載されていて、各々のイベにはそれぞれの名称がついていることがわかる。なお、首里城内にもこれらと同名の御嶽や広場があり、いかにも王権祭祀の聖地に相応しいイビ名である。聖域内は、霊地に相応しく樹木鬱蒼とし、幽玄な雰囲気をただよわせている。また斜めに倒れかかった巨岩とそれを支える垂直に切り立つ巨岩の配置が神秘的な場を醸し出している。

図1　斎場御嶽（三庫理）

斎場御嶽は沖縄戦での戦災や数百年もの間風雨にさらされてきたことで保存状況が悪く、多くの人びとの間で整備を望む声が高まった。そうしたなか一九九四年度（平成六）から二〇〇一年度（平成十三）まで八年間かけて保存整備事業が実施された。二〇〇〇年に世界遺産に登録されたこともあって現在参拝する人びとで賑わいをみせている。

整備事業の一環として実施された発掘調査の概要は次の通りである。

大庫理地区では沖縄戦による艦砲射撃で数十トンもある岩塊が崩落し、基壇や参道の一部を覆っていた。発掘調査では基壇やそれに伴う御庭、瓦葺きの小屋跡が確認された。基壇や御庭は周囲を切石で縁取り、平たい石を敷き詰め石張りになっている。また、御庭と参道との間には雨水処理のための排水遺構が確認された。

寄満は、本体となる岩体が大庫理と一つになっている。つまり大庫理が東側の岩陰、寄満が西側の岩陰を利用してつくられ、両者はちょうど真反対の方向に立地する格好になっている。岩陰には幅三・五㍍、長さ七・〇㍍、高さ一・二㍍の基壇が設けられ、その片隅に数個の石香炉が置かれている。基壇の発掘調査で下層から貨銭状の金銀製品が各一枚ずつと鳩目銭《はとめせん》が数点出土した。参道の石畳道周辺には海浜の砂が敷き詰められていることが確認された。おそらく儀式の際、祭場を清浄にするために敷いた聖なる砂であろう。

三庫理地区は、斎場御嶽のシンボル的存在であり、巨岩と奇岩の織りなす神秘的な洞門状の空間はしばしば観光写真にも登場するので有名な場所になっている。この地区は二時代にわたって重複していることがわかった。下層は弥生時代中期に相当する時代であり、上層は斎場御嶽の時代である。弥生時代の層からは、九州地方の須玖《すぐ》式土器が発見され時代の目安になった。イノシシの四肢骨を破壊して細かくなったのを蒸し焼き状態にしたものが多く出土したことから動物の祭祀に関わるものとして「動物送り」と火による浄化といった意味が含まれているのではないかと考えられている。

斎場御嶽の時代は戦後の堆積層、砂敷層、中世―近世にかけての遺物包含層、混土礫層など四枚の層に分けられる。しかし、あまり時期差が感じられない堆積状況であった。「イビヌメー」「チョウノハナ」と呼ばれるところからは祭祀に関わる一括遺物が出土した。「イビヌメー」では上下二つの層が確認され、上層からは金製・玉製・ガラス製の勾玉《まがたま》がそれぞれ三個、中国産の青磁碗六個・青磁皿三個、貨銭五〇六枚が出土し、下層からは中国産の盤一個、貨銭二八枚が出土した。こうした出土状況から同じ場所で二度の儀式がとりおこなわれていたことが判明した。また、「イビヌメー」に隣接する「チョウノハナ」では金製の厭勝銭《えんしょうせん》が九枚出土した。勾玉、中国産の青磁、多量の貨銭という埋

図2　園比屋武御嶽石門

納品の組み合わせは、当時の祭祀形態を表すものとして解されることから、琉球王国時代の信仰を考えていく上で極めて重要な発見であった。出土したこれらの一括遺物は、二〇〇一年に重要文化財（考古資料）として指定されることになった。

斎場御嶽は二〇〇〇年（平成十二）、琉球地方に確立された独自の自然観に基づく信仰形態を表し、『条約履行のための作業指針』第三九項（ⅲ）（一九九九年作業指針）に示す「関連する文化的景観」に該当するとして、世界遺産に登録された。

園比屋武御嶽石門

第二尚氏王統第三代目の王尚真（在位一四七七—一五二六）によって、一五一九年に創建された石造門である。伝承によれば竹富《たけとみ》島《じま》出身の西糖《にしとう》という人物がつくりあげたといわれている。日本、中国の両様式を取り入れた琉球独特の石造建造物で、木製の門扉

以外は全て木造建造物を模して垂木《たるき》、唐破風《からはふ》、懸魚《けぎょ》、棟飾りなどの細部を石造に彫り込んで意匠化している。石門の建築素材は、本体と屋根が琉球石灰岩、棟石や火焔宝珠が沖縄でいうニービヌフニ、つまり細粒砂岩で造られている。

門の背後は園比屋武御嶽である。この御嶽は王国時代には国家の祭祀場であり、精神的な拠り所として重視された。国家安泰の祈願や祭礼時の祈願だけでなく、国王巡幸の際の道中の安全祈願のほか、王国最高位の神女聞得大君の就任儀礼「御新下り」の儀式をおこなうため首里城から斎場御嶽へ出かける際に道中の安全祈願などをおこなった場所でもあった。

沖縄戦で大きな被害を受け一九五六―五七年（昭和三十一―三十二）に保存修理事業が実施されたが、その後、車道拡幅などによって大型車の往来が激しくなったことと、沖縄戦で砲撃を浴びていたこともあって地盤が緩み石門本体に亀裂が入った。そのため一九八一―八六年本格的な解体修理事業が再び実施され今日にいたっている。「条約」第一条に定める「記念工作物」に該当するとして、二〇〇〇年世界遺産に登録された。

玉　陵

首里城西方の丘陵上にあり、首里王府時代のメインストリートにあたる綾門大道《あやじょうふみち》に面して立地する。玉陵は琉球王朝第二尚氏歴代の陵墓で、尚真王が父王尚円《しょうえん》の遺骨を見上森《みあげもり》から改葬するために創建したといわれ、内・外二重の郭からなる大規模の墓陵である。戦争前まで旧態がよく保存されていたが、沖縄戦で大きく破壊された。しかし一九七二年（昭和四十七）、沖縄の王墓として墓制上きわめて貴重な文化財であるということで史跡及び重要文化財（建造物）に指定された。石牆《せきしょう》・墓室を中心に外郭前面の広場を含め墓域全域が指定範囲である。玉陵の外郭庭内左側の広場には「たまうどんのひのもん」（一五〇一年）が建立されている。この石碑は、材質が中国産の輝緑岩《きりょくがん》で、碑文は上下二段

図3　玉　　陵

に分かれている。上段には、尚真王ほか八人の名を連ね、下段には「しゅりの御ミ事」として、「以上九人この御すえは千年万年にいたるまで　このところにおさまるべし　もしのちにあらそふ人あらは　このすミ見るへし　このかきつけそむく人あらハてんにあをき　ちにふして多ゝるへし　大明弘治十四年九月　大吉日」とある。これは尚円王統のうち尚真、尚真妹、尚清、尚清兄妹ら九人の子孫に対しては永久に玉陵に葬られる資格があると定め、尚真の長子であった尚維衡《しょういこう》とその子孫のみを排除するといった内容であり、王位継承問題と関連があるとみられている。

陵墓は内外二郭から構成され、各郭は琉球石灰岩の相方積《あいかたづ》みによる高い石垣によって画され、北面して立地する。北面する入口開口部は拱（アーチ）式の石門となり、そこをくぐると外郭庭となる。この庭には海砂を敷き詰め、向かって左側には前述の玉陵の碑が建っている。内郭に入る門も拱（アーチ）式の石門であるが、この門の上には石造

屋根を冠する。内郭の庭には珊瑚砂利が敷き詰められ、正面に墓堂がある。墓堂は自然崖壁に抛り壁面は琉球石灰岩の比較的大きな切石を用いて精巧な布積《ぬのづ》みによって積まれ、墓堂は三つに分かれている。墓堂前面は露台《ろだい》となり、露台前面には石造の勾欄《こうらん》を設け、羽目石《はめいし》には龍鳳花鳥《りゅうほうかちょう》の絵柄が陽刻されている。墓堂の屋根は石造であるが、切妻《きりづま》屋根形となり、軒は垂木の形に刻し上は磚瓦《せんがわら》で葺いている。棟は石造りで三つ巴紋や牡丹、唐草、宝珠を彫りこんでいる。左右の両袖塔上には陵墓を守護する形で石彫りの獅子像を設置し、各墓堂正面入口には石製両開き唐戸を附している。連続した三つの墓室は東側の室が洗骨《せんこつ》後の国王および王妃、中央の中室は洗骨までの遺体を安置する室で「しるひらし」となっている。西側の室は正嫡以外の家族（王子や王女など）の洗骨後の遺骨を安置した。なお、この玉陵の利用は一九三四年に尚典《しょうてん》侯夫人を葬り、石扉を鎖したのが最後であった。沖縄戦で大破し、墓堂や勾欄および内外郭石垣、石門などが攪乱されていたのを、一九七四年（昭和四十九）から七七年（昭和五十二）にかけて復元修理工事がおこなわれ、終了後は一般公開された。一九九二年（平成四）、第一尚氏の末裔尚裕氏から那覇市に寄贈された。「条約」第一条に定める「記念工作物」に該当するとして、二〇〇〇年に世界遺産に登録された。

円覚寺跡

円覚寺は首里城の北麓ハンタン山に隣接して建立された沖縄第一の巨刹である。臨済宗の総本山であり、山号を天徳山と称する。また琉球王国時代は尚王家の宗廟でもあった。沖縄戦によって破壊される前は古色蒼然として荘厳をきわめ、伽藍のほとんどを備えていたが、戦災と戦後の破壊によって建物はもちろん地形も変更され旧観を全く失ってしまった。しかし放生池《ほうじょう》とそこに架された石橋、山門にいたる石階《せっかい》の一部および石垣の一部が遺存しており、沖縄における貴重な仏教遺跡として一九七二年国の史跡に指定された。

この寺は、第二尚氏三代目の王尚真が父王尚円王の霊を祀るため一四九二年（弘治五）より三年の歳月を費やして創建。京都の臨済宗の僧芥隠を開山とし、寺の規模は鎌倉の円覚寺にならい、いわゆる禅宗七堂伽藍を備えしめ、同時に方丈の側に宗廟を建てたとされている。伽藍は西面し、その配置は西面中央に総門、その左右に両脇門を設け、総門を入ると放生池があり、そこには彫刻された勾欄の石橋を架し、幅のある石階をのぼって山門へと続き、その奥に仏殿、方丈（竜淵殿《りゅうえん》）が建っていた。なお、総門、石橋、山門、仏殿、方丈は共に一直線上にあって、仏殿と方丈の周囲に、鐘楼、開山堂（獅子窟《しし》）、庫裡などが配置されていた。円覚寺は戦前まで整然とした寺規を保っており、一九三三年（昭和八）一月国宝指定を受けていた。沖縄戦で灰燼に帰したあと、戦後は放生池、放生橋、総門などが復元され今日見ることができるようになった。

現在、文化庁の援助のもと沖縄県が事業主体となって保存整備事業が実施されている。

天界寺跡

首里城の西に隣接し、守禮《しゅれい》門から西に延びる綾門大道に面して立地する。臨済宗の寺で山号は妙高山といい、本尊は釈迦如来である。寺域は広く、守禮門の南側から玉陵にいたる一帯に展開する寺であった。円覚寺や天王山とともに琉球王国時代の三大寺と称せられた。第一尚氏の尚泰久王の代に創建され、渓隠安潜《けいいんあんせん》を開山とした。尚泰久王を継いだ尚徳《しょうとく》王は一四六二年、大蔵経を朝鮮国王に請い、その翌年金剛経ほかを賜ったこと、また、一四六六年には大宝殿を建て、梵鐘を喜捨したことなどが記録に見えている。第一尚氏の菩提寺であった。一五七六年火災によって焼失したが徐々に再興され、伽藍は大門、方丈、両廊、寝室、東房、西房、厨司などが整備され、『琉球国由来記』には「その巧美精尽くす」と記録されている。一八七三年（明治六）の『琉球藩雑記』には、公寺で一〇八〇坪の境内を有していることが記されている。一八七九年（明治十二）の廃藩置県後は、尚家の私寺となり、明治の後期に建物は払い下げられ寺地のみが残った。その後の寺地には尚家の果樹園が営まれたが、敷地西側の一角に首里三平等の大あむしられの三御嶽を統合して三殿内（ミトゥンチ）と称せられる神殿が建てられた。この神殿は戦前までノロの居宅を兼ねて使用されたが、沖縄戦で灰燼に帰した。戦後、寺域一帯は造成され住宅地へと変貌した。

こうした状況下、天界寺跡周辺一帯が首里城復元にともなう首里城公園区域内として道路・公園施設などが建設されることになり、一九九五年から九八年にかけ四次にわたって沖縄県教育委員会と那覇市教育委員会によって発掘調査が実施された。調査終了後、発掘調査の成果として四冊の報告書がそれぞれの教育委員会から刊行されている。以下、報告書をもとに調査成果の概要を述べることにする。

那覇市教育委員会で発掘調査を担当した島弘は、天界寺の寺域の歴史的展開過程について次の四時期に分けて理解している。

集落期（十四世紀後半—十五世紀前半）。天界寺創建以前の時期で、最下層（第Ｖ層）に伴う遺構・遺物群がそれである。第Ⅵ層の地山面に検出された掘立柱の建物のピット群は当時の建物跡ではないかと見られる。グスク時代集落跡の可能性がある。

天界寺Ⅰ期（十五世紀中葉—十七世紀前半）。天界寺の創建から一五七六年の火災による焼失、その後の再建までの時期が該当する。直径六・二㍍の円弧状の遺構や大型ピット群を有する掘立柱建物跡が検出された。

天界寺Ⅱ期（十七世紀中葉—）。再建された以降の時期で、第Ⅱ層・Ⅲ層に伴う遺構・遺物群である。「首里古地図」に描かれている建物があった時期で、本堂の基壇・参道・二棟連結建物跡などが検出されている。明式系の瓦葺と磚敷きの建物が想定されている。

廃絶期（十九世紀後半—戦前まで）。琉球処分後の廃寺になった時期から三御嶽を統合して一つの神殿を建てて三殿内（ミトゥンチ）と称し、ノロの屋敷が存在した頃までの時期。

以下検出された主な遺構と遺物については次の通りである。

検出された主な遺構

本堂跡、溝、土壙、掘立柱建物の柱穴群、参道の跡、馬の埋葬遺構、石垣、石囲遺構、石積遺構、石列遺構、敷石遺構、階段状遺構、円弧状遺構など。

出土した遺物

中国産の陶磁器、タイ・ベトナム産陶磁器、沖縄産陶器、本土産陶器、カムィ焼、瓦質土器、陶質土器、土器（宮古式土器・先史時代土器・グスク土器）、瓦（高麗瓦、大和系瓦、明式系瓦など）、磚、銭貨、青銅製品（八双金具・座・鋲・留具・装飾金具・毛抜き・分銅・釣針・釘・簪・花生けなど）、鉄製品（釘・鏃・刀子・鎌）、坩堝、ガラス製玉類、土製小玉、骨鏃、石製品（金剛力士像の上半身部・碁石・硯・砥石・印章・石球・石斧・叩き石）、陶磁器製品（蓮華・小瓶・人形・円盤状製品）、灯明皿、煙管。自然遺物（貝・魚・鳥・犬・馬・豚・牛・ネズミ・ヤギ・ヘビ・ジュゴン）、人骨など。

神応寺跡

那覇市字繁多川《はんたがわ》にある寺跡。山号は姑射山といい、本尊は千手観音・阿弥陀如来である。俗に識名の寺と称する。琉球八社の識名宮を庇護する寺として識名宮の東側に隣接して建立された。開基の年代は不詳。熊野神を祀る。寺はもと臨済宗に属していたが、一六七一年に真言宗寺に改宗されたことが『球陽《きゅうよう》』に記されている。一九一〇年（明治四十三）「沖縄県諸禄処分法」の公布などによって衰退の一途を辿った。田辺泰著『琉球建築』には、「寺は現在本堂一棟で、他になんらの建物もない。本堂は南面し八間五面・単層・四柱造・本瓦葺きで、前面および左右の三面は吹抜で縁側となり、おおよそ中央部の一間に石段を設け玄関をつくっている。内部は六室に分かれ、いずれも畳敷で、中央前面の一間はもっとも広く、仏壇を飾り前机その他を置いて荘厳にし、いわゆる礼拝をする本堂となり、他は客殿その他である。柱はいずれも角柱を用い、縁柱で鴨居上の欄間の部分には外側に竪板を張り、目板を打っている。これは住宅・宮殿などにもしばしば用いられる手法で、強い風雨に備えたものである。比較的軒の出は少なく、屋根は重厚で、一般瓦葺き住宅にも類するものとなっていて、寺としての特殊な手法はその平面以外には見られない」と記述されている。

沖縄戦で灰燼に帰し、戦後の土地造成などで旧観をまったくとどめていなかった。今回この場所に新しく公共施設が建設されることになり、二〇〇〇年（平成十二）一月から八月にかけて那覇市教育委員会によって発掘調査が実施された。

発掘調査によって本堂跡、建物跡、石組遺構《いしぐみいこう》、埋甕《うめがめ》、土壙《どこう》などの遺構と仏具関連の遺物や建物関連の遺物および日常雑器など多種多様な遺物が確認された。陶磁器類は十六世紀後半から二十世紀前半にかけての中国産、本土産、地元沖縄産の焼物が数多く出土し、寺の創建から存続した時代の把握が可能になった。

遺構群は基盤である琉球石灰岩を削り平場造成後に構築されていた。本堂跡は保存状態が極めて悪く、基壇の一部と思われる石列と縁側と思われるところで検出された埋甕がとくに注意を引いた。本堂の階段は岩盤を削りだして造られており石垣遺構とともに保存状態が良いということで現地保存の方向で決着した。その他、戦前の平面図には見られない建物跡が検出された。この建物には溜井《ためい》と石組遺構、埋甕が付随しており、今後の伽藍配置を考えていく上で重要な遺構群であることが判明した。

出土遺物については、寺院で使用されたさまざまな仏具が出土した。中でも注目されたのは青銅製の歓喜天《かんぎてん》と独鈷杵《どっこしょ》である。歓喜天は象頭人身の立像で、男神と女神の二天が抱合するいわゆる双身歓喜天である。表面は青錆で覆われているが、部分的にみられる地金は金色を発する。高さ一六・四㌢、重量九〇〇㌘。独鈷杵は、端部の破損はあるもののほぼ全形がうかがえる資料である。残存長さ一〇センチ、重量五三・九グラム。把部中央は四面鬼目、両サイドに八面連弁文を配し、二条の凸帯をめぐらしている。

末吉宮

首里城の北方に略東西に延びる琉球石灰岩丘陵上にあり、社殿の赤瓦が首里城からもよく見える距離にある。末吉宮は起源が明らかであり、琉球八社のうちでもすぐれた社殿の遺構をとどめている。沖縄における神仏混淆、本地垂迹の信仰形態は、いわゆる官社となった八社に典型的に示されている。うち七社は熊野権現、一社は八幡神をまつり、いずれも神宮寺を付属している。これら諸社の建立時期は不明であるが、末吉宮は比較的起源が明らかであり、また八社の内では、沖宮社殿とともにすぐれた社殿の遺構をとどめているということで一九七二年日本復帰と同時に国の史跡に指定された。指定地域は、丘の上の社殿があったところより山裾にいたる境内地がその区域である。

末吉宮は俗に「社壇《しやだん》」とも称されている。『琉球神道記《りゆうきゆうしんとうき》』『琉球国由来記』『球陽』にその縁起があり、それによれば、琉球王国第一尚氏六代目の尚泰久王の時代に、天界寺の住持鶴翁和尚と王がともに霊夢を見、熊野権現を勧請したものという。本殿は、三社流れ造りで、身舎柱は円柱、向拝柱は角柱、向拝三間全体に三段の石階を設けて、廻縁に上がるようになっている。縁は三方に設け両側両奥には脇障子が用いられ、斗拱は三斗、垂木は正面三軒で太い繁割、屋根は赤瓦の本葺きとなっている。本殿前面は谷となり、この小さな谷を越すのに単拱構造の石橋を架し、琉球石灰岩の切石を用いてつくった磴道に連結していた。この石橋の上には拝殿が建っていた。参道から祭場から拝殿跡までは折り返し逆方向に二一段、拝殿跡から本殿までは七段の石段となっている。磴道に続く参道として、沖縄特有の石畳道が長く続き、また付近の崖下一帯には小規模の拝所が点在し、信仰の対象になっている。遺構は戦争前まで良く残っていたが、沖縄戦で戦禍を受けてそのほとんどのものが破壊されてしまった。現在は、磴道と社殿などが復元され往時の姿を取り戻しつつある。

Ⅲ 北の民俗

最寄貝塚　甕をかぶる屈葬人骨

一　北の館跡

榎森　進

1　中世の夷島の館跡

現在の北海道は、中世・近世には、「えぞがしま」と称され、中世には多く「夷島」、近世には多く「蝦夷島」と表記された。この夷島に、既に中世に和人豪族の館が構築されていた。『新羅之記録《しんらのきろく》』（一六四六年、正保三）や『福山秘府《ふくやまひふ》』（一七八〇年、安永九）の松前藩側の記録には、一四五七年（長禄元）五月、夷島を主舞台とした中世最大のアイヌ民族の蜂起であるコシャマインの戦いが起きた際、現北海道渡島《おしま》半島西南端部に左表に示した一二の館が存在していたことが記されている。

これらの館を一般に「道南《どうなん》十二館」と称しているが、『新羅之記録』によれば、松前藩主松前氏がその始祖とする武田信広がアイヌ民族の首長コシャマインに率いられたアイヌ民族の大蜂起を鎮圧した功により翌一四五八年（長禄二）花沢《はなざわ》館主・蠣崎季繁《かきざきすえしげ》の養女（安東政季の娘）を娶り、天ノ川の北側に新に「洲崎《すざき》の館」を築いて蠣崎氏の家督を相続したという。また、『福山秘府』に、一四七三年（文明五）、「上国館」の上に八幡宮を造立し、これを「館神」と称したとあることから、この頃から花沢館の西側の丘陵に新に「勝山館《かつやま》」を築いたものと考えられているが、『新羅之記録』では、信広の子蠣崎光広《みつひろ》と光広の子義広《よしひろ》が一五一四年（永正十一）、家臣団を率いて上ノ国から松前の大館《おおだて》に移住した後の記事で、この館を「和喜《わき》の館」と称している。この呼称は、当時のこの館の政治的機能から推して、本城としての「大館」に対する支城としての「脇の館」の意と解することができるが、「勝山館」という呼称がいつ成立したのかは定かではない。ただ、菅江真澄《すがえますみ》が一七八九年（寛政元）「蝦夷島」に渡り、上ノ国を訪れた際に、「ここなん勝山とて、そのむかし、この島のおほんつかさ（松前氏）の遠つおや（先祖）、ここにいなぎ（稲城）をさだめ給ひしところにして、そのふるあとに、もののふ（武士）の栖家のありたりし処も今猶ありなど、あご（網子）とのふる翁のかたりぬ」（『蝦夷喧《えみしのさ》辞辯《えき》』丸括弧内は引用者）と記しているので、一七八九年以前に既に「勝山」と称していたことが分かる。また、『新羅之記録』や『福山秘府』は、十六世紀初頭には、右の諸館の他に小林氏の「与《よ》倉前《くらまえ》館」（現比定所在地は不詳）が存在していたことを記している。

表　道南十二館

館　名	館主名	現所在地
志濃里館	小林良景	函館市志海苔町
箱館	河野政通	函館市函館山麓
茂別館	下国安東家政	北斗市茂辺地
中野館	佐藤季則	木古内町字中野
脇本館	南條季継	知内町字涌元
穏内館	蔣土季直	福島町字吉岡
覃部館	今泉季友	松前町字東山
大館	下国定季	松前町字神明
禰保田館	近藤季常	松前町字館浜
比石館	岡部重政	上ノ国町字石崎
原口館	岡邊季済	松前町字原口
花沢館	蠣崎季繁	上ノ国町字勝山

表に記した諸館のうち、現在までに全面的な発掘がおこなわれたのは、志濃里館《しのりだて》（史跡名は「志苔館跡」）と上ノ国町《かみのくにちょう》にある勝山《かつやま》館《だて》跡の二館跡のみである。しかし、十五世紀前後に夷島を舞台に繰り広げられた歴史を理解するうえで、茂別館跡や大館跡を無視することはできないので、ここでは、十五世紀前後の夷島におけ

る和人豪族の重要な館跡である志苔館跡・茂別《もべつ》館跡・大館跡・花沢館跡・勝山館跡などの諸館が構築されるまでの中世における夷島の国家的位置づけや夷島への和人の進出過程の概要を記したうえで、これら遺跡の概要を紹介しつつ、十五世紀前後における「夷島の世界」について記すこととしたい。

中世における「夷島」の性格

鎌倉幕府が成立する以前の平安時代の末期に、奥羽両国の全域を支配していたのが、陸奥国の平泉《ひらいずみ》に拠った奥州藤原氏であった。この奥州藤原氏は、院政期の国家によって政治編成の上で「蝦夷（エゾ）」の統括者として位置づけられていた。そのため奥州藤原氏は、津軽海峡以北の世界とも深く関わっていた。しかし、夷島と時の国家権力の関係がより強化されたのは、鎌倉時代以降のことである。このことを良く示しているのが、鎌倉末期の幕府関係の法律書『沙汰未練書《さたみれんしょ》』に「武家ノ沙汰」として次の三点が記されていることである。①六波羅探題《ろくはらたんだい》の洛中警固ならびに西国成敗のこと。②鎮西探《ちんぜいたん》題《だい》の鎮西九国成敗のこと。③東夷成敗《とういせいばい》のこと。しかも、③の「東夷成敗のこと」の「東夷」とは、「蝦子《エゾ》」のことだと注記されているのである。このことは、「蝦子《エゾ》」（蝦夷）＝アイヌに対する支配行為が鎌倉幕府の三大政務の一つとして位置づけられていたことを示している。

こうして、鎌倉幕府の成立によって、夷島《えぞがしま》（北海道）それ自体は、中世国家の外と位置づけられながらも、夷島に居住する「蝦夷」（アイヌ）に対しては、鎌倉幕府の支配が及ぶものとして明確に位置づけられるにいたったのである。なお、この場合の「蝦子（エゾ）」には、東北北部に居住していたアイヌも含まれていたことはいうまでもない。しかも、鎌倉幕府が成立すると、中世国家と「夷島」、

「蝦夷」（アイヌ）とのこうした関係を前提にして、夷島がいち早く夜討ち・強盗・海賊などの流刑地とされただけでなく、鎌倉時代の初期に「安藤五郎」なる者が「東夷《とうい》ノ堅メ」に鎌倉幕府の第二代執権・北条義時《ほうじょうよしとき》（在職一二〇五年閏七月―一二二四年六月）のとき、北条義時の「代官」として「津軽」に置かれたのである（『保暦間記《ほりゃくかんき》』）。

そのため、鎌倉幕府の歴史を記した『吾妻鏡』には、夜討ち・強盗・海賊などの夷島流刑に関する記事が多く記されている。夷島への罪人の流刑の手続きは、まず罪人を「関東」＝「鎌倉」に送ったうえで、鎌倉から「奥州」に遣わし、さらに「奥州夷」（『吾妻鏡』）を介して夷島へ追放するというものであった。そして、この「奥州夷」というのが、「津軽」に置かれた「安藤氏」だったのである。

和人の夷島への進出

こうして、鎌倉幕府が成立すると、夷島は強盗・海賊などの流刑地になったために、以後、夷島に渡島した和人が次第に多くなっていったことは間違いないが、残念ながら史料不足から日本の中世に相当する時期に夷島に渡った和人の人口を知ることはできない。しかし、鎌倉末期の十四世紀前半から十五世紀前半にかけた頃には、かなり多くの和人が夷島の南部に定住するようになっていたことは間違いない。このことは、次のような資料の存在によって知ることができる。函館市の称名寺《しょうみょうじ》の境内に、正面の右側に弥陀《みだ》礼拝図、左側に来迎図を陰刻し、「貞治《ていじ》六年丁未二月日、旦那道阿、慈父慈母、同尼公」と陰刻した安山岩の板碑《いたび》があり、「貞治」は北朝《ほくちょう》の年号で「貞治六年」は一三六七年であること。また、これとは別に函館市域に三基の板碑が存在し、このうち、紀年銘が読めるのは一基だけであるが、その紀年銘は「康永《こうえい》」（北朝の年号、一三四二―四四）か「応永《おうえい》」（一三九四―一四二八）、どちらかといえば「応永」に近いという見解が示されている。こうした事実を踏まえると、遅くとも応永年間以前に、既に現函館市域に板碑を建てる人が定住していたことは確実とみてよい。

また、現在、市立函館博物館に「石崎八幡社の鰐口《わにぐち》」と呼ばれるものがあり、この鰐口には「奉寄進夷嶋脇澤山神御寶前、施主平氏盛阿弥敬白、永享《えいきょう》十一年三月日」と刻されている。「永享十一年」は一四三九年である。さらに、木古内《きこない》町札苅《さつかり》遺跡の鎌倉期から室町中期頃のものと推定されている和人の墳墓から六道銭として使用された古銭六枚（総て北宋《ほくそう》銭）が出土していること。また余市町大川《おおかわ》遺跡の十三世紀末から十五世紀中葉に至る和人関係の中世遺跡から中国の青磁《せいじ》器《き》、古瀬戸《こせと》・珠洲《すず》焼《やき》などの陶磁器類や和鏡が出土していることなどの事実と、『新羅之記録』に「抑《そもそ》も往古は、此国、上二十日、下二十日程、松前以東は、陬川《ムカワ》、西は與衣《ヨイ》地《チ》迄人間（「和人」）住する事。右大将頼朝卿（源頼朝）進発して奥州の泰衡（藤原泰衡）を追討したまひし節、糠部・津軽より人多く此国に逃げ渡って居住す」と記されていることや「宇《ウ》須《ス》岸《ケシ》（箱館《はこだて》の旧名）全盛の時」、箱館に毎年三回宛「若狭」の船が入港している旨を記していることなどを総合して考えると、十四世紀後半から十五世紀前半頃には、現函館市周辺のみならず、東は胆振支庁管内東部の鵡《む》川《かわ》から西は日本海沿岸部の余市町に至る地域まで和人が定住するようになっていたものとみてよいであろう。

渡島和人の生活基盤

では、これら渡島した和人たちの生活基盤はどのようなものであったのであろうか。これについても未だその詳細を知ることはできないが、余市町大川遺跡の和人関係の遺跡が「大川」の河口部に存在することを初め、先に見た「道南十二館」の立地条件が、その多くが河川流域や河口部であることなどからすると、彼等の居住地の多くは、飲料水に恵まれ、かつ秋には多くのサケが遡上する良好な河川の近くに存在していたと見てほぼ間違いないだろう。また、彼等渡島した和人たちは、米を初めとする穀物類を主食としていたものと推察されるが、当時の北海道は、稲作が成り立たなかったから、彼等は主食としての米や穀物類はいうまでもなく、衣類を初めとする日常生活必需物資の大部分を日本社会から入手しなければならなかったはずである。であってみれば、彼等は当時、こうした日常生活必需物資を入手するためには、日本社会との交易で交換できる商品を確保しなければならなかったと見て良い。当時彼等が、こうした商品交換用の産物として何を確保していたのか正確に把握することができないが、当時の夷島と日本社会との商品流通のあり方から見て河川や海の産物であるサケ・昆布や獣皮類などであったことは間違いない。

このことは、南北朝末期頃の作とされる『庭訓往来《ていきんおうらい》』に京都に集荷された全国の特産品の一つとして「越後ノ塩引」に加え「夷鮭《えぞ》」と「宇賀《うが》ノ昆布」が挙げられていることからも分かる。「宇賀」とは、現函館市の東南部地域のことである。

ところが、こうした産物の大部分は、アイヌ民族の主たる生産物でもあった。しかも、アイヌ民族の主たる居住地もまた道南部を含めて秋に多くのサケが遡上する良好な河川流域や河口部であった。こうした側面にも目を向けると、当時の夷島へ移住した和人たちは、アイヌ民族の集落（コタン）に近い地域に居住していたものと推察される。つまり、日本社会から夷島へ移住した和人たちは、一方でアイヌ民族との交易に従事しながら、他方で自らも狩猟や漁撈に従事し、それによって得た産物を日本社会から渡来する商人に売却しながら生活していたものと推察されるのである。

南部氏の勢力伸長と安藤（東）氏の北走

このように夷島に多くの和人が定住するようになった十五世紀前半頃、鎌倉期以来夷島をも統括していた津軽十三湊《とさみなと》（現「十三湖《じゅうさんこ》」）の下国安藤《しものくにあんどう》（東）氏は、次第に勢力を伸張してきた北奥東部の南部氏によって、その支配領域が浸食されるようになった。なお、ここで「安藤氏」を「安藤（東）氏」と記したのは、十五世紀以降の安藤氏に関する記録では「安東」と記す例が多くなることによる。また、「下国」とは、津軽十三湊に拠点を置いた安藤（東）氏のことである。このように南部氏が安藤（東）氏の支配領域を浸食するようになった結果、北方世界の統括者という鎌倉期以来の安藤（東）氏の立場が危機に遭遇するにいたった。その危機は意外にも早く現実のものとなった。一四三二年（永《えい》享《きょう》四）、南部氏が下国安藤（東）氏の拠点である津軽十三湊を攻撃するに至ったのである。当時室町幕府将軍の護持僧で、とくに足利義持・義教の信頼が厚く幕政に強く関与し、「黒衣の宰相」ともいわれた醍醐寺座主満済の日記『満済准后日記《まんさいじゅごうにっき》』は、この事件について大略次のようなことを記している。永享四年十月以前に南部氏が十三湊の下国氏を攻撃したため、南部氏と下国氏との間で合戦になり、下国氏は南部氏の攻撃をかわしきれず、遂に「エソカ島」に逃れるに至った。この情報が幕府にもたらされるや、幕府は、早速南部氏のもとに使者を派遣して下国氏と和睦するように説得したが、南部氏はこれを拒否したため、同年十月、幕府の重臣たちが両者の和睦について協議した結果、再度和睦のために南部氏のもとに使者を派遣することとなった。しかし、南部氏は幕府の和睦提案を頑として拒否したため、翌十一月、南部氏に対し下国氏と和睦のことについて御内書《ごないしょ》（将軍の公的な直状）をもって、南部氏へ指示すべきであるという点で重臣たちの意見が一致した、と。

このことから、南部氏による十三湊攻略と、それによる下国安藤（東）氏の夷島への敗走という事態の発生を室町幕府がいかに憂慮していたのかを知ることができる。室町幕府はなぜこれほどまでに下国安藤（東）氏の十三湊への復帰に力を注いだのか。その最大の理由は、下国安藤（東）氏の夷島への敗走が同氏を介した北奥と夷島との一体的支配や日本海沿岸諸港間の商品流通と海運の把握に一大支障を来すことを恐れたところにあったものとみられる。ところが、この年から僅か四年後の永享八年（一四三六）四月、「奥州十三湊日本将軍阿倍康季」（下国安藤〔東〕盛季の子康季）が、後花園《ごはなぞの》天皇の勅命によって、若狭国の羽賀寺《はがじ》の再建をおこなっている（「羽賀寺縁起」）が、『新羅之記録』は、それから六年後の嘉吉《かきつ》二年（一四四二）、下国安東氏が南部義政に攻められて十三湊を放棄し、津軽半島の小泊《こどまり》の柴館に逃れた後、翌嘉吉三年、小泊から「狄《えぞ》の島」に渡ったと記している。両記録を合わせ考えると、一四三二年、下国安藤（東）氏は、南部氏の十三湊攻略によって夷島に敗走したものの、室町幕府の南部氏に対する強力な圧力によって夷島への敗走後間もなくして十三湊に戻ることができたが、それもつかの間、一四四二年には再び南部氏に攻撃されて十三湊から小泊に逃れ、翌一四四三年には、小泊から再び夷島に敗走せざるをえなくなったと解することができる。その後、下国安藤

（東）康季と、その子義季に幾度か津軽に渡り、失地回復を試みたが、康季は津軽で病没し、一四五一年（宝徳《ほうとく》三）、康季の子義季が津軽鼻和郡大浦郷（現中津軽郡岩城町周辺）で南部氏と戦ったものの、一四五三年（享徳《きょうとく》二）、南部氏の猛攻撃に遇って自害した。ここに至って、津軽十三湊を拠点にして全盛を誇った下国安藤（東）氏の惣領家《そうりょうけ》は断絶するに至ったのである（『新羅之記録』）。

下国安藤（東）氏の傍系が惣領家を再興

ところで、一四四二年の南部氏の攻略によって下国安藤（東）氏が十三湊を放棄して二度目の北走をした際、南部氏は下国安藤（東）氏の一族である外ヶ浜の陸奥湾に面した「潮潟《うしおがた》」（現青森市後潟《うしろがた》）の安藤（東）四郎道定の嫡孫で、未だ幼少であった師季《もろすえ》（後の政季）を捕らえて糠部《ぬかのぶ》の八戸《はちのへ》に連行した。その後彼は、南部氏より元服を許されて「安藤太《あんどうた》（安東太）政季《まさすえ》」と改名し、知行《ちぎょう》として田名部《たなぶ》を与えられ家督を継いだ（『新羅之記録』）。「安藤太（安東太）」を名乗れるのは、安藤（東）氏の惣領家である十三湊に拠点を置いた下国安藤（東）氏に限られており、傍系の安藤（東）氏には許されない格式の名乗りであったとされている。であってみれば、このことは、惣領家でない「潮潟」安藤（東）氏系統の師季《もろすえ》が、没落した下国安藤（東）氏の惣領家の地位を占める意志表示であったものと解される。つまり、「潮潟」の安藤（東）師季は、「安藤太（安東太）政季」と名乗ることによって、下国安藤（東）氏の惣領家を継ぎ、下国安藤（東）氏を再興したのである。だとすれば、南部氏は十三湊を攻略して下国安藤（東）氏を夷島に敗走させた際、なぜその一族である「潮潟」安藤（東）氏の嫡孫・師季を殺害しないで、敢えて八戸に連行し、しかも彼に田名部を知行として与えたのみならず、彼が下国安藤（東）氏の惣領家を継いで、下国安藤（東）氏の再興を許すようなことをしたのであろうか。この問題については、近年次のような見解が提示されている。当時の田名部湊は、八戸南部氏が率いる南部水軍の根拠地であったため、「安藤太（安東太）」師季が田名部を知行するということは、南部水軍の長としての地位を意味していたこと。「潮潟」安藤（東）氏の系統である「安藤太（安東太）」師季（政季）は、鎌倉期以来、「東夷《とうい》ノ堅メ」として津軽に置かれた安藤氏の系譜を引く十三湊の下国安藤（東）氏に代わる新たな惣領として擁立された傀儡《かいらい》政権であったこと。南部氏がこのような傀儡政権を擁立した背景には、北方海域の各地に安藤（東）氏の同族が割拠していたため、彼等の心情を配慮しなければ、広大な領域にわたる制海権を維持できなかったこと。こうして、田名部「安藤（東）氏」の擁立によって、南部氏による北方海域の統制がより一層安定的なものとなり、その結果、「南部氏の平和」とでもいうべき相対的安定期がもたらされ、それを通じて室町幕府の権威が北方世界の全域に及ぼされることになったこと。以上の諸点がそれである（入間田他編一九九九）。

ところが、この「潮潟」安藤（東）氏系安藤（東）政季が断絶した下国安藤（東）氏の惣領家を再興するや彼は、一四五四年（享徳《きょうとく》三）、南部氏の期待に反して田名部を離れ、下北半島部の津軽海峡に面した大畑《おおはた》（現青森県むつ市の内）から夷島に渡るという事件が起きた。このとき後に松前氏の始祖とされる武田信広と相原政胤《まさたね》・河野《こうの》政通《まさみち》の三名が同行したとされている（『新羅之記録』）。この「安藤太（安東太）政季」の夷島への渡島は、彼が南部氏の傀儡政権の地位から脱却し名実ともにかつての十三湊の下国安藤（東）氏の後継者としての地位を築くうえで大きな役割を果たすことになった。彼が夷

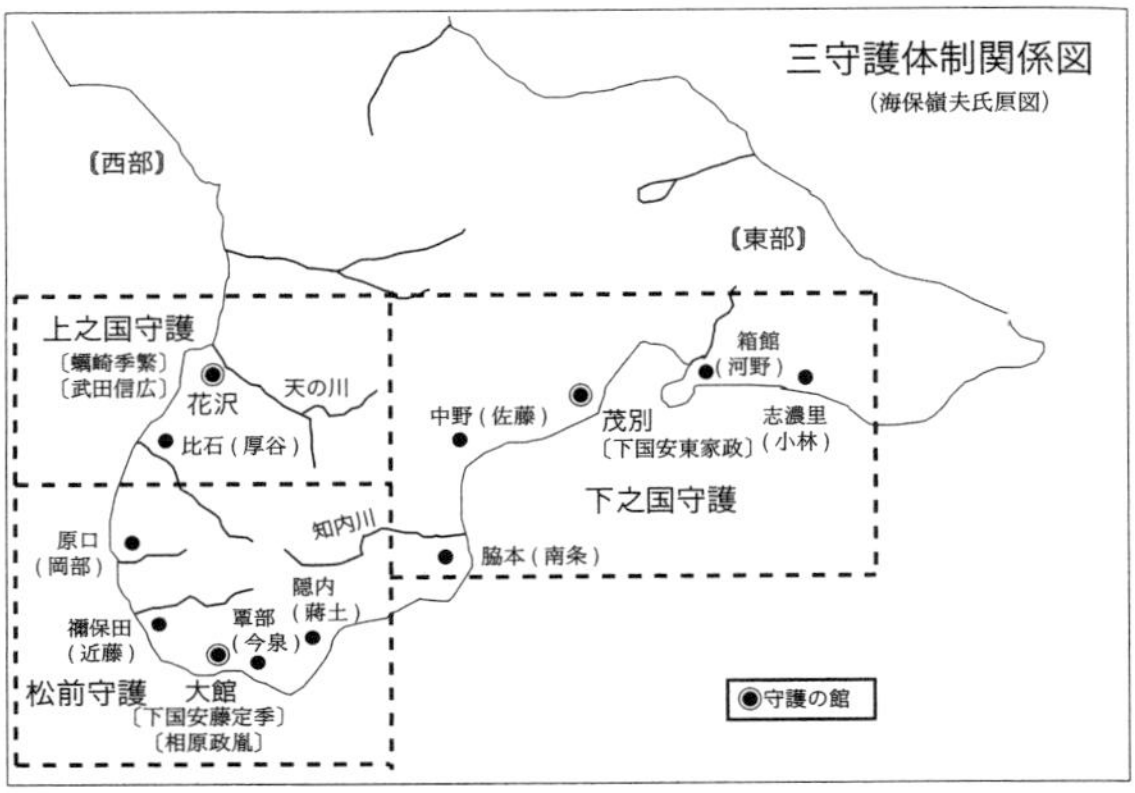

図1　三守護体制　関係図

島のどこに渡ったのか定かでないが、その後の下国安藤（東）氏と夷島との関係のあり方から推して、現松前町の大館《おおだて》に拠ったのではないかと推察される。しかし彼は、夷島に渡島して僅か二年後の一四五六年（康正《こうしょう》二）には、小鹿島《おがしま》（現秋田県男鹿半島）に渡った。このとき、彼の再渡海を援助したのが十三湊の下国安藤（東）氏から分かれて秋田湊（現秋田市土崎《つちざき》）に拠っていた湊安藤（東）氏であった。彼が夷島からこの地に渡ったのは、旧領の津軽地域が既に南部氏の支配領域になっていたからである。その後、政季の子忠季《ただすえ》のときに現秋田県能代市の檜山《ひやま》に知行し、以後「檜山安藤（東）氏」を名乗ることになった。

なお、政季は、夷島から小鹿島に渡る際、渡島半島南端部のうち、東部の「下の国」を弟の下国安藤（東）家政《いえまさ》に預けて、河野政通を補佐役として置き、中央部の「松前」を下国定季に預けて相原政胤を補佐役として置き、西部の「上の国」を武田信広に預け、蠣崎季繁を補佐役として置いたという（『新羅之記録』）。いわゆる「三守護体制」と呼ばれるものである。しかし、この「三守護体制」に関する記事のうち「上の国」を武田信広に預け、蠣崎季繁を補佐役として置いたという内容は、当時の武田信広の立場が蠣崎季繁の客将に過ぎなかったことを考慮すると『新羅之記録』の編者の付会と見てよかろう。

夷島の館主の系譜

ところで、一四五七年（長禄《ちょうろく》元）、コシャマインの戦い当時の「道南十二館」の館主は、前述した通りであるが、これら館主の性格や来歴については、従来『新羅之記録』や各館主の履歴書の記述を基にして、蠣崎季繁や武田信広は若狭から渡った人物とされ、他の館主については、その来歴を不明としながらも、その多くが津軽安藤（東）氏嫡流の「季《すえ》」という偏諱《へんき》がついていることから、津軽安藤（東）氏と深い関係がある人物であったと解するのみで、それ以上の詳細な検討はおこなわれてこなかった。

しかし、近年の東北中世史研究の著しい発展によって、彼等の来歴や系譜について、従来とは異なる新たな見解が提示されるようになった。その結果、現在では次のように解されている。『新羅之記録』が松前氏の始祖とする武田信広については、若狭から「関東足利《あしかが》」を経て田名部《たなぶ》に来住したと記しているが、若狭から田名部に来住したことは間違いないとしても、「関東足利」を経て田名部に来住したというのは間違いで、当時の日本海海運のあり方からすると、むしろ若狭から日本海海運によって田名部に来住したと見た方が自然である。また、武田信広に従って若狭から来住したとされる武田の家子《いえのこ》佐々木繁綱《しげつな》、郎党《ろうとう》工藤祐長《すけなが》その他「今井某」・「鬼場袋《きばぶくろ》某」等のうち、佐々木繁綱と工藤祐長は、ともに津軽・糠部の北条氏所領の代官であった佐々木氏・工藤氏の末裔。「鬼場袋某」もまた関東から津軽方面に来住した鎌倉幕府の御家人《ごけにん》・葛西《かさい》氏の分流である木庭袋《きばぶくろ》氏の構成員。また相原政胤も同じく津軽・糠部の北条氏所領の代官・粟飯原《あいはら》氏の末裔。村上義政は、鎌倉幕府滅亡に継起する津軽方面での合戦において新政府側に敗れて捕虜になった北条氏被官の村上孫三郎政基《まさもと》・同八郎入道真元《まさもと》の末裔。さらに、花沢館主の蠣崎季繁は、元は下北半島部の要衝・蠣崎湊に割拠する有力な豪族で、十三湊の安藤（東）氏が南部氏に攻められて北走した際、夷島への渡海を余儀なくされて花沢館に拠った人物とみられ、志濃里館主の小林氏は、上野国の御家人であった小林氏から分かれて北条氏の被官として津軽方面に来住した小林氏の末裔。また、中野館主の佐藤氏は、奥州で知名度を誇った佐藤氏の末裔。脇本《わきもと》館主の南條《なんじょう》氏は、駿河《するが》国富士郷の本拠地を離れて、津軽・糠部方面の北条氏所領の代官となった南條氏の一族で、さらに、穏内《おんない》館主の蔣土《こもつち》氏は、津軽西ヶ浜の蔣土《こもつち》を本貫《ほんかん》とする侍であった（入間田二〇〇一）。

このように、武田信広を除けば、十五世紀半ば頃までに各館主を初め、夷島に渡った侍たちの大部分は、鎌倉時代に津軽・糠部地方の北条氏所領の代官であった侍たちか北奥に居住していた侍たちだったのである。陸奥国における北条氏の所領が津軽平賀《ひらが》・田舎《いなか》・鼻和《はなわ》・山辺《やまのべ》の四郡と津軽西ヶ浜・外ヶ浜および糠部地域を中心として現岩手県・宮城県・福島県に至る地域にも多く分布していた事実（豊田他一九七〇）や、鎌倉期以降に津軽に置かれた安藤（東）氏の政治的性格を踏まえれば、こうした見解は妥当な見解といえよう。

コシャマインの戦いと夷島の和人の諸館

冒頭で記したように、中世の夷島に既に和人の諸館が構築されていたことを知ることができるのは、松前藩の史書『新羅之記録』や『福山秘府』の一四五七年に勃発したコシャマインの戦いに関する記事においてである。そこで、まずコシャマインの戦いと各館の関係についてその概略を記しておこう。

『新羅之記録』によると、康正《こうしょう》二年（一四五六）春、箱館東部の志濃里館付近の鍛冶《かじや》屋村で和人の鍛冶職人によるアイヌの刺殺事件が起きた。アイヌの青年が同村の鍛冶職人にマキリ（小刀）を造らせたところ、両者でその善し悪しや値段をめぐって論争になり、鍛冶職人が遂にそのマキリでアイヌの青年を刺殺するにいたったのである。ところが、この事件はそのままでは終わらなかった。この事件を直接的契機として北海道南部のアイヌ民族が一斉に蜂起し、しかも、その蜂起は一時的なものではなく、以後六十数年もの間、断続的に繰り広げられたという。なかでも、その最大の蜂起が一四五七年五月、東部アイヌ民族の首長コシャマインに率いられたコシャマインの戦いで、これによって、志濃里・箱館・中野・脇本・穏内・覃部《およべ》・大館・祢保田・原口《はらぐち》・比石《ひいし》の各館が相次いで攻め落とされ、残ったのは、下国家政の茂別館と蠣崎季繁の花沢館の二館のみであった。

ではなぜ、この時期にかくも大規模なアイヌ民族の蜂起を見たのであろうか。松前藩側の記録類は、その原因を一四五六年（康正二）に志濃里館付近の鍛冶屋村で起きた和人鍛冶職人によるアイヌ青年の刺殺事件であったとしている。しかし、この事件がコシャマインの戦いの直接的な契機になったことは否めないものの、コシャマインの戦いのあり方からして、この事件がその根本原因だったとは到底考えられない。筆者は、次の二点が、その重要な歴史的背景として存在していたものと理解している。第一点は、下国安藤（東）氏の動向と夷島との関係。第二点は、当時のアイヌ社会の動向、以上の二点がそれである。

まず第一点について。先に見たように、十三湊の下国安藤（東）氏は、少なくとも一四四三年（嘉《か》吉《きつ》三）から一四五六年（康正二）に至る一三年間は、北奥地域に対する支配権を完全に失ったことである。こうした事態の発生は、下国安藤（東）氏それ自体にとってのみならず、下国安藤（東）氏と夷島との関係のあり方にも従来とは異なった重大な変化をもたらした。下国安藤（東）氏が十三湊から夷島に渡り、同島で一三年間も生活せざるを得なくなったということは、とりもなおさず同氏の主たる経済的基盤が夷島に移行したことを意味しており、このことは同時に、この一三年間、同氏による夷島におけるアイヌ民族との交易権のより一層の強化と、夷島に居住していた各館主を初めとする和人集団に対する支配をより強化するに至ったことを意味している。こうした夷島のアイヌ民族と日本社会との政治経済的関係のあり方の変化がアイヌ民族の日本社会との比較的自由な交易関係に大きな制約を加えることになったことは推察に難くない。そして、これを現地で実行する役割を担っていたのが各館主層であった。したがって、こうした下国安藤（東）氏によるアイヌ民族に対する日本社会との交易の制限策がアイヌ民族の社会にかつて見られなかったほどの大きな矛盾として跳ね返っていったと考えられる。コシャマインの戦いの背景にこうした新たな事態の発生が存在していたことは間違いないであろう。和人鍛冶職人によるアイヌ青年の刺殺事件は、こうした新たな矛盾を爆発させる契機になったのである。

第二点について。この時期のアイヌ民族の社会、とりわけ北海道南部のアイヌ民族の社会が、日本社会との活発な交易活動を媒介にして一定の階層分化を遂げ、有力な首長層を指導者とする政治的なまとまりのある集団として成長しつつあった社会になっていたことである。そうでなければ、コシャマインという首長が存在していたとしても、北海道南部の広範囲にわたるアイヌ民族が一斉に蜂起することはできないからである。もっとも、現段階では、この戦いに参加したアイヌ民族がいかなる地域のアイヌ民族であったのかを詳細に知ることは難しいが、『新羅之記録』のコシャマインの戦いに関する記事のあり方や、余市町大川遺跡の中世における和人の住居跡が十五世紀半ばまでとされていることなどからすると、大略西は日本海沿岸部の余市以南、東は太平洋沿岸部の鵡川以西のアイヌ民族が参加したものと推察される。

2　主な北の館跡

冒頭で記したように、松前藩側の年代記類や諸記録に見える中世の夷島の和人の諸館のうち、現在までに全面発掘がおこなわれたのは、志濃里館（史跡名は「志苔館跡」）と上ノ国町の「勝山館跡」のみであるが、ここでは十五世紀前後の夷島における重要な館跡である茂別館跡・大館跡・花沢館跡を含めて、その概要と歴史的特徴を記すこととしたい。

志苔館跡

志苔館跡は、標高約二〇㍍の海岸段丘南端部に位置し、四方を高さ一・三㍍、幅一〇㍍ほどの土塁で囲まれた、ほぼ矩形をなす平山城様の館跡であり、郭内は約四一〇〇平方㍍の広さを有している。また、館の正門と考えられる西側の土塁は、二重にはりめぐらされ、その間には、濠跡が掘られている。また、北側の土塁外にも幅一〇㍍ほどの濠跡が掘られ、東側の渓沢に連なっている。同館跡は、一九八三年（昭和五十八）度と八四年度の二ヵ年にわたって全面的な発掘調査がおこなわれた。その『発掘調査概報』によると、出土した陶磁器類のうち、舶載陶磁器類が青磁《せいじ》碗・皿・盤、白磁《はくじ》碗・小杯・小皿、国産陶器類が珠洲《すず》系擂鉢《すりばち》・壺（または甕）と越前系壺・甕、瀬戸系の鉢・足付盤などで、また出土した古銭のうち、判読可能なものに北宋《ほくそう》銭の咸平《かんぺい》通宝（九九八年）・皇宋通宝（一〇三九年）・紹聖《しょうせい》元宝（一〇九四年）や明銭の洪武《こうぶ》通宝（一三六七年）・永楽《えいらく》通宝（一四〇八年）のほか日本の寛永《かんえい》通宝もあるが寛永通宝は後世に搬入されたものとしている。また、同館跡から建具・武具・馬具・生活用具などの鉄製品が出土している。

更に郭内の北東部から井戸跡が見つかっているとともに郭内から五棟の建物跡が検出されている。その内訳は、桁行《けたゆき》七間・梁行《はりゆき》五間でともに柱間寸法が七尺および一〇尺五寸を基本単位とする大型の建物跡二棟、桁行三間・梁行二間で、ともに柱間寸法六尺五寸の京間《きょうま》寸法の建物跡二棟、桁行五間・梁行四間で柱間寸法六尺の田舎《いなか》間寸法の書院造様の建物跡一棟である。このうち、郭北西部にある京間寸法以前の大型建物二棟は、柱間寸法の歴史的性格からして五棟の建物の内最も古く、およそ室町期のものと見られるので、コシャマインの戦いの際、攻撃の対象になったのも、この二棟の大型の建物であったものと筆者は推察している。

図2　志苔館跡　航空写真

『発掘調査概報』は、出土陶磁器類は、十四世紀から十五世紀中頃に比定し、右の建物の特徴から同館跡の構築年代を室町時代以前の南北朝期の十四世紀頃と推定している。しかし近年、「土塁を有する方形居館」の構築年代の特徴から、こうした年代観を疑問視し、どんなに早くとも十五世紀第二・四半期で、基本的には第三・四半期以降と見る見解が提示されている（工藤二〇〇五）。同館跡の構築年代をどう理解すべきかという問題は、今後多様な角度から検討を加えなければならないが、五棟の建物跡の柱間寸法のあり方の違いをどう解釈するか、という問題と密接に関わっていると思われる。というのも、日本建築の場合、一般に古代の住宅である寝殿造の柱間寸法は一〇尺が標準で、時代が下るにつれて短くなり、鎌倉時代の住宅は七尺、近世初頭の近畿地方で京間六尺五寸一間、近世になると田舎間六尺一間が関東地方で普及したとされていること（玉井二〇〇八）に加え、志苔館跡の周辺は、既に十四世紀に「宇賀ノ昆布」産地として京都で有名になっていたことや、一九六八年（昭和四十三）、志苔館跡近くの海岸部を走る道路工事中に、道路の下から三個の甕と一緒に三七万四千余枚にのぼる備蓄銭が出土し、出土銭の種類は九三種で、これには日本の皇朝十二銭《こうちょうじゅうにせん》の一部が含まれているが、その種類と枚数は八種類一五枚に過ぎず、その大部分が中国で鋳造された銭貨で、しかも大中《だいちゅう》通宝・洪武通宝などの明銭は僅かに一三枚に過ぎず、明銭には永楽通宝がなく、出土銭全体の約八五㌫が北宋銭である。また、出土銭の入った甕は、一・二号甕が越前古窯第三期、三号甕が珠洲窯第三期のもので、いずれも室町前期の甕である。その年代は十四世紀末―十五世紀初頭とされている。このことは、この備蓄銭の埋蔵者は不明であるが、十四世紀末―十五世紀初頭に志苔館跡付近に居住していた和人たちと若狭《わかさ》間の昆布交易がいかに盛んであったのかを示している。こうした事実を踏まえると、志苔館の構築年代を十四世紀と見ても、そう大きな矛盾はないと思われる。しかも、先に見たように、志濃里館主の小林良景《よしかげ》は、鎌倉期に上野国の御家人であった小林氏から分かれて北条氏の被官として津軽方面に来住した小林氏の末裔であり、小林氏『履歴書』は、「初代良景太郎左衛門、清和源氏ニ出、往時太郎左衛門良景、海ヲ渡リ来テ松前ノ東部宇賀ノ浦志濃里ニ塁を築テ居レリ」と記し、良景の代に渡島したことになっているが、『蝦《え》夷《ぞ》実地《じっち》検考録《けんこうろく》』には、「良景の祖父次郎重弘《しげひろ》より是国に渡りて住り」とあることや、名前に下国安藤(東)氏の「季《すえ》」という偏諱《へんき》がないことなどを総合して考えると、他の館主より早期に夷島に渡海した可能性が強い。また、志苔館跡の周囲に構築された塁の高さも低く、防御性を強く意識して構築されていないのも、アイヌ民族との緊張関係が未だ弱かった時期に構築されたことを示唆しているように思う。

茂別館跡

茂別館跡は、茂辺地《もへじ》川の河口から四〇〇㍍ほど遡った海岸段丘の台地の縁辺部に存在している。この台地は、館跡の東側一〇〇―一五〇㍍地点で標高五五―五六㍍、館跡付近で同じく二五―三五㍍で、

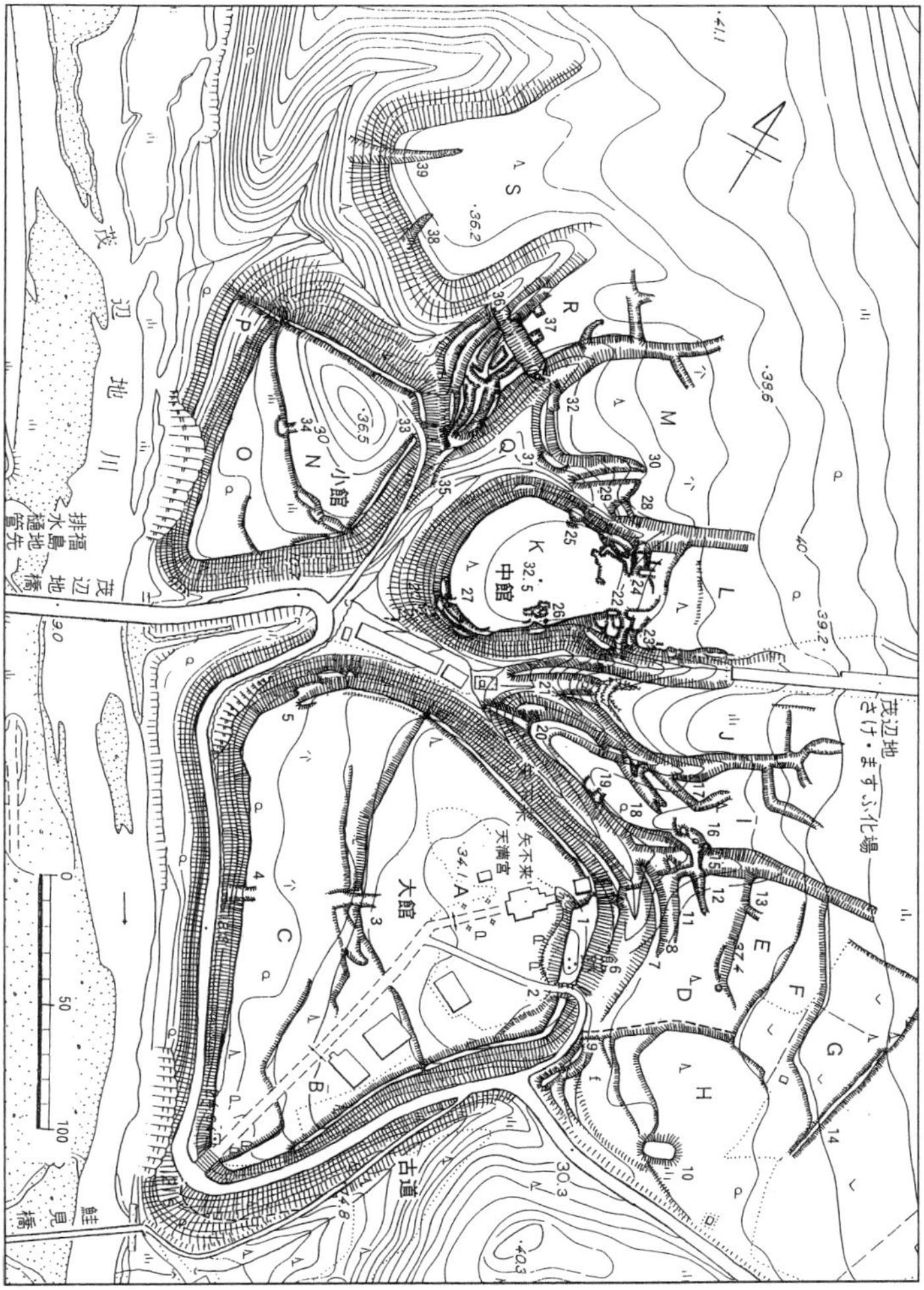

図3　茂別館跡　縄張図

北東から南西に向かって緩傾斜地を形成し、館跡は、この南西下がりの緩傾斜地の先端に位置し、茂辺地川に面した約二〇㍍の崖が天然の要害になっている。この周辺は、茂辺地川の河谷から幾筋もの谷が複雑に入り込んでおり、館跡は、南西の崖面とこの谷によって三方面を囲まれた台地突出部を利用して築造されている。また、この館跡の構造上の大きな特徴として、南端の最も大きな台地先端部に大館《おおだて》を配置し、その隣に中館《なかだて》を、一番北側に小館《こだて》を配置し、三つの郭《くるわ》から構成されていることを挙げることができる。

このうち大館は、東側の最高所が約三四㍍、西側の先端部が約二五㍍の西下がりの台地にあり、東側の台地の括れたところに堀切《ほりきり》を入れ、郭として独立させている。また、大館の西側を除く三方面に土塁を築き、堀切に面した東側の土塁を大規模に造築しており、三つの郭の中では、平坦面が最も広い郭である。中館は、標高三二㍍の台地上に立地し、大館より遙かに小さい規模であるが、その南北に防御施設を伴い独立した郭になっている。また小館は、標高三六—二四㍍の西下がりの台地上に立地し、その構造は大略大館に酷似している。

このように茂別館跡の居住空間は、大館・中館・小館の三空間で構成されているが、これら三郭は築城技術の面で大きな違いが見られることから、最初に大館と小館が築造され、次いで館域の拡大と防御機能の強化を目的にして中館や付属の防御施設が築かれ、それに伴い大館・小館の防御機能強化の普請がおこなわれたものと見られ、その改変時期は戦国期半ばから後半にかけた時期と見られている（市村二〇〇〇）。これは主に表面観察を基にして得られた見解であり、未だ茂別館跡の発掘調査がおこなわれていないことから、その構築年代については、今後の発掘調査結果を待たなければならないが、茂別館が、こうした堅固な館であったことを踏まえると、同館の造築には、相当の労働力を必要としたであろうから、その完成には、数年を要したものと推察される。また同館主は、下国安藤（東）政季の弟・家政であったとされるが、同館は一度に築造されたのではなく一四五六年（康正二）までの間に改変が加えられているという見解（市村二〇〇〇）を重視すれば、同館の最初の築造時期を津軽十三湊の下国安藤（東）氏が一四三二年（永享四）夷島の逃れた時期か一四四三年（嘉吉三）夷島に逃れた時期からそう下らない時期で、かつその築造者を下国安藤（東）氏の一族ないしは被官と見ることも可能なのではなかろうか。また、コシャマインの戦いの際、茂別館が陥落しなかったのも、同館がこうした堅固な館であったことによることは間違いない。

大館跡

大館跡は松前町の中心的市街部から奥まったところにある将軍山南方支峰の先端部にあり、市街中心部の海岸部から北側に約五〇〇㍍離れた所に立地している。将軍山支峰に立地する大館跡は、東南側が大松前川《おおまつまえ》、北東側がバッコ沢、西南側が小館川《こだて》に囲まれ、北側が将軍山に連なる山城《やまじろ》形式の要害である。三方の側面は四〇—五〇㍍の急な崖で、同館跡の台地部分は大略平坦部で、この部分が大館と小館の二郭に区分されている。この三方の急な崖の南方に細長く突出している台地上に小館が立地し、小館の延長は南北一一〇㍍、最大幅二五㍍、標高は最南端が四〇㍍、最北端が約四五㍍で、大館と小館の間には、幅一〇㍍、深さ五㍍の掘り込みがある。大館の平坦部は、延長二七〇㍍、最大幅一

図4　大館跡　遠景

二〇㍍、最小幅七三㍍で、標高は、最南端部約四五㍍から北上し最北部が約五八㍍である。また西側と東側は約五〇㍍の急な崖で、北側の標高約五八㍍の最高所と将軍山支峰の間に深さ五・四㍍、幅一三㍍の空堀が存在している（北海道松前町教育委員会一九八〇）。

右の内容は、表面測量によるもので、未だ発掘調査がおこなわれていないために、同館跡の詳細な構造を知ることはできないが、右の内容から「道南十二館」の中でも茂別館跡とともに山城形式の最も堅固な要害であったと見てよいだろう。また、その築造年代についても、未だ発掘調査がおこなわれていないことから、その手がかりとなる年代を知り得る重要な遺物・遺構を把握することができないため、その詳細を知ることができないが、十三湊の下国安藤（東）氏と夷島との歴史的関係を考慮すると、茂別館と同様下国安藤（東）氏が一四三二年（永享四）夷島に逃れた時期か一四四三年（嘉吉三）夷島に逃れた時期からそう下らない時期で、築造者は下国安藤（東）氏と推察される。また、一四九六年（明応《めいおう》五）、下国安藤（東）氏から「松前」の守護職を任じられていた大館主の下国定季《さだすえ》の子恒季《つねすえ》がその不行跡のため、檜山の下国安藤（東）氏が討手を派遣して恒季を自害させ、相原政胤《まさたね》の子季胤《すえたね》を「松前」の守護職とし、村上政儀《まさよし》を補佐役としたことは（『新羅之記録』）、この松前の大館が下国安藤（東）氏の夷島支配にとっていかに重要な館であったのかを良く示している。ところが、一五一二年（永正九《えいしょう》）、東部のアイヌ民族の蜂起によって志濃里・宇須岸《ウスケシ》・与倉前《よくらまえ》の三館が陥落し志濃里館主小林良定《よしさだ》（良景の子）、宇須岸館（箱館）主河野季通《すえみち》（政通の子）、与倉前館主・小林季景（政景の子、又は良定の子）らが皆戦死した。次いで翌一五一三年（永正十）、同じくアイヌ民族の蜂起によって大館の相原・村上両氏が滅亡するに至り、ここに下国安藤（東）氏の一族である下国氏は滅亡するに至った。ところが、翌一五一四年（永正十一）それまで上ノ国の勝山館に拠っていた蠣崎光広・義広父子が勝山館から一族をあげて大館に移住するとともに、檜山の下国安藤（東）氏の許に使者を派遣し、下国安藤（東）氏に蠣崎義広が夷島における唯一の現地支配者としての地位を認めさせた。こうして蠣崎氏は、下国安藤（東）氏から夷島に来航する商船・旅人などに対する課税権とアイヌ民族との交易権を一手に掌握するに至ったのである。また蠣崎氏は、それと同時に大館に徳山城《とくやまじょう》（館・陣屋）を造築するとともに、以後松前藩初代藩主となる蠣崎慶広《よしひろ》の代まで夷島における下国安藤（東）氏の代官として徳山城を拠点に夷島支配をおこない、一六〇〇年（慶長五《けいちょう》）、海岸部に突出した福山の台地に新城の築城を開始して一六〇六年（慶長十一）に完成し、福山館と名付けた。福山館の完成に伴い大館の徳山城（館・陣屋）を廃止するとともに、一六一九年（元和五《げんな》）には大館にあった寺町を初め大館街をも福山城下に移転したのである（『福山秘府』）。

右の大館の寺町がいつ形成されたのか定かでないが、一五〇二年（文亀二《ぶんき》）福寿山永善坊（後の慈眼寺）が建立されているのを初め、近世に松前藩主の菩提寺となった大洞山法幢寺《ほうどうじ》の創建年とその場所も定かでないものの、本寺は「羽州秋田領五条村円通寺」で、一五一三年（永正十）のアイヌ民族の蜂起で断絶し、一五四五年（天文《てんもん》十五）に再興されたとされていることや、一五一六年（永正十三）大館に八幡宮が、一五二三年（大永《たいえい》三）地蔵山の麓に山王権現社が、一五三八年（天文七）松前の北山に将軍地蔵堂が造営され、一五一三年（永正十）渡海山山王院阿吽寺が建立され、一五一四年（永正十一）寺社を上ノ国より大館に移し、一五一七年（永正十四）福寿山寿養寺（永善坊）を大沢より徳山に移転、一五六二年（永禄《えいろく》五）梅立山最勝院が、一五六五年（永禄八）成就山万願寺が建立されていることなど（『福山秘府』）からすると、これら寺社の多くは、元は大館に存在していたものと推察される。

また大館街の様子も定かでないが、大館が下国安藤（東）氏による夷島支配の中心的な拠点になっていたことや、蠣崎氏が一五一四年（永正十一）以来一六一九年（元和五）までに至る一〇五年もの間、大館を夷島支配の政治・経済的拠点にしていたことをも含めて考えると、十五世紀前半から近世初頭にかけた時期における大館の政治的地位がいかに大きかったのかを知ることができるとともに、大館の造築年代やその内的構造の変容過程の様相は、北海道の中世を解明する上で極めて重要な意味を有しているだけに、先の茂別館跡とともに大館跡の早急な全面的発掘調査が望まれる。

花沢館跡

花沢館跡は、上ノ国町を東西に流れる天ノ川左岸の河岸段丘上に位置し、両側を無名の小沢が刻む標高一〇—六〇㍍の台地上に存在し、対岸に洲崎《すざき》館跡、北西八〇〇㍍に天ノ川《あまのがわ》河口、その北側に江差《えさし》・熊石《くまいし》に至る海岸を望む。頂部後方は空壕が掘り切られ、前方は斜面を段切りして平坦部を造り、この部分に郭が形成されている。アジア・太平洋戦争直後に同館跡を耕作した際、頂上部から唐銭・北宋銭・南宋銭と永楽銭を含む明銭などの古銭が二〇〇〇枚、鉄釜（鍋？）などが採集された。二〇〇〇年（平成十二）に同館跡周辺部、二〇〇四・〇五年（平成十六・十七）には史跡指定地内で確認調査がおこなわれ、その結果、空壕・柵跡などを検出した他、青磁・白磁・珠洲焼などの陶磁器類が出土した。未だ全面的発掘がおこなわれていないため、その全容を知ることはできないが、これら出土遺物の年代が志苔館跡や十三湊遺跡出土品と一部共通していることなどから、花沢館の存続期間は、これらの遺跡の廃絶直後までの一四五〇年前後から一四六〇年代の極めて短期間であったものと見られている（上ノ国町教育委員会二〇〇五・〇六）。

図5　花沢館跡

ところで、『新羅之記録』他の松前藩側の記録は、一四五四年（享徳《きょうとく》三）、田名部の大畑から夷島に渡島した下国安藤（東）政季が一四五六年（康正二）小鹿島に渡った際、「上の国」を武田信広に預け蠣崎季繁を補佐役として置いたと記しているが、当時の花沢館主は蠣崎季繁であり、武田信広は蠣崎氏の客将に過ぎなかった。したがって、「上の国」の守護職に任じられたのは蠣崎季繁であったと見るべきである。こうした状況の中でコシャマインの戦いが勃発し、和人が夷島西南端部に造築した諸館が相次いで攻め落とされ、残ったのは、下国家政の茂別館と蠣崎季繁の花沢館のみであったという。この戦乱の中でアイヌ民族の蜂起を鎮圧するうえで大きな役割を果たしたのが蠣崎季繁の客将武田信広であった。彼は、一四五八年（長禄二）和人軍の「総大将」として反撃を開始し、コシャマイン父子を射殺した後、コシャマインに率いられたアイヌ民族を斬殺した。その結果アイヌ軍は、悉く敗北するに至った（『新羅之記録』）。

信広がこのアイヌ民族の蜂起を鎮圧すると、茂別館主で「下の国」の守護職である下国家政が上ノ国に来て、蠣崎季繁と武田信広に面会し、季繁と家政がともに信広の「武勇」を賞して信広に太刀を与え、信広もまた家政に太刀を進じたという。その後季繁には嫡子がいなかったため、下国安藤（東）政季の娘を養女としたうえで信広に嫁がせ、これにより、信広は蠣崎季繁の家督を継いだ（『新羅之記録』）。こうして武田信広は、アイヌ民族の蜂起鎮圧を大きな契機として、「上の国」の守護職の地位にあった蠣崎季繁の養女である下国安藤（東）政季の娘と結婚することによって、「上の国」の守護職の地位にあった蠣崎氏の継承と下国安藤（東）政季の弟である「下の国」の守護職、下国家政から夷島の現地支配者としての正統性の承認を取り付けることに成功したのである。

右のような状況に目を向けると、「上の国」の守護職である蠣崎季繁が拠った花沢館は、政治的に極めて重要な位置を占めていたといわなければならないが、現在のところ、花沢館跡の一部発掘調査結果からは、守護職の存在を思わせる遺構・遺物は検出できず、短期間の臨時的な施設という感が強いものとされている。事実、「下の国」の守護職である下国家政が拠った茂別館跡と比較しても、その構造は貧弱といわなければならない。

勝山館跡

勝山館跡は、天ノ川河口の北西にある八幡野丘陵の西南端北東斜面で、旧字名・無碇《むいかり》の名を残す大《お》澗《ま》に流入する宮《みや》ノ沢《さわ》と寺《てら》ノ沢《さわ》に挟まれた南西から北東に広がる台地とその周辺に位置している。その主体部は、標高一五九・七㍍の夷《い》王山《おうざん》から北東に延びる丘陵上に位置し、中心部は、標高七五—一一三㍍の間に造られた三段の平坦面で、中央を縦貫する幅三・六㍍ほどの通路で左右に分かれ、この平坦面の左右と前後を直線的に切り落とした要害としている。また、前方部標高一〇—五〇㍍の間は、急峻な尾根を掘り割った底道が続き、左右は寺ノ沢、宮ノ沢が刻む急崖をなし、道沿いには四—五段の削平された平地が続き、物見などの防御施設の存在が想定されている。また、夷王山の北東—南東山麓には、勝山館南側の背後を取り囲むように六地区に高さ四〇㌢ほどの盛り土の墳墓六五〇基余が存在している。これまで発掘調査が実施された勝山館跡内の主要調査地区は、左右を寺ノ沢、宮ノ沢が刻む丘陵部に造られた三段の平坦部からなる主体部とその南東下方部の宮ノ沢・華ノ沢地内の建物群（倉庫群と解されている）、館神八幡宮跡後方北西斜面のゴミ捨て場、夷王山山麓の墳墓群、館跡直下国道沿いの宮ノ沢両岸で、この調査によって勝山館跡が右のような構造を有するものであることが解明された。

次に勝山館跡から検出した遺構や出土遺物の特徴について触れる前に、勝山館の築造者と築造年代について触れておこう。花沢館跡の項で記したように、『新羅之記録』や『福山秘府』などの松前藩側の記録によると、武田信広がコシャマインの戦いというアイヌ民族の蜂起鎮圧を大きな契機として「上の国」の守護職たる花沢館主・蠣崎季繁の養女（下国安藤〔東〕政季の娘）と結婚するや、彼は天ノ川の北側に新たに洲崎館を築いて移り、同館を新居とした。その後一四六二年（寛正三）、信広の義父蠣崎季繁が没したが、信広は、同年洲崎館内に毘沙門堂を建立している。こうした経緯を踏まえると、信広は、義父蠣崎季繁の死亡を契機に洲崎館を拠点にして名実ともに蠣崎氏の後継者としての地位を確立したものと見てよいだろう。また『福山秘府』には、一四七三年（文明五）、「上国館上」に八幡宮を建立し、これを館神と称したとあるが、右の経緯からして、この「上国館」が勝山館のことであり、館神の建立者は信広であったことは間違いない。このように解すると、勝山館は、一四六二—七三年の間に既に築造を開始していたものと見て間違いないであろう。

次に発掘調査の結果、検出された主な遺構と出土遺物について記すと、検出された遺構は、掘立柱建物跡約二〇〇棟、竪穴建物跡九〇基余、石敷礎石建物跡一棟、井戸跡三、土壙二五〇、空壕・柵列・橋・通路・門・櫓・溝・堀跡・貝塚（ゴミ捨て場）などである。このうち、掘立柱建物跡について見ると、正面の大きな壕の内側に二つの平らな第二平坦面と第三平坦面があり、そのうち第二平坦面で検出された掘立柱建物跡の長方形の区画は七×一五㍍前後のものが通路側から二列並行で作られ、この区画内に多くは梁行《はりゆき》三間・桁行《けたゆき》五間前後（四間や六間のものもある）の掘立柱建物があるが、その多くは三—五回の建て替えを繰り返しているとされている。また、中央通路南東側の華ノ沢寄りでは、梁行三間・桁行五間規模の建物が繰り返し建て替えられている区画と、梁行三間・桁行五間の大きさ

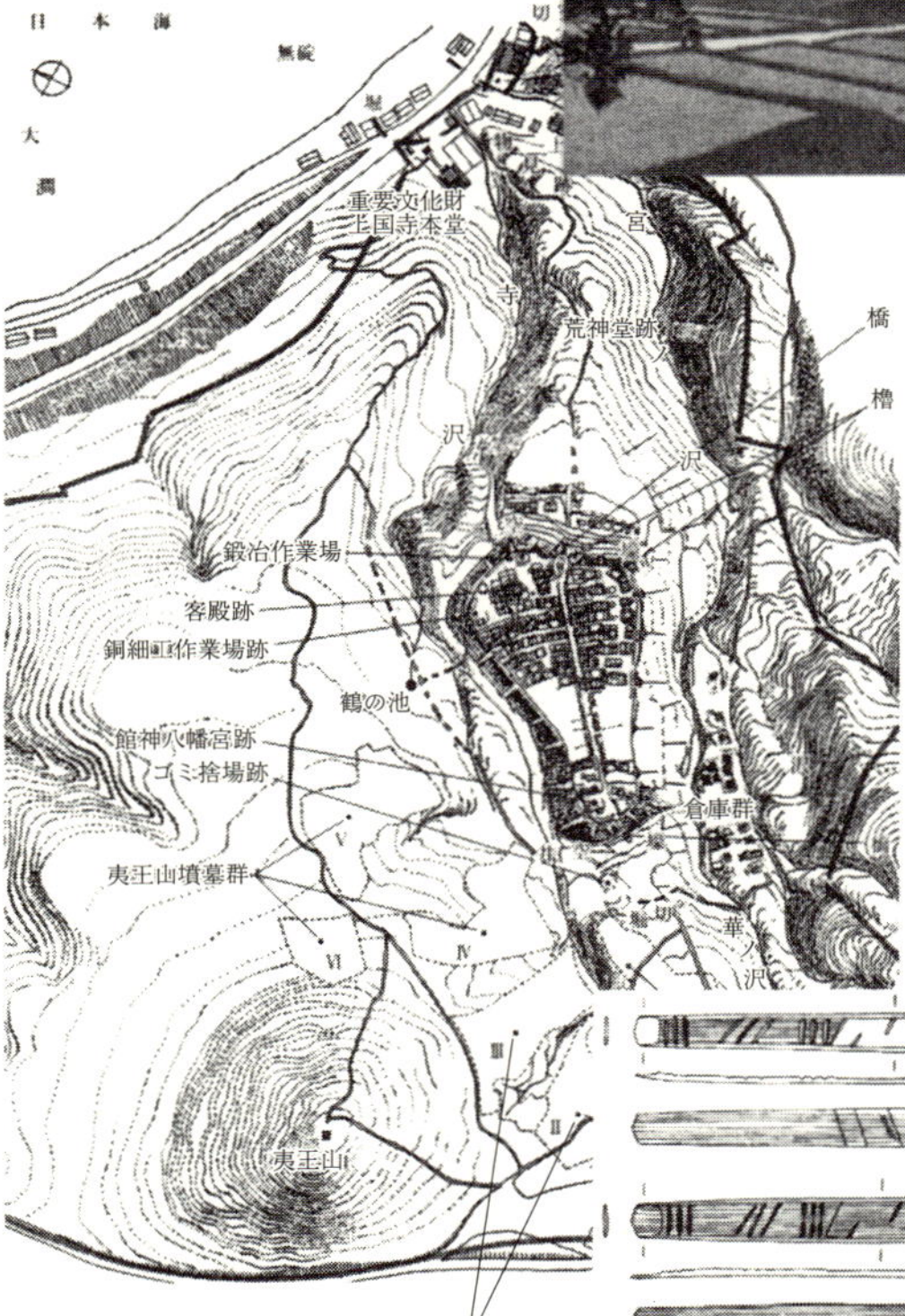

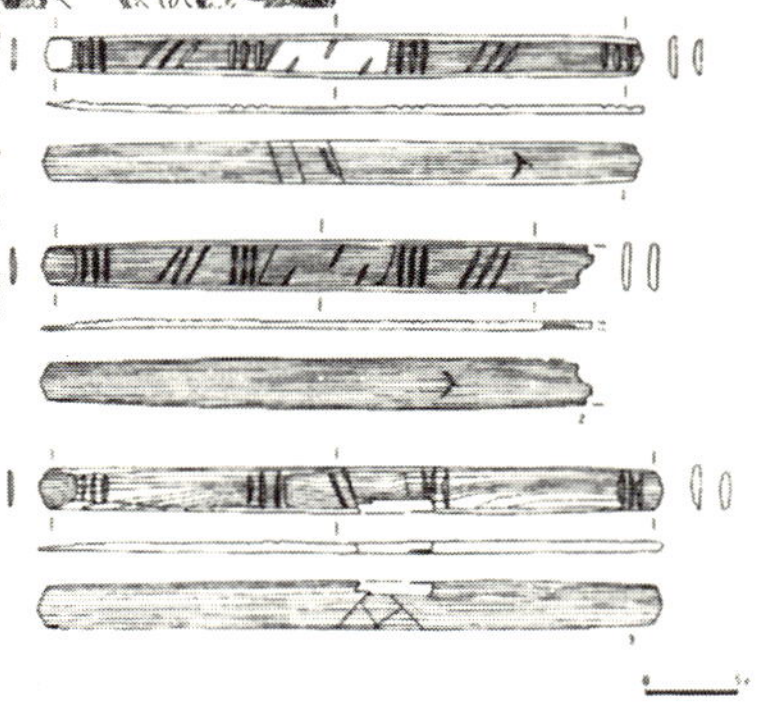

上：復元後の勝山館跡の一部（著者撮影）
中：勝山館跡発掘図
下：出土したイクパスイ
（中・下図は松崎水穂氏作図）

図6　勝山館跡　関係図

で周りに庇が付いた建物がある区画もある。一方中央通路北西側（寺ノ沢側）では、北東部の段と板塀で画然と地割された二〇〇〇平方㍍ほどの区画とその南西部の区画の二区画に分かれ、南西部の区画では通路寄りに七×五㍍ほどの地割が二区画並列し、その地割内にはそれぞれ梁行三間・桁行五間規模の建物が繰り返し建てられている。この両側の地割の中央南西奥、第三平坦面の直近に経・深さ四㍍の井戸が掘られ、ここに向かう通路が真直に通る時期があるので、この一つの井戸を共同で使用する集団がこの南西地区に居住していたものと推測されている。

さらに、この中央通路北西・寺ノ沢側の前方（北東）部に段とその上に立てられた板塀で画然と仕切られた二〇〇〇平方㍍の地割の中に、中央通路沿いの一段低い一五×二〇㍍の長方形の地割と二五×二五㍍の建物跡があるが、この正方形の建物を「客殿《きやくでん》」と称している。この「客殿」は、柱間寸法が一間六尺五寸の京間で統一された建物である。また、この「客殿」跡の南西を画する板塀に接して、経・深さ五㍍の素掘りの井戸が検出されており、「客殿」跡の南東、中央通路寄りの一段低い地割りには、通路に平行して「客殿」への入り口を遮るように六間×三間の建物跡があるが、この建物も柱間寸法が一間六尺五寸の京間で統一されている。

また、主な出土遺物を性格別に見ると、鎧の部品・鉄鏃・脇差し・鉄砲玉・笄《こうがい》・小柄・鞘の返り角などの武器・武具類、鏡・大小の下駄・鋏《はさみ》・毛抜・白磁の紅皿・かんざし・硯・煙管などの化粧・装身具や文具類、茶壺・茶臼・中国製茶入れや花生、盤、獅子・袴腰香炉、人形手碗などの青磁類と茶釜・天目茶碗《てんもくぢやわん》などの茶の湯関係の遺物、およびルソン壺と称される四耳壺《しじこ》があり、さらには鉄鍋・擂り鉢・井戸水を汲み上げる桶・滑車《かっしゃ》枠・俎《まないた》・漆塗りの椀、皿・へら・自在鉤《じざいかぎ》・火打金・火箸・越前の笏谷石《しゃくたにいし》製の火鉢・箸・串などの台所用品類、お経を唱えるときにたたく銅製の鉦《かね》、鉦鼓《しょうこ》のようなもの、仏前に供えたと見られる銅製の碗、経文・梵字などを書いた石、供養塔様のものなどの宗教・信仰関係の遺物類、漁網の網端《あば》・錘《おもり》・釣り針・鉤《かぎ》・やす・釘《くぎ》・かすがい・手斧・杭《くい》・柱材・金槌《かなづち》・鑿《のみ》などの漁具・大工道具類、鞴《ふいご》の羽口《はぐち》・半円形の鋼《はがね》の塊《かたまり》、鋳物を造るときの材料である銑鉄《せんてつ》の塊・鉄の滓《かす》類・銅の地金・銅を溶かす銅製の取瓶《とりべ》ないしは坩堝《るつぼ》・甲冑金物と銅の釘などの鍛冶・銅鋳造・銅細工関係の遺物である。

さらに、こうした遺物の他にアイヌ民族と関係する遺物が多く出土している。その代表的なものが五〇〇点を超す鹿の角や鯨の骨などで作った骨角器《こっかくき》である。これら骨角器は主に狩猟・漁撈を目的として使用されたものであるが、中には鹿角製のマキリ（小刀）柄もあり、制作者のシロシ（印）を刻んだ木製のマキリ鞘の他、天目茶碗・白磁皿、ヒグマの末節骨やワシ・タカ類の爪に穿孔《せんこう》した装飾品もある。また、夷王山麓の和人の墳墓群の中にアイヌの墓（屈葬土葬墓）があり、底にシロシの付いた漆器皿が副葬されているだけでなく、館跡内から出土した漆器椀のうち、底部・高台裏が残存する漆器一六点のうち四点の底部に線刻が見られ、うち三点の線刻はアイヌのシロシと解されている。また、勝山館跡直下の宮ノ沢右岸地点の慶長年間前半の包含層からアイヌ民族がお祈りのときにカムイ（神）へアイヌの願いを伝えてくれる箸であるイクパスイ（捧酒箸《ほうしゅはし》）四点とシロシが付いた漆器椀、桜皮巻きの丸木小弓、中柄、太刀柄が出土した他、館跡直下の市街部の一六四〇年（寛永十七）降灰の駒ヶ岳d火山灰層を挟んで直下から一六二一年（元和七）の年号が刻まれた硯が出土するとともに、直上の土層中から二点のイクパスイの断片が出土している（松崎二〇〇一・〇八）。

右に見たような勝山館跡の立地条件と同館跡から出土した遺構・遺物類の性格からして勝山館は、花沢館主・蠣崎季繁の家督を相続した武田（蠣崎）信広が一時天ノ川の北川に洲崎館を築造して同館に居を構えた後、一四六二—七三年の間に新に築造を開始した山城形式の堅固な館であること。また同館主（但し、同館内から「客殿」跡は検出されているが、館主の居住家屋跡と断定できる建物跡は未だ確認されていない）の武田（蠣崎）信広（一四三一—九五）と信広の子蠣崎光広（一四五六—一五一八）が日本海海運を通じて積極的に上方と交易し、出土遺物に見られるような貴重な物品を入手していたこと。勝山館内には、多くの家臣団と職人が居住していたこと。また、同館が蠣崎氏の重要な政治的拠点として機能していたのは、信広の子蠣崎光広とその子息義広（一四七九—一五四五）が多くの家臣団とともに勝山館から松前の大館に移住した一五一四年（永正十一）までであり、その後は大館に造築した徳山城が蠣崎氏による夷島支配の拠点となり、勝山館は徳山城の支城となったこと。さらに、同館内からアイヌ民族が漁撈・狩猟に使用した多くの骨角器を初め、アイヌ民族特有のシロシを付したマキリ鞘や天目茶碗・白磁皿・漆器椀が出土した他、夷王山の麓にある和人の墳墓群の中にアイヌ民族の墓があり副葬品の漆器皿にもシロシが付してあることや、勝山館跡の周辺部からも十六世紀—十七世紀初頭にかけた時期のアイヌ民族のイクパスイ、シロシの付いた漆器椀、丸木小弓、中柄、太刀柄が出土していることなどから、同館の経営がアイヌ民族と深く関わっていたことを知ることができること。

以上の諸点が同館の大きな特徴点である。

これらの諸特徴のうち、館内からアイヌ民族が製作したものが出土している他、和人の墳墓群の中にアイヌ民族の墓が存在することを初め、館の周辺部からもアイヌ民族の所有物が出土していることから勝山館ではアイヌ民族と和人が「平和共存」をしていたのではという見解が提示されたことがあるが、勝山館跡直下の現市街部や天ノ川周辺部から擦文文化期の遺物や人骨が出土していることは、天ノ川周辺部には多くのアイヌ民族が居住していたことを示しており、また勝山館は茂別館・大館と同様山城形式の堅固な要害として築造されており、こうした築造のあり方は、アイヌ民族の攻撃を意識した築造形態であることは多言を要しない。しかも、勝山館は、コシャマインの戦い鎮圧後からそれほど経ていない時期に築造されたことを考慮すれば、館内に居住して漁撈・狩猟用具を製作していたアイヌ民族は、館主から使用されていたアイヌ民族であったと理解すべきであろう。

今後の課題

以上志苔館跡・茂別館跡・大館跡・花沢館跡・勝山館跡の五つの館跡の概要と特徴を記してきたが、冒頭で記したように、これまで全面的な発掘調査がおこなわれたのは、志苔館跡と勝山館跡の二館跡に過ぎない。したがって、中世に夷島に築造された諸館の全体的な歴史的意味をより詳細に解明するためには、少なくとも、その政治・経済的地位が大きかった茂別館跡と大館跡の全面的な発掘調査が必要である。この二館跡の様子が解明されれば、これまで全面的な発掘が実施された志苔館跡・勝山館跡の様相と、一部が発掘された花沢館跡・洲崎館跡の様相を比較検討することにより、その歴史的意味をより詳細に把握することが可能となる。それだけに、茂別館跡と大館跡の全面的発掘調査が中世に夷島に築造された諸館の歴史的解明にとって大きな課題になっている。

参考文献

市村高男「茂別館跡についての考察―調査の中間報告―」『地域史研究・はこだて』第三二号・函館市史編さん室、二〇〇〇年
入間田宣夫他編『北の内海世界』山川出版社、一九九九年
入間田宣夫「北方海域における人の移動と諸大名」網野善彦・石井　進編『北から見直す日本史』大和書房、二〇〇一年
榎森　進『アイヌ民族の歴史』草風館、二〇〇七年
上ノ国町教育委員会『町内遺跡発掘調査等事業報告書Ⅷ・Ⅸ』二〇〇五・〇六年
工藤清泰「北へ向かった人々―謎の埋納銭をめぐって―」矢田俊文・工藤清泰編『日本海域歴史大系　第三巻』清文堂、二〇〇五年
市立函館博物館『函館志海苔古銭―北海道中世備蓄古銭の報告書―』市立函館博物館、一九七三年
玉井哲雄『図説・日本建築の歴史―寺院・神社と住宅―』河出書房新社、二〇〇八年
豊田　武・遠藤　巖・入間田宣夫「東北地方における北条氏の所領」『東北大学日本文化研究所研究報告別巻』第7集、一九七〇年
函館市教育委員会『史跡志苔館跡Ⅰ（発掘調査概報）』・『史跡志苔館跡Ⅱ（発掘調査概報）』函館市教育委員会、一九八四・八五年

北海道松前町教育委員会『史跡大館跡保存管理計画書』松前町教育委員会、一九八〇年
松崎水穂「勝山館跡とその城下の謎—発掘調査二〇年の成果と展望—」網野善彦・石井進編『北から見直す日本史』大和書房、二〇〇一年
松崎水穂「和人地・上ノ国館跡　勝山館跡出土品に見るアイヌ文化」榎森　進・小口雅史・澤登寛聡編『エミシ・エゾ・アイヌ（アイヌ文化の成立と変容—交易と交流を中心として—上）』岩田書院、二〇〇八年

二　オホーツク文化

宇田川　洋

オホーツク文化の歴史的位置づけ

「北の民族」の中で、オホーツク海南岸すなわちサハリン・北海道のオホーツク海側・クリール列島を主体に広がったオホーツク文化を残した集団は、サハリンそしてアムール下流域地方を原郷土とするオホーツク人によって培われたものであった。そのルーツはニヴフ（旧称ギリャーク）とする説が有力視されているが、まだ謎である。オホーツク文化の年代は五世紀頃から十世紀頃としてよいであろう。当時の北海道全域は擦文《さつもん》文化というアイヌの直接の祖先と考えられる集団によって形成された文化が広がっていた。七―十二世紀頃とされているが、その年代はオホーツク文化と一部重なっていることがわかる。この異文化の同時存在をどのように解釈すべきであろうかという問題点が生じる。

一般的には擦文人は海岸部から内陸部までの河川集団で、狩猟・漁労・採集民（一部農耕）であり、オホーツク人は海岸部にのみ居住した漁労・海獣狩猟民であるという生業形態の違いによると解釈されている。そして、擦文人は本州から取り入れたカマドつきの竪穴住居《たてあなじゅうきょ》に住み、数多くの本州製品を交易品として入手しており、主に南に目を向けていた人たちであるといえる。これに対してオホーツク人は、サハリン・シベリア大陸方面からの交易品を入手していたという事実があり、主に北に目を向けていたことがわかっている。ここではオホーツク人の「北の民族」としての実態を探ってみることにする。

大陸に目を向けると、四—九・十世紀頃にアムール川中流域から下流域と沿海地方に広がっていた文化は靺鞨《まっかつ》文化である。また、アムール川の支流の松花江《しょうかこう》流域付近には五—十世紀頃の同仁《どうじん》文化と呼ばれる文化が広がっていたが、それは靺鞨文化と同じもので「靺鞨・同仁文化」と呼ばれている。さらに、七世紀後半から十三世紀半ば頃、アムール川中流域から下流域と沿海地方南部に広がっていた文化は女真《じょしん》文化と呼ばれている。その女真文化のうちアムール中流域のものはパクロフカ文化と呼ばれ、九—十三世紀の年代が与えられている。オホーツク人はこのような大陸文化との交流を通して「北の民族」の一翼を担っていたのである。さらに、オホーツク海北部地域との関係も注目されている。たとえば、五—十七世紀の古コリャーク文化、約二五〇〇—一五〇〇年前のトカレフ文化、一五〇〇前頃の初期鉄器時代文化などもオホーツク文化に影響を与えた部分が認められそうなのである。ここでは具体的な事例をみることにする。

種々の道具

オホーツク文化の土器はオホーツク式土器と呼ばれ、サハリンでは十和田《とわだ》式・江《え》の浦《うら》B式・同A式・南貝塚式・東多来加《ひがしたらいか》式土器などの流れが押さえられている。それ以前の型式として鈴谷《すすや》式土器があるが、それは北海道北部の続縄文土器群からの影響を受けた一群で、プレオホーツク段階ともいえ

図1　北見市常呂町トコロチャシ跡遺跡付近出土のオホーツク式土器

るものである。北海道では、刺突文《しとつもん》系の十和田式土器から刻《こく》文《もん》系の江の浦B式土器、そして沈線文《ちんせんもん》系の江の浦A式土器への流れがあり、その後、貼付文《はりつけもん》の施された典型的な北海道独自のオホーツク式土器へと推移する。南貝塚式土器はサハリンでは一般的であるが、北海道にも一部伝播してきている。貼付文系土器が終わるのは十世紀頃であるが、その後は、後述するように擦文土器との融合・接触が進みトビニタイ式土器へと変化していく。サハリンでは東多来加式土器が十二世紀頃まで続き、オホーツク文化は終わりをむかえる。

擦文文化を残した人たちは石器をほとんど使わなかった。それは本州方面からの鉄器の流入があったからである。なお、北海道に鉄器が伝わってきたのは続縄文《ぞくじょうもん》文化の初め頃のことである。ところが、オホーツク人は続縄文時代からの伝統の石器を製作しそれを使用していたが、その大半は大陸からの交易品であった。柄《え》の曲がった曲手《まがりて》刀・曲手刀子《とうす》・鉾《ほこ》・平柄鉄斧などの実用品のほかに、青銅製の帯飾りや帯金具・鈴・鐸《たく》（鈴に似た下部が開放したものでキツネの犬歯などをぶらさげて音を出す道具）・銀製耳飾り（碧玉製の環とセット）・錫製装飾品などがある。ほかにガラス玉などを入手している。本州からの蕨手刀《わらびてとう》（柄の部分が早蕨のように丸まっている刀）や袋柄鉄斧なども擦文人を経由して手に入れている。

竪穴住居が火災にあって、あるいは故意に火をつけて、柱などの木質部が炭化して残る場合がある。木製品も同様に炭化して遺存していることが稀にある。従来は容器などの製品は土器だけのように受け止められていたが、近年の調査で、数多くの木器・木製品があきらかになってきた。羅臼《らうす》町松法川《まつのりがわ》北岸遺跡や北見市常呂《ところ》町常呂川河口遺跡・同トコロチャシ跡遺跡オホーツク地点などで出土したものには以下のものがある。もっとも多く出土したのは日常の什器類で、椀・皿・杯・盆・注口容器・蓋・匙《さじ》・篦《へら》・杓子《しゃくし》・箸状品・すりつぶし具・中型槽《そう》（桶形や舟形の容器）・大型槽・白樺容器などがある。ほかに、松明《たいまつ》用樹皮製品・矢筒・弓状品・木刀状品・刺突具・塵取り状容器・木鎖状木製品・櫛・小刀の柄・彫刻品などがあり、土器・石器・骨角器・金属製品以外の姿が多彩であったことを示している。芸術性の高さもあり、その精巧さは目をみはるものである。ほかに繊維製品として、網・編物・組紐などが出土している。

図２　枝幸町目梨泊遺跡出土の青銅製帯金具

　骨角器も発達しているといえる。それはオホーツク人が海獣狩猟民ともいわれることと関係している。当時の気候環境は現在よりも夏季の海水温が三—五℃高かったといわれ、年平均でも二—三℃高かったとされている。海水面は一・五—二㍍ほど上昇していたことも明らかにされている。平安海進期あるいはオホーツク海進期と呼ばれている。このような環境下で、オホーツク人は海に近い場所に集落を構え、おもにオホーツク海における漁労・海獣狩猟をおこなっていたのである。それを支えた道具のひとつが骨角器である。とくに回転式離頭銛《りとうもり》によるアザラシ・クジラなどの海獣狩猟がおこなわれていたことが知られている。各種のタイプがあるが、古コリャーク文化のものと類似するものもある。ほかに、銛頭用の中柄・組み合わせ式の釣針・骨鏃《こつぞく》・針入れ・骨斧・骨鍬・骨篦《こつべら》などの日常品がある。装飾品も種類が多く、垂飾品・円盤状帯留具(千島アイヌのクックルケシと類似)・バックル・弓弭《ゆはず》状弦楽器の頭部などがある。ほかの時代と比べてきわだっているのは、動物をかたどった骨製品や牙製品で、クマや各種の海獣類が表現されている。牙製《がせい》婦人像もあるが、動物意匠遺物とともに信仰と結びつくものであろう。中でもラッコの牙偶などはその毛皮利用と交易を連想させるものである。大陸からの鉄製品や青銅製品などとの交易体制が確立していたと考えられる。

海の民

石器のなかで大型の石錘がある。縄文時代のものとは異なり、大型で楕円形の礫に溝を入れたり穴を開けたりしたもので魚網用と考えられるものである。秋のホッケ、冬のマダラ、春のニシンなどの大量捕獲とそれらを追ってきた海獣類の捕獲もおこなっていた。礼文島《れぶんとう》付近ではエゾバフンウニやキタムラサキウニなどのウニ漁もさかんであったようである。各種のアザラシ・オットセイ・トド・イルカ・クジラ・アシカ・シャチ(サカマタ)などの骨が貝塚や住居内の骨塚《こつづか》から出土していることから海獣狩猟がさかんであったことがわかる。

海に依存していた生活は舟の利用でも証明できる。鳥管骨製の針入れに舟が線刻されている例がしばしば発見されている。根室市弁天島遺跡出土例は著名で、六人の漕ぎ手と銛を手にした一人が表現されており、四本の銛が刺さったクジラもみられる。このような七人乗りの舟は、全長一〇㍍に達すると考えられている。舟のミニチュア土製品も出土しているが、それらの多くは舳先《へさき》が強調されており、五板船《ごばんせん》（アムール下流部のウルチやニヴフ族などが使用している五枚の板からなる船）に類するものである。丸木舟も当然存在したことが考えられる。

このように漁労・海獣狩猟に多くを依存していたオホーツク人であったが、陸獣も狩猟の対象にしていた。動物意匠遺物にも顕著であるが、ヒグマは住居内の骨塚の主体を占めており、毛皮や胆《きも》を交易品としていた可能性が指摘されている。ほかにエゾクロテン・キタキツネ・エゾタヌキなどがみられ、やはり毛皮を得る目的で捕獲していたのであろう。エゾシカも少量ながら出土している。ウサギ・ネズミ類・カワウソ・オオカミの骨も少量みられる。さらに、カラフトブタやイヌが家畜として飼育されていたこともわかっている。イヌは狩猟の供であろうが、非常食用としての可能性もある。鳥類ではワシ類・カモメ類・アホウドリ類・シマフクロウ・ハクチョウ・タンチョウなどが捕獲され、サケマス類・ニシン・カスベ・ブリ・ソイ・ホッケ・ウグイ・オヒョウ・ヒラメ・カレイ・タラなどの魚骨も出土している。

信仰と儀礼

オホーツク人は動物に対する信仰儀礼をもっていた。それは住居内の骨塚で証明される。たとえば、北見市常呂町トコロチャシ跡遺跡オホーツク地点の七号竪穴住居跡では、外側竪穴の骨塚からは一〇

図3　網走市モヨロ貝塚10号竪穴の骨塚

二頭分のクマ頭骨が出土しているが、壁際から内側へ重ねて配された縦の列が数列確認され、明らかに特別な扱いを受けていたことが理解できる。このような骨塚の動物種は地域的な差があることも指摘されている。クマ頭骨は道北・道東を通じて主要な構成要素であり、それに準じて道東域ではシカが登場し、キツネやタヌキなどの小動物は道東域の骨塚の一部を構成しているといわれる。また、礼文島を中心とした道北部ではクマとトドなどの鰭脚《ききゃく》類の頭骨に限定されることもいわれている。「骨塚の規格化」といわれ、その地域の動物儀礼の独自性が強い社会的規範として集団内に継承されたことを意味すると解釈されている。

イヌにまつわる儀礼も報告されている。礼文島香《か》深井《ぶかい》一遺跡では「石積み遺構」から三二個の頭骨を含む多数のイヌの骨が出土しており、その下層からは前足を欠くイヌの全身骨格が発見されている。石積み遺構自体は八頭分のゴンドウクジラとカマイルカの頭骨が円形に配され、これらはクジラ祭りにかかわる祭祀遺構とされ、イヌは供献されたものとされた。また、イヌの上腕骨に線刻された儀礼的遺物も発見されているが、それは北オホーツク海の初期鉄器時代文化にもみられるもので、それとの関連性が指摘されている。

北見市常呂町常呂川河口遺跡や同栄浦《さかえうら》第二遺跡・利尻《りしり》町亦稚《またわっか》貝塚などから鹿角を利用した先端にクマの頭部あるいは胸像を彫刻したものが出土しているが、権力者の指揮棒と考えられるものである。あるいは巫者の持ち物であったのかもしれない。牙製婦人像は、礼文島・利尻島・枝幸《えさし》町・網走市・根室市などで出土しているが、シャーマニズム信仰と関係することも考えられている。

図4　網走市モヨロ貝塚15号人骨

北西枕の土坑墓

網走市モヨロ貝塚では古くからオホーツク文化の土《ど》坑墓《こうぼ》が発見されており、ほかには見られない特殊な埋葬形態が注目されていた。つまり被葬者の頭部や胸部の上に土器を逆さに被せる「被甕《かぶりかめ》」の風習である。その土器の底部には穿孔がみられることもある。ほかのたとえば鉄刀を折り曲げて副葬するなどの行為もおこなわれ、このような副葬品を故意に破壊して埋納する習慣はアイヌの風習にも通じるのである。

オホーツク人は手足を折り曲げて屈葬《くっそう》されることが多いが、その頭部の位置は北西側を基本にしている。それは、彼らの原郷土であるサハリンあるいはアムール川下流域の方向が北西であることから、北西頭位という形をとったとも考えられている。

屈葬形態の土坑は隅丸《すみまる》方形や楕円形で、その壁近くに方形に木棺の痕跡が残ることがある。網走市モヨロ貝塚では二〇〇一—〇五年（平成十三—十七）の調査で一〇〇基近くのオホーツク文化期の土坑墓が発見されているが、二三基を調査した結果、六基にその痕跡が認められている。二六㌢ほどの割合であることから、かなりの頻度で木棺墓が存在した可能性を指摘できる。そのうち時期が判明しているのは刻文系—沈線文系土器の段階である。また、発掘調査したものと上面調査だけのものを加えた被甕の検出例は六四基あり、半数以上にそれがみられるという特徴をもつ。そのうち底部穿孔土器の例は四例である。なお、この被甕は、比較的浅い土坑墓の場合には土器の底部の一部が地表面に出ており、墓標の役割をしていたことも考えられている。

屈葬という形態は縄文時代以来の長い伝統であったが、このオホーツク文化段階で一部に手足を伸ばした形で埋葬する伸展葬《しんてんそう》墓が出現する。枝幸町目梨泊《めなしどまり》遺跡の場合は、集落にともなう墓域が五つ存在し、土坑墓は四八基調査されているが、三基が屈葬墓でそれ以外は伸展葬墓であった。時期は刻文系から貼付文系土器の段階である。さらに、ほかではあまり例のない砂利で覆われた墓が三一基認められている。被甕はやはり一部が地表に出ていたことがいわれている。ところがこの遺跡の場合、頭位は南西が多いことが指摘されており、一般的な北西頭位とは異なっている。墓制に地域性が認められるのである。また、子供の墓域が確認されている遺跡もある。礼文島浜中《はまなか》二遺跡がそれで、八基の乳幼児の土坑墓が発見されたという。北西頭位で強い屈葬墓であったとされる。子供に対する親の感情表現が子供の墓域を作り出したのであろう。

竪穴住居の家族構成

オホーツク文化は年代的に擦文文化と一部重なっているが、擦文文化の竪穴住居は平均六㍍ほどの隅丸方形で、基本的にカマドを南東壁にもつという特徴がある。一家族がそこで生活していたのであろう。これに対して、オホーツク文化の竪穴住居は大型で、五角形ないし六角形の平面形である。そのような大型住居がどのように使われたのかを、北見市常呂町常呂川河口遺跡一五号竪穴のケースから考えてみる。

図5　北見市常呂町常呂川河口遺跡15号竪穴

遺跡は、史跡常呂遺跡の一部であるトコロチャシ跡遺跡群のすぐ下位に所在する。つまり河口から四〇〇㍍ほど上流の川の蛇行部分に位置し、標高ほぼ四㍍の低位段丘と氾濫原《はんらんげん》に営まれた遺跡である。一九八八—二〇〇三年（昭和六十三—平成十五）まで常呂町教育委員会によって調査され、縄文前期からアイヌ期まで八層に及ぶ文化層が確認された。そのうちオホーツク文化期の竪穴住居跡は低位段丘上で五軒が調査されている。また、同期の土坑墓も二基確認されている。

一五号竪穴は、長軸一四・三㍍、短軸一〇㍍で、床面積が一二五平方㍍もある最大級の大型住居である。壁の高さは五〇㌢を測る。六角形を呈し、コの字形の貼床は火災により赤いレンガ状になっていた。その貼床の外側から壁にかけて遺物が大量に出土したが、複数家族の存在を想定できる一定のまとまりをもった土器群が発見されている。すなわち、貼付文期の大型・中型・小型土器のセットと各種の生活道具の組み合わせが六領域でみつかり、ほかに特大型土器五個の置かれた領域（Ⅰ域）がひとつ存在するのである。そのⅠ域は骨塚のある領域で、四二個体のクマのほか、テン・シカ・キツネ・タヌキなどが出土している。クマの彫刻のある鹿角製指揮棒・クマの丸彫り・青銅製品・鉄斧・刀子・針・骨鏃・石鏃《せきぞく》・箸状木製品なども出土している。Ⅱ域では、大型・小型土器が各二個、刀子・石鏃・削器・盆状木製品などが出土。Ⅲ域では、大型土器三・中型土器二・小型土器二、針入れと収納された針・刀子・円盤状帯留具・銛頭・骨篦・骨鏃・石鏃・削器・クマ掌部木製品などが出土。Ⅳ域では、大型土器一・中型土器三・小型土器五、円盤状帯留具・銛頭・骨鏃・骨斧・石鏃・木製品などが出土。さらに海獣頭部をつまみ部に彫刻したスプーン・ラッコ彫像・オットセイ彫像・クジラ頭部とクマ掌部を彫った骨角器・樹皮状容器などが発見されているが、Ⅰ域に対する反対側に位置するので何か聖域的な印象を受ける（この場所に骨塚を設置するケースもある）。Ⅴ域では、大型土器二・中型土器三・小型土器三のほか刀子・石鏃・削器・皿状木製品などが出土。Ⅵ域では、大型土器二・中型土器一・小型土器二、刀子・石鏃・削器・皿状木製品・毛抜形太刀の柄部状の木製品、Ⅶ域では、大型土器一・中型土器二・小型土器一、鉄製品・石鏃・削器・木椀・浅皿形木製品・刺突具・フクロウを彫刻した箸状木製品・線刻のある衣文掛け状木製品などが出土している。I域を除く六域が各家族空間と推測されているのである。一家族四―五人として三〇人近い居住人口が想定できるのである。

トコロチャシ跡遺跡オホーツク地点

この遺跡は、常呂川河口遺跡のすぐ一段上の河岸段丘上にのっており、標高一八㍍、比高一三㍍を測る。二〇〇二年（平成十四）に史跡常呂遺跡に追加登録されている。かつて一九六〇・六三年（昭和三十五・三十八）にトコロチャシ跡遺跡のオホーツク期の一・二号竪穴が調査されているが、一九九八年（平成十）からこのオホーツク地点が東京大学によって発掘され、七―十号竪穴が完掘されている。また、集落の周辺から同期の土坑墓も二基みつかっている。

ここでは骨塚に特徴がある七号竪穴について概観しておく。貼付文期前半の大型住居と後半の小型住居がその内部に重複した竪穴住居跡であるが、より新しい小型住居を内側に重ねて構築するのはこの遺跡の特徴でもある。七号外側竪穴は長軸一三・五㍍、短軸九・七㍍の六角形を呈している。コの字形の貼床は火災にあい赤いレンガ状であった。壁の部分は丸太材と板材で構成され、外側には白樺樹皮が重ねられていたことが判明している。貼床と壁の間の部分には床面から浮いた形で板状のものが存在した可能性が高く、それを支える丸太材なども確認されている。つまりベンチ状になっていたことがわかるのである。

骨塚を構成する動物種は陸獣が多く、クマの頭骨は一〇二頭が確認されている。上部は火を受けて破砕されていたが、骨塚の下部にいくに従って保存状態が良くなっていた。竪穴の外側から内側へ顔を竪穴内部方向に向けて何列か並べ、それが何段かになっていた状態が把握できている。聖域としての骨塚を髣髴とさせるものである。ほかにエゾシカ・キタキツネ・エゾタヌキ・エゾクロテンの骨などが含まれている。海獣としてはオットセイ・アザラシ類・トド・クジラが認められている。鳥類ではシマフクロウの骨が検出されている。魚類としては、サケ・ニシンなどが認められている。

遺物のなかで注目すべきは炭化した木製品である。盆・椀・杓子・箆・スプーン・樹皮容器・櫛・刀子の柄などがあるが、網・編物・組紐などの繊維製品も出土している。中でも残存部の長さが八八㌢を測る大型槽とその上にのっていた長さ五〇㌢の大型杓子は、クマの餌をかき混ぜる道具と考えてもよいものである。このような木器類は、羅臼町松法川北岸遺跡でも数多く出土しているが、基本的には類似した製品であるといえよう。

なお、竪穴の長軸に沿って主柱穴が四本みられるが、もっとも川側の主柱穴は直径五〇㌢ほどである。径約一〇㌢の丸太材を七本束ねて、それを白樺樹皮で巻いた状態で柱が一部残っており、太い柱材の入手が困難であったか、前のものが腐朽してそれに代えたのか、オホーツク人の巧さがここにも表現されている。

モヨロ貝塚

網走市に所在するこのモヨロ貝塚は、網走川の河口部近くに位置し、一九一三年（大正二）に米村喜男衛によって発見された。日本のどこにもない土器群が注目され、モヨロ式土器と称されたが、後にオホーツク土器群と呼ばれるようになり、オホーツク式土器が設定されたのである。米村に続いて、荒澤雄太郎・清野謙治・北見郷土研究会・河野広道・名取武光・児玉作左衛門・伊藤昌一・大場利夫・原田淑人・斎藤忠・駒井和愛・関野雄らの調査が続く。とくに、一九四七・四八年（昭和二十二・二十三）の第一次・第二次調査（通算第一三・一四発掘）は東亜考古学会・北見郷土博物館が主体となり、オホーツク期の七号・一〇号竪穴住居跡と貝塚トレンチの調査を実施し、多大な成果をあげている。当然、竪穴にともなう骨塚も保存良好な状態で発見され、注目をあびている。第三次調査は一九五一年（昭和二十六）に実施され、縄文—続縄文期の竪穴四軒などを調査している。その後、二〇〇〇年（平成十二）に網走市史跡等整備調査委員会が設置され、史跡整備にむけて、翌年に第一次、翌々年に第二次試掘調査をおこなっている。二〇〇三年からは九号竪穴・八号竪穴の完掘と集落の北側の墓域等の調査が二〇〇八年（平成二十）まで継続された。史跡「最寄貝塚」として指定されたのは一九三六年（昭和十一）のことである。遺跡名としての通称は「モヨロ貝塚」となっている。

九号竪穴の概要をここでみておこう。最低三回の建て替えがされているが、もっとも大きな古い九a号竪穴は六角形で、長軸一二・三㍍、短軸九・六㍍である。コの字形の貼床も確認されているが、骨塚や石組み炉は、内部に縮小して建てられた九b号・九c号竪穴によって除去されたらしい。九c号竪穴の北側に骨塚が形成されていたが、四〇個体ほどのクマ頭骨が、顔を竪穴の内側に向けて五列・三段ほどに積み上げられていた痕跡がみられたとされる。なかには最低五個体の仔グマが含まれているという。この骨塚のなかにはキツネの頭骨の配置もみられる。

九c号竪穴の骨塚の横の床面からは注目すべき三点セットの遺物が出土している。それらは土製品のクマ・シャチ・舟のミニチュア品である。クマは頭部のみであるが、五・三×三・一㌢の写実的なものである。シャチは尾部と背びれを欠いているが残存部の長さ五・三㌢。舟は五板船を思わせる底板が舳先に突き出した印象を受けるもので、長さ一〇・九㌢を測る。ほかにクマ座像・海獣像・鉄滓状物質が付着した「有孔・溶融土器」片などが出土している。この有孔土器は、刻文系土器の時期の羅臼町などほかの遺跡でも発見されており、鞴《ふいご》の羽口《はぐち》のような機能を果たしていたことが考えられている重要な遺物である。なお、この九号竪穴はすべて刻文系土器の段階である。

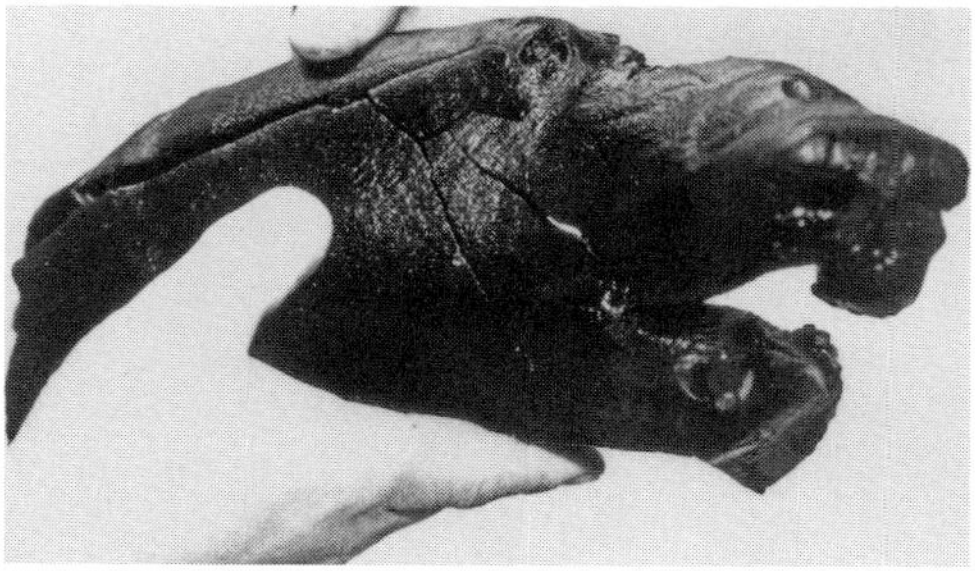

図6　羅臼町松法川北岸遺跡出土の大型注口木製品のクマ頭部

動物信仰

ところで、前述の三点セットがなぜ重要であるかというと、アイヌ社会のクマ・シャチ信仰に通じるからである。すなわち、クマはキムンカムイ（山の神）、シャチはレプンカムイ（沖の神）と呼ばれ、最高の神様の位置づけをされているもので、オホーツク人の動物に対する信仰がアイヌ社会に伝わったことを示しているのである。舟については、先述のように、オホーツク人の原郷土であるアムール下流域のウルチ族などの舟につながるものと考えられるものである。

さらに同様の動物信仰として、羅臼町の松法川北岸遺跡の大型注口木製品が重要な意味をもっている。皿形の容器の注ぎ口部分にクマの頭部が彫刻されているが、容器を伏せておいた時にクマが正立し、容器として使用する場合には倒立する形に作られている。そしてそのクマの頭部の下部に線刻がみられ、レプンカムイを示す印《シロシ》（シャチの背びれを記号化したもの）を表現している。ここにもモヨロ貝塚における場合と同様の「山の神」と「沖の神」の最高神を祀る動物信仰がみられるのである。オホーツク文化からアイヌ文化への精神文化面での影響を考えることができる素材である。またモヨロ貝塚の八号竪穴では、石組み炉のすぐ脇に大型礫が数点置かれ、その外側部分の三ヵ所に骨鏃が各一点ずつ床面に突き刺してあるのが発見されている。ひじょうに意味ありげであり、自然の礫群はそれぞれ海獣の姿のように見受けられ、「見たて」と考えてよいものである。オホーツク人の動物信仰の厚さの一面がここにも表れているのである。

トビニタイ文化へ

オホーツク文化の消滅あるいは変容の段階をむかえる時期が到来するが、それはオホーツク式土器の貼付文系の段階が終わる頃である。オホーツク式と擦文式土器の接触・融合がおこり、新たな土器群に移行するのである。この文化をトビニタイ文化と呼び、土器はトビニタイ式土器と称されている。羅臼町トビニタイ遺跡が標識遺跡となっている。その広がりは、オホーツク文化が主にオホーツク海沿岸部のみであったのに対して、北見市常呂町・網走市から釧路市を結んだラインの東側に主に分布し、内陸部にも及んでいる。生業面での変化が認められるのであり、河川資源の利用が考えられ、擦文化が進んだことを示している。

土器の特徴は、器形が擦文式土器の甕形をし、底部は広口壺形のオホーツク式土器のように外部に張り出さない形態をとる。そして文様はオホーツク式土器の貼付文が施されたり、貼付文と擦文式土器の刻線文で表現されたり、それらの中間型式などがある。まさに両者の特徴を備えるものである。土器作りは民族誌の例からも女性の仕事とされており、オホーツク人・トビニタイ人・擦文人ともにやはり女性がかかわったであろうことから、擦文人の女性がオホーツク人集団のなかに嫁入りしたことが想定できるものである。

竪穴住居の形態も擦文文化とオホーツク文化の両者の特徴を兼ね備えているものが一般的である。隅丸方形でカマドと地床炉《じしょうろ》をもつ擦文文化のものと、大型で平面形が五―六角形をしており、かつ石組み炉をもつオホーツク文化のものが融合した形態をとっているのがトビニタイ文化の竪穴である。つまり、小型化して隅丸方形で石組み炉をもっているのが典型的な形態である。家作りは男の仕事であったであろうことから、男の婿入りがあったとする意見もある。当然、骨塚やコの字形の貼床などは消滅しており、擦文化が進んでいる。擦文人を受け入れたオホーツク人の姿が表現されているのであろう。擦文人の「したたかな同化の戦略」と称する研究者もいる。九世紀から十三世紀のことである。ただし、この同化の問題は複雑で、カマドのある住居のカマド内と床面からトビニタイ式土器が出土する竪穴もあり、両者の同居というスタイルもあったことなど、これからの課題が残されている。

トビニタイ文化の遺物は、オホーツク文化とは違って狩猟用の石器や骨角器はほとんどみられず、ここにも擦文化の現象が認められる。糸・紐・布などの繊維製品はトビニタイ遺跡で出土しているが、それは擦文・オホーツク文化のものと基本的に類似し、アイヌ社会のものとも共通する。ほかの遺物としては刀子・刀子状鏃・魚鉤などの鉄製品や容器・小型スプーン・角盆・銛頭などの木製品がある。

トビニタイ文化は道東部でのことであったが、道北部においても同様の接触・融合文化が少し早い段階で存在したことがわかっている。九—十世紀半ば頃のことである。元地《もとじ》式土器と称された土器群をもつ文化で、オホーツク式に似た厚手の土器で、擦文式土器の刻線文などを施している。竪穴も擦文文化のものに類似した隅丸方形のものを構築している。オホーツク文化の石錘はなくなっているが、ニシン・ホッケ・タラ・カサゴ・カレイ類などの骨が出土しており、網漁がおこなわれていた可能性が指摘されている。

以上のような状況で、北海道のオホーツク文化は終わりをむかえるのであるが、サハリン地域では、南貝塚式・東多来加式土器をもつオホーツク文化が続き、「北の民族」としての営みが十二世紀頃まで認められるのである。その年代は擦文文化の終末とほぼ同じである。

なお、国指定史跡のオホーツク文化の遺跡は、以上に紹介したもののほかに、史跡標津《しべつ》遺跡群のなかの三本木《さんぼんぎ》遺跡がある。

参考文献

瀬川拓郎『アイヌの歴史—海と宝のノマド—』講談社、二〇〇七年
武田　修『常呂遺跡群—先史オホーツク沿岸の大遺跡群—』同成社、二〇〇六年
野村　崇・宇田川洋編『新北海道の古代2—続縄文・オホーツク文化—』北海道新聞社、二〇〇三年
米村　衛『北辺の海の民—モヨロ貝塚—』新泉社、二〇〇四年

米村　衛・梅田広大編『史跡最寄貝塚』網走市教育委員会、二〇〇九年

三　チャシ

宇田川　洋

チャシとは

北海道で設定されている考古学編年の最後の段階は「アイヌ文化」である。おおむね十四世紀から十八世紀までの「原アイヌ文化」段階と、十九世紀以降の「新アイヌ文化」段階がある。その中でも、アイヌが残した「チャシ」と呼ばれる構築物があるが、その定義は知里真志保《ちりましほ》によると、砦・館・柵・柵囲いを指すとされ、ユーカラの中では英雄の常住する館を指し、高い山の上にあって割木《わりき》の柵を結いめぐらしたもののように述べられているとされる。また、祈詞の中では家の意味に使うこともあるとされている。そしてその語源は朝鮮語のサシまたはチャシなどと関係があろうとしている。これに対して、金田一京助は、チャシ＝チ・アシ（我々・立てる）というアイヌ語とし、造営物を指すとしている。

このようなチャシ跡遺跡は、目に見える考古学上の遺跡として重要な存在であり、「原アイヌ文化」段階の中期―後期に位置づけられている。すなわち十六世紀―十八世紀に相当する段階で、「チャシ時代」と呼んでも構わない特徴的なものである。遺跡・遺構としての「チャシ」は、正しくは「チャシコッ」（チャシ跡）であるが、便宜上、「チャシ」と呼んでおく。その多くは戦闘用の砦的な要素をもっている。つまり、空壕《からぼり》と柵列《さくれつ》によって外部と遮断しているのである。場合によっては、人工的にテラスを形成したのみの場合もある。砦以外の他の用途としては、見張りの場、談判の場、聖地としての場、そして人文神と関係する場などが考えられる。

形態的にはいくつかに分類されている。つまり、川などに面した丘の先端部に壕を設ける丘先式《きゆうせん》、川や海に面する崖上に壕で画する面崖式《めんがい》、尾根続きの丘の頂部に壕をめぐらす丘頂式《きゆうちよう》、湿原の中などの独立丘に設ける孤島式そして比高差の少ない平地式などがあるが、これらが複合する場合もある。その構築年代は、考古学上の調査成果および文献史学から十六世紀から十八世紀頃のものが大半であると考えられている。

「古代防御性集落」と「壕・塁壁内集落」

このアイヌ文化の直前は、アイヌの直接の祖先とされる擦文人《さつもん》による擦文文化の時代である。その時代の構築物の一つとして東北地方の「古代防御性集落」に類似するものが道南部で検出されている。チャシには集落を伴っていないが、チャシと類似する遺構の壕の内外に竪穴住居跡《たてあなじゆうきよ》を残しているものである。主要な数軒の竪穴住居を空壕などで囲み、後背地に集落の主体を配置する「上北型」と集落全体を囲む「津軽型」に分けられている。それに類する擦文文化のものは、北海道では松前《まつまえ》町原口館《はらぐちたて》遺跡や乙部《おとべ》町小茂内《こもない》遺跡などで発見されており、十一世紀末頃の年代が与えられている。しかしチャシとの直接的な関係はまだ見出せない。

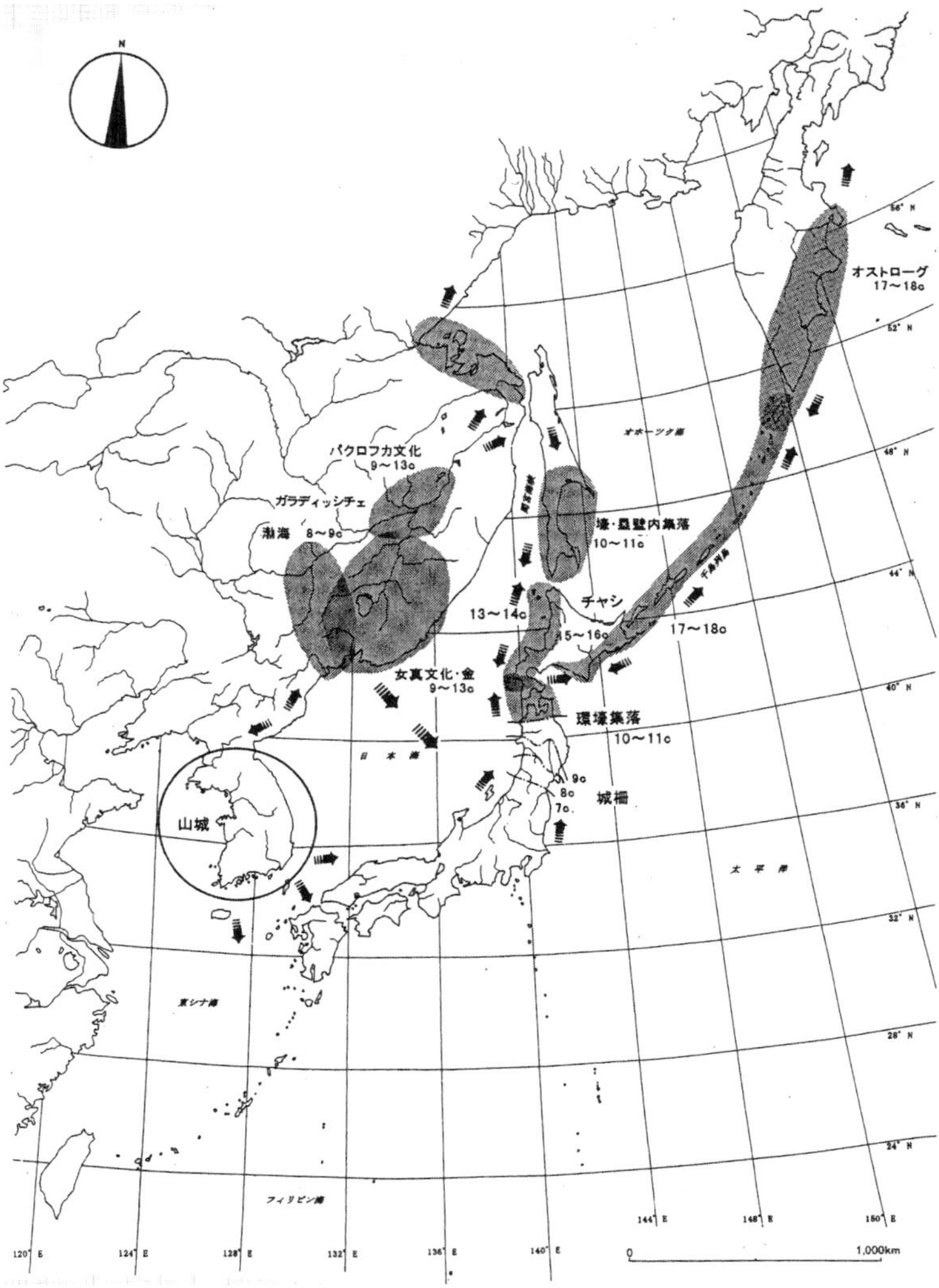

図1　チャシの成立過程と周辺諸地域との関係

サハリン地域ではベロカーメンナヤチャシ跡遺跡（かつて日本時代に初子浜《はっこはま》チャシと呼ばれていた）などが調査されているが、それらは「壕・塁壁内集落」とも呼ばれている。それらの多くは十一―十二世紀頃のオホーツク文化の段階の構築物であり、やはりチャシとの直接的な関係はみられないのである。この「壕・塁壁内集落」という用語を使用した右代啓視は、図1のような周辺地域との関係を示して説明している。つまり、初期段階は北方のオホーツク文化、南方の東北地方の北部からの影響を受けながら、擦文文化の中でチャシ的な要素が萌芽した段階、十三―十四世紀の前期段階は元朝《げんちょう》のサハリン進出、東北地方北部との交易の活発化などの大きな画期段階、十五―十六世紀の中期段階は明朝の成立とサハリン進出、北海道への和人進出、道南十二館の築造、和人政権の樹立、一四五六年のコシャマインの戦いなどの段階、十七―十八世紀の後期段階は松前氏のアイヌ交易独占体制、商場《あきないば》知行制《ちぎょうせい》の確立、惣大将制の成立、ウィマム交易からオムシャへの移行、一六六九年のシャクシャインの戦い、一七八九年の寛政国後《くなしり》の戦い、ロシア人の千島列島やカムチャツカへの進出などの段階、としているのである。このような周辺地域との関係を指摘しているのであるが、チャシの成立を別の視点でみておこう。チャシの源を探るためにユーカラを考えてみることにする。

チャシの源

ユーカラの成立年代はまだ定説はないが、英雄のユーカラについては擦文・オホーツク文化の時代に想定されている。そして、道東部でサコロベと呼ばれる人間のユーカラに登場するヒーローの城（チャシ）は、すべてオタスッ（後方に山を控えたせまい砂浜があって、川が流れ、そこから岩礁などが始まるあたり）にあって、道がうねうねと続き、山に向う道は、遠く「神の遊び場」まで、浜へ降りていく道は舟の泊り場に、そしてさらに海まで達する、と表現されている。そのようなところに神（カムイ）や半神半人の文神の城（チャシ）があるとされるのである。「神の遊び場」は、別の「古代の祭場」「山上の祭場」とも通じるものである。つまり、カムイミンタㇽ（神々の舞い遊ぶ庭）、シノッミンタㇽ（舞い遊ぶ庭）、カムイオシノッミンタㇽ（神がそこで舞う庭）などで、チノミシㇼ（我らが祭る山）とも呼ばれるところでもある。そのようなイメージのチャシであるが、丘頂式チャシあるいは孤島式チャシが古い形式として考えられるのである。十四世紀段階の原アイヌ文化期にそのようなチャシを想定することもできるであろう。

英雄のユーカㇻ「大伝」には、「神の嶺の／嶺の上なる／この大きな家／この大きな柵構（チャシ）／重なり立ち……その柵構は／こがねの柵木／ただの柵木／うちまじり／長き横木は／柵木とともにうねうねし／短き横木は／地面とともにうねり……」のような表現がある。類似の表現はしばしばほかのユーカㇻにも登場するが、柵としてのチャシ、平坦部のあるチャシなど実在のチャシと一致するものである。立地的には、円山にあるチャシ、山頂にあるチャシ、崖上の出崎のチャシ、沼のまわりにあるチャシ、湿原の中央にあるチャシ、川口にあるチャシなどがみられる。これらも実在のチャシと符合するものである。しかし、家的な造作のチャシなどもユーカㇻには登場し、その場合は実在のチャシにはみられないものである。ともあれ、ユーカㇻにみられるチャシが古い形式に相当すると考えることも許されるであろう。

北海道における実在のチャシは五四〇ほどを数えるが、チャシにまつわる伝承を調べてみると二三〇例のチャシにさまざまな伝承が残されていることが判明した。闘争伝承が半数に近い約四五㌫を占めている。チャシの機能が砦として多く使用されたことがわかる。人文神と関係するチャシ伝承は約一八㌫、各種の説話伝承も約一八㌫、チノミシㇼやカムイミンタㇽ、幣場などの聖地伝承が約一〇㌫、見張り伝承が約七㌫、談判の場として使用された伝承が約二㌫となっている。半神半人の人文神とは、オイナカムイ（巫術《ふじゅつ》をおこなう神）、ポイヤウンペ（ユーカㇻの主人公の綽名）、オキクㇽミ（人文神謡の中に登場する主人公の人文神＝巫者）、ポンオキクㇽミ（小さいオキクㇽミ）、サマイクㇽ（日高地方では人文神謡の副主人公でオキクㇽミの下に置かれるが、釧路・北見地方では主従が逆転する。語義は託宣を言う神）、コロポックㇽ（蕗の下の人）、トイチセカムイ（土の家の神）などであるが、やはりユーカㇻと関係するものが多いことがわかる。

発掘情報と古記録情報

チャシの発掘によって得られる情報としては、①壕、②柱穴の列つまり柵列、③壕の盛土《もりど》としての土塁《どるい》、④アイヌ語でルィカ（橋）と呼ばれる出入り口に当たる施設（考古学上ではルィカ構造、橋状遺構、類ルィカ構造などと呼ばれる）、⑤チャシ内部（主体部）に構築された竪穴など（住居や倉庫など）や送り場などの内部施設がみられる。これに対応して、ユーカㇻを含む古記録に残されたチャシの施設としては、同様の①堀・隍《からほり》、②柵・柵列、③土塁・土手、④橋・ルィカ、⑤櫓《やぐら》・陥し穴・建物・蔵・倉庫・幣場などの内部施設、さらに外部施設として、⑥小径・泉などが登場している。①から④までは両者に共通する項目である。⑤の施設の場合は古記録では多彩となっている。「櫓」や「陥し穴」は、「沙武者渋沙里《シャクシャインしぶちゃり》居城大木ニテ柵ヲ重振、高櫓数ヶ所ニ構ヱ矢石弓等仕カケ、或イハ落シ穴ヲ拵へ、(下略)」(『前狄一揆聞書』一六六五)のように表現されている。「蔵」は「東蝦夷地に大きなるチャシ持たる者有。四方險阻にして、藤綱にすがりて出入す。四間に六間の蔵三ヶ所其上にあり。(中略)蔵にはさまざまの重寶又は干魚の類を貯へ置しと云」(『東遊記《とうゆうき》』立松東作、一七八三)などと表現されている。「蔵」を「宝物」置き場として利用している点が注目される。それは、チャシの闘争伝承ともかかわって「宝物」(イコロ)の争奪が問題となるからである。たとえば『松前志《まつまえし》』(松前廣長、一七八一)には「不義をなし、(中略)罪あるものには、宝物を出さするを法とす。(中略)法に背きて財を出さざれば、闘争に及ぶなり。(下略)」とあるように、「宝物」がチャシと関係しているのである。これを「戦争複合体」と呼ぶこともある。「宝物」をめぐる闘争伝承が残るチャシを挙げてみれば、以下のようである。余市《よいち》町天内山《あまうちやま》チャシ・平取《びらとり》町オタリオマップチャシ・同アペッチャシ・様似《さまに》町エンルム岬チャシ・陸別《りくべつ》町ユクエピラチャシ・浦幌《うらほろ》町オタフンベチャシ・釧路市カツラコイチャシ・同ハルトリチャシ・同モシリヤチャシ・阿寒《あかん》町ポンタッコブチャシ・白糠《しらぬか》町サシウシチャシ・厚岸《あっけし》町逆水松《さかさおんこ》チャシ・根室《ねむろ》市ノツカマフチャシ・同ホニオイチャシ・紋別市チウエンチャシ・網走市桂ヶ岡チャシなど一六例を数えることができる。この他に「宝物」扱いとしてよい兜が出土しているチャシも存在する。瀬棚《せたな》町瀬田内《せたない》チャシ(筋兜)、増毛《ましけ》町カムイトチャシ(兜)、平取町ポロモイチャシ(星兜?)、陸別町トラリ一チャシ(星兜他)などである。これらも戦争複合体の構成要素となるものであろう。

「宝物」扱いにされた遺物は、大半は本州から入手したものであるが、それらはアイヌにとって「威信財」と考えられるものである。大刀・太刀・銅製刀子《とうす》・鉄鎗・小札・兜・脛当《すねあて》・白磁などの船載磁器・漆器・漆椀・漆盆・ガラス玉などである。

では以下に、国史跡となっているチャシの調査例などを紹介していくことにしよう。

ユクエピラチャシ跡遺跡

当遺跡は十勝管内の陸別町に所在し、一九八七年（昭和六十二）に国史跡に指定されている。一九九九年（平成十一）には「史跡ユクエピラチャシ跡保存整備委員会」が立ち上げられ、保存管理の構想の具体化に向けて基本計画策定に着手している。同時に基礎資料の収集を目的とした試掘調査を同年から二〇〇四年（平成十六）まで実施している。ただし二〇〇一年（平成十三）を除く。ではその調査成果をみていくことにしたい。

現状の当チャシは、北西—南東方向が約一二〇㍍、北東—南西方向が約五〇㍍であるが、北西側は十勝川の支流である利別《としべつ》川によって浸食され、崖面を形成し、半分くらいを失っていると考えられる。比高は四〇㍍を測る。しかもこの大型のチャシはA郭とA壕、B郭とB壕、C郭とC壕、そしてD壕によって構成されており、数少ない多郭構造のチャシとしてかなり重要な位置づけをされている。そのような大型の多郭チャシは、後述のように根室半島付近など道東部地域に限定されるようであり、闘争用としての堅固な印象を与えるものである。形式的には現状では面崖式のようにみえるが、A郭とB郭は本来、楕円形を呈していたことが考えられ、丘頂式と面崖式の複合であったと思われる。試掘調査はそれぞれの郭や壕の新旧関係を探る目的で始まり、各所にトレンチを入れて実施している。その結果、以下の事実が把握されている。

残されている壕は、ほかのチャシに比較して幅もあり、とくに深さが深い特徴をもっている。そのことだけでもきわめて重要な位置づけがなされるわけであるが、壕の中に入れたトレンチの調査結果で驚くべき事実が判明している。まず、Ⅲ層とした樽前《たるまえ》a火山灰（一七三九年降灰）が壕を含め遺跡全体を覆っていたことと、Ⅴ層とした駒ヶ岳《こまがたけ》C_2火山灰（一六九四年降灰）が、その下部の壕の盛土を含むアイヌ文化期の遺構および出土遺物の大半を覆っていたことである。チャシの廃棄年代の下限を示しているのである。当チャシの使用年代は、陶磁器などの遺物から十六世紀半ばには存在しており、下限は十七世紀末までと押さえられている。さらにその下部のⅦ層の盛土は、傾斜地に形成されたこともあって、その範囲が広く、しかも厚さも厚いのである。たとえばA壕の場合は壕から約一一㍍の範囲に広がり、もっとも厚い部分では一・二㍍を測るという。B壕では一九㍍まで広がり、約一㍍の厚さをもっている。C壕では一二㍍

図2　陸別町ユクエピラチャシ跡遺跡

の範囲まで広がっていたが、厚さは三〇チセン未満であった。そしてそれらは置戸火山灰と称される白色火山灰が主体であるといわれている。すなわち、白い火山灰による盛土が壕の外側に広く厚く堆積していたのである。構築時は白いチャシの景観を呈していたことが考えられるのである。他のチャシでは確認されていないきわめて特異な状況であったとしてよいであろう。

A壕とB壕の関係は、前者が後者より新しいが時間差はほとんど認められないという結果が出されている。C郭と壕についてもB郭の後に造られたが、両者の築造時期に大きな隔たりはないと結論されている。つまりこのチャシは、築造当初から三郭連結式の形をとっていたとされている。そのことはチャシの機能を考える上できわめて重要な意味をもつものといえよう。チャシの堅固さを誇示しているのであろうか。しかも白い火山灰で覆われていた事実はまた別の印象を与えるものである。今後に残された研究課題でもある。

遺構としては、ほかのチャシではまだ検出されていない柵列と溝がある。柵列の痕跡はいくつかの報告例があるが、このチャシでは若干様相が異なっている。B郭内の壕付近にいれた調査区の状況では、壕に沿う形で溝が検出され、板材の使用が考えられ、それに伴うように柵列が認められている。板材を支える柱用と考えられる。また、柵列は間隔が一定ではなく柵の建て直しが想定されている。

チャシに伴うと考えられる出土遺物は、刀子・小柄・山刀・小札・釘・中柄・根付《ねつけ》・陶磁器・ガラス玉・土玉・漆椀などの文化遺物のほかに、大量のエゾシカの骨がある。小札には黒漆が何層にも塗られた痕跡が残り、三個が連結したものもみられる。貴重な資料であり、「宝物」としてよいであろう。動物遺存体としてのエゾシカは三〇〇個体ほどが出土しており、一定のルールに従った解体がおこなわれていたことも考えられている。上顎骨・頭蓋骨と下顎骨の検出量にアンバランスが認められ、それはそれぞれの取り扱いが別途におこなわれたという何らかの慣習があったことを示唆するのであろう。シカ送り儀礼を考える上で一定程度のデータを提供したといえるであろう。

以上の整備によって、当チャシの廃棄直後の姿（白いチャシ）が再現されたが、それはアイヌ文化の考古学的復元であり、みせる史跡としての活用が期待できる。

図３　北見市常呂町トコロチャシ跡遺跡

トコロチャシ跡遺跡

当チャシは北海道東部の北見市常呂町に所在し、二〇〇二年（平成十四）に史跡常呂遺跡に追加登録されているが、チャシを含むトコロチャシ跡遺跡群として登録されたのである。それにはトコロチャシ跡遺跡オホーツク地点・トコロチャシ南尾根遺跡を含んでいる。一九六〇・六三年（昭和三十五・三十八）にチャシの壕の一部と壕内のオホーツク文化期の竪穴住居跡二軒、六四年に南尾根遺跡の縄文中期の竪穴住居跡が調査されている。さらに常呂バイパスの事前調査ということで南尾根遺跡の一部が一九七五年（昭和五）に調査されているが、縄文期・続縄文期・擦文期・トビニタイ期の竪穴住居跡一八軒が検出されている。このような調査があったのであるが、一九九一年（平成三）からは東京大学による当チャシの全面発掘をめざしたアイヌ文化の考古学的解明調査が実施され、九七年（平成九）まで継続されている。

当チャシは、常呂川河口から約四五〇メートル上流の河岸台地端に位置するが、標高一八メートル、比高一三メートルである。面崖式で、L字状の壕がめぐらされているが、南西―北東方向が約五七メートル、北西―南東方向が四〇メートルほどの規模をもっている。壕は一本のようにみえるが、実際は新旧二本の壕が重複していることが判明した。壕の幅はもっとも狭いところで二・七メートルであるが、三・五―六メートルを測り、深さは一・一―二メートルで、平均値は一・五メートルである。旧壕が内側に掘られ、それが埋められた後で新壕を若干外側に位置をずらして掘削しなおしている状態が確認されている。壕の一部にその幅がほかより狭くなり、断面もほかと比べてきついV字形に近い部分があり、類ルイカ構造と考えられている。

ほかのチャシにもみられることであるが、柵列用の柱穴が壕の肩の部分に検出されたが、壕の内側と外側に二列配されていた。比較的に等間隔で二メートル前後である。旧壕にともなうものが内側の柵列、新壕のものが外側の柵列と判断されている。

壕内の主体部では、アイヌ期の土坑墓が一基検出されている。チャシ内のものとしては例外的といえる。ほかに焼土およびオホーツク一号竪穴上層遺構が二枚確認されているが、送り場と考えることができるものである。また稀有な例として、「土器送り」の儀礼的行為が確認されている。当遺跡は縄文・続縄文時代からの複合遺跡であるが、チャシの壕の掘削のときに続縄文期の土坑墓を破壊し、その副葬品である後北《こうほく》C_2式土器を壊して、それらを改めてチャシ構築者が別の土坑に埋納したことが想定されたのである。アイヌの「古い時代の土器送り」儀礼の存在を仮説として考えられているわけである。

チャシにともなうと思われる出土遺物としては、大刀・刀子・小刀・小札・鉄鍋・針などの鉄製品、青銅製の環、銛頭・骨鏃・中柄・刀子の柄などの骨角器、ガラス玉などがみられる。

チャシの使用年代は、壕内に堆積していた樽前a火山灰（一七三九年降灰）との関係およびその火山灰の下層の壕底近くからの炭化物による放射性炭素年代測定（二三〇〇±五〇BP、二四〇〇±四〇BP）から旧壕の年代はおよそ三〇〇年前、新壕は二五〇年ほど前と想定されている。

なお、このチャシは史跡整備事業による柵列の復元などが予定されており、完成が待ち望まれている。同時にオホーツク地点での竪穴住居の復元も計画されており、史跡常呂遺跡の別地点に復元されている縄文・続縄文・擦文文化期の竪穴住居とともに有効利用が期待されているのである。縄文時代からアイヌ時代までの復元資料が目の当たりにできることになる。

根室半島チャシ跡群

北海道東部の根室半島はチャシが多数存在することで有名であるが、消滅したチャシも含めて五四ヵ所が記録されている。そのうち根室半島チャシ跡群として一九八三年（昭和五十八）に二一ヵ所、翌年に三ヵ所の計二四ヵ所が史跡に指定されたが、チャシ群としては初のことである。全長約三六キロに及んでいる。指定チャシは、ポンモイ・ヲンネモト・ヒリカヲタ・トウシャム一号・同二号・コンブウシムイ・サツコタン・ノツカマフ一号・同二号・コタンケシ一号・同二号・シエナハウシ・アツ

図4　根室市ノツカマフチャシ跡遺跡

ケシエト一号・同二号・ニランケウシ一号・同二号・同三号・ヲーナイ一号・同二号・ウエンナイ・チャルコロフイナ一号・同二号・アフラモイ・ニノウシの各チャシである。

道東部のチャシには多郭式のものが目立っているが、根室半島部にもそれはみられる。たとえばヲンネモトチャシは、七五×三〇㍍ほどの二郭をもつものである。コンブウシムイチャシの場合は、一八〇×四五㍍の大型のもので少なくとも五郭を有している。ノツカマフ二号チャシは七五×三〇㍍の二郭、コタンケシ二号チャシは一〇五×一〇〇㍍ほどの三郭、アッケシエト一号チャシは一〇五×四五㍍の三郭、ニランケウシ二号チャシは七五×三三㍍の二郭、ウエンナイチャシは九〇×三〇㍍の二郭、チャルコロフイナ二号チャシは一六五×六〇㍍の五ないし六郭となっている。いずれもほかの地域のチャシに比較して大型といえる。

たとえば最大のチャルコロフイナ二号チャシを概観しておこう。温根沼を見渡す海岸段丘上に位置し、根室湾に面し、南北に長く続いているもので、壕は弧状・方形状・直線状がみられ、二重や三重に掘られており、全体的に複雑な多郭式となっている。壕の幅は二―四㍍、深さ一―二㍍で、近接する一号チャシまで含めると二二〇㍍に達するといわれる。壕の内側には盛土（土塁）がみられる。北側と南側に分けることができるが、北側は三重に壕をめぐらし、内側の弧状の壕は崖面に及んでいる。南側の壕は細長いコの字状になっている。

面崖式のこのような形態の多郭チャシは、闘争用に用いられた可能性が高く、寛政国後の戦いと関係するものが含まれていると考えられている。一七八九年であるので、十八世紀末頃の年代が与えられるのである。『夷酋列像附録』（松前廣長、一七八〇）によると、国後島の総首長ツキノエの項には「深山に楯籠り塁を築き隍を掘り、大石を運び、鹿砦（逆茂木《さかもぎ》＝柵：筆者註）を結い、毒箭を製し、矛槍を拭い（下略）」とみられる。また東部シャモコタン（サンコタン）の首長ノチクサの項では「北島の変によって塁をかまうるところ已に五ヶ所」と記されている。ノツカマフ二号チャシ、コンブウシムイチャシ、ヲンネモトチャシ、コタンケシ二号チャシ、チャルコロフイナ二号チャシなどがその候補として考えられている。

当チャシ群は、環境整備がなされ、標柱・説明板・誘導標識も設置され、ヲンネモトチャシとチャルコロフイナチャシについては見学・観察に適しているので遊歩道も設置されている。

モシリヤチャシ跡遺跡とチャランケチャシ跡遺跡

釧路市に所在する両チャシは、一九三五年（昭和十）に史跡に指定されている。モシリヤチャシは、旧釧路川とそれに注ぐ支流モシリヤ川に面して半島状に突き出した小丘陵を壕で区切っているお供え山型のチャシである。深さ七㍍の壕を境にして南東側のお供え山型の主体部と北西側の副郭からなっている。主体部は南西側が二段、北東側が三段になっており、頂部は二五×一八㍍の隅丸長方形であ

図5　釧路市モシリヤチャシ跡遺跡

る。副郭のほうは、南西側が急崖となっており、北東側は三段になっている。頂部の平坦面は三七×一二㍍の規模である。調査はされていないが、チャシとかかわると思われる遺物として、刀・鉄鍋・エゾシカ・魚骨・ウバガイ・ホタテガイ・オオノガイ・カワシンジュガイ・多量の拳大の円礫などが採集されているという。

当チャシの築造者は『東蝦夷夜話《とうかいやわ》』（大内余庵、一八六一）や『東蝦夷日誌』（松浦武四郎、一八六三）にみられるように、トミカラアイノと考えられる。宝暦年間（一七五一―六三）に実在したことが『松前志』（一七八一）にみられ、釧路アイヌの大首長であった。その息子のタサニシも当チャシを利用したことが『東蝦夷日誌』に記録されており、彼は寛政国後の戦いのときにはクスリ場所の乙名として登場している（『寛政蝦夷乱取調日記』一七八九）。

チャランケチャシは、釧路市南東部にある春採湖に面する北岸にあり、半島状に突き出した孤島式のタイプである。比高一二㍍。壕で囲まれた隅丸長方形の部分の大きさは、四三×二八㍍で、それを囲むように北側にジグザグの半円状の壕が残っている。アイヌ古老の話ではトーコロカムイ（湖の神）

の遊び場といわれ、神聖な場所とされていたという。

オタフンベチャシ

十勝管内の浦幌町に所在するチャシで、一九八一年（昭和五十六）に国史跡に指定されている。太平洋を望む標高二七㍍ほどの小丘上にある丘頂式のチャシである。四五×三〇㍍の大きさで楕円形の壕が一条めぐらされている。その幅は五〇㌢で浅いものである。頂部は二一×七㍍の隅丸長方形の平坦面となっており、お供え山型を呈している。チャシ名のオタフンベとは「砂・クジラ」を意味するが、チャシにまつわる伝承からもそれがいえるのである。立派な宝物をたくさんもっていた白糠アイヌの首長がいたが、厚岸アイヌの首長がそれを奪い取ろうとして船で攻めてきた。白糠軍は厚岸軍に打ち破られ、最後の本拠地オタフンベのチャシを死守することになった。攻めあぐんだ厚岸軍は一策を案じ、夜中に砂で海辺にクジラの形を作り、その上に魚を置き、油をまいて「寄りクジラ」にみせかけて、その陰に軍を伏せておいた。白糠軍はそれにだまされ、武器ももたずに駆けつけたところ、厚岸軍に打ち破られた、というものである。ここにも「宝物」と戦争複合体の姿がみられるのである。

桂ヶ岡チャシ

北海道東部のオホーツク海に面した網走市に所在するチャシである。一九三五年に国史跡に指定されている。東側に突出する舌状台地上にある面崖式のチャシで、北側は急な崖となっている。崖に向って半円状の内壕が掘られているが、その規模は現状では四〇×二〇㍍ほどである。その東側には南斜面を東西に横切る直状の外壕が一条みられる。壕の幅はともに約二㍍で、深さは内壕が約八〇㌢、外壕は約二〇㍍を測る。外壕までを含めた規模は、七〇×二〇㍍ほどであり、北側が崖の侵食で削られた可能性があるので、大型のチャシであったといえる。チャシ内部には三個の竪穴住居跡がかつて存在したというが、チャシとの関係は不明である。チャランケチャシとも呼ばれる。壕内部にはヤマトシジミ・アサリ・鳥獣骨などが混入した土層があるとされる。

なお、国の史跡に指定されているチャシは、これらのほかに静内町を中心としたシベチャリ川流域チャシ群および門別町アッペツチャシ跡遺跡、釧路川流域チャシ跡群がある。

参考文献

右代啓視「北東アジアにおけるチャシの起源と位置づけ」『北の文化交流史研究事業研究報告』北海道開拓記念館、二〇〇〇年

宇田川洋「北海道のチャシの様相」『北東アジア交流史研究―古代と中世―』塙書房、二〇〇七年

大鳥居仁編『史跡ユクエピラチャシ跡』陸別町教育委員会、二〇〇七年

東京大学大学院人文社会系研究科考古学研究室・常呂実習施設編『トコロチャシ跡遺跡』東京大学大学院人文社会系研究科、二〇〇一年

藤本英夫編『日本城郭大系一』新人物往来社、一九八〇年

三浦圭介「北奥・北海道地域における古代防御性集落の発生と展開」『国立歴史民俗博物館研究報告』六四、一九九五年

史跡を視る目

城郭復原無用論

服部英雄

1 復原の正当性

歴史は流れである。社会が変化するなか、古い歴史・伝統も、変質し、また失われていく。復原は失われたものをもとに戻そうとするものである。だが失われたものが完全な姿に戻るはずがない。なぜ文化財・史跡の復原がおこなわれるのか。それはどこまで可能で、意義があるのか。社会のニーズはどこにあり、学問・科学としての歴史学はそれをどこまで受けとめることができるのか。

復原にもさまざまなレベルがある。現在名古屋城本丸御殿の復原が進行中である。国宝第一号であった旧本丸御殿は、太平洋戦争中の名古屋大空襲によって、名古屋市街そして天守とともに焼失した。大天守・小天守は一九五九年（昭和三十四）にコンクリート建築で、外観のみを踏襲した復原がおこなわれた。旧国宝は木造建築の高さ制限を設けていた建築基準法の適用除外であり（法二条一、ふつう木造五階は建てられないが、旧国宝であれば建てられる）、木造復原も可能であっただろうが、そうした時代ではなかったし、消防法の規制があって高層建築はエレベーターなどが要求される。

コンクリートだったから復原とはいえない別物が再建された。そのときには復原されなかった本丸御殿は、やはり旧国宝指定であり、写真も多く撮影され、くわえて詳細な実測図が名古屋高等工業学校によって作成されていた。飾り金具も拓本として記録されていた。復原の忠実度はかなり高い。飾り金具には、現代の彫金技術では製作できない高度な技術で製作されたものもあった。復原される御殿は本物ではないことはたしかだが、むろん偽物でもなく、本物にきわめて近い複製・コピーである。

太平洋戦争で失われた首里城《しゅりじょう》正殿も旧国宝に指定されていた。外観のみならず、内部の写真もあって、構造がほぼわかっていた。木造で建てられた主殿《しゅでん》の復原はかなり正確なものである。ただし復原は国営公園の事業でおこなわれた。公園有料地区には博物館施設が必要という理由で、脇殿《わきでん》である北殿・南殿は、木造ではなく鉄筋コンクリート（耐火建築）の展示施設となった。琉球王国の苦悩（中国とヤマトへの両属）を象徴するともいわれていた北殿・南殿が、木造では復原されなかった。その一〇年後に公園地区は拡大され、展示施設建設にふさわしい場所はいくらでも確保できるようになったことを考えると、拙速だったと思う。

しかし名古屋城や首里城のように旧国宝に指定され、資料が多く残る古建築は珍しい。多くの復原建築は外観も詳細もわからない部分が大半で、そこを想像で埋める。個人の想像は史実とは異なるだろう。

2　遺構と矛盾する吉野ヶ里遺跡の復原

先史時代の遺跡については、文献資料は残っていない。復原において依拠できる素材は発掘データだけである。建物に関しての基本データが柱穴だけであれば、使われていた時代も簡単にはわからないし、建物の高さ、上部の構造については推測するしかない。したがって復原には想像が多くなる。ときには恣意的な解釈による復原になる。

日本史の教科書のほとんどに、吉野ヶ里《よしのがり》遺跡の復原建物の写真が掲載されている。「弥生時代には、高楼《こうろう》（高殿《たかどの》・物見櫓《ものみやぐら》）が聳える都市があった」。児童生徒が、弥生時代のイメージをこのように記憶し、入学試験の問題に備える。

図１　吉野ヶ里遺跡　主祭殿

吉野ヶ里遺跡の復原建物のうち、もっとも主要で象徴的なものは「主祭殿《しゅさいでん》」である。その外観は一見して東南アジア風であり、和風ではない。モデルが日本そのものにはなかったからである。復原に当たった関係者は古代の絵画資料や現在の東南アジアの建築に素材を求めた（建設省九州地方建設局国営吉野ヶ里歴史公園工事事務所編『国営吉野ヶ里歴史公園建物等復元検討調査報告書』一九九六、同『国営吉野ヶ里歴史公園建物等復元基本設計報告書』一九九七）。しかし基本原則、すなわち遺構から復原に当たるという原則に、忠実だったのだろうか。

よく知られているはずだが、土中に埋め込む掘立柱《ほったてばしら》は腐りやすく、寿命は一〇年程度だった。樅《もみ》の大木を使う諏訪社《すわしゃ》の御柱《おんばしら》は、六年ごとの式年祭《しきねんさい》で計一六本すべてが更新される。一本のみでも安定して立ちつづける寿命は、御柱ほどの太さがあったとしても七年程度であろう（九州では鯉のぼりののぼりざお〔柱〕を土中に埋めて立てるが、三年程度で切り倒す）。ちなみに木の架空線支柱（電柱など）の法定耐用年数は一五年である。コールタールを塗ることにより、強化し寿命を延ばした。平城京の宮内省大膳職《だいぜんしき》は都城として機能した約七〇年間で五回の建て替えがあり、宮殿建物の平均寿命は一四年とされている。式年遷宮《しきねんせんぐう》をおこなう伊勢神宮正殿は弥生時代の高倉に似た構造である。木曽の良材を使用し、一二本の太い柱で支え合うが、式年二〇年で建物は更新される。二〇年が限界であろう。短命な掘立柱建物に恒久性は求めえない。掘立柱では高層建物も重量建物も考えにくい（寿命の長い掘立柱もないわけではなく、丸岡城《まるおかじょう》天守や法隆寺《ほうりゅうじ》五重塔の心柱《しんばしら》は掘立柱である。法隆寺五重塔は改築以前には地下二・七㍍に心礎《しんそ》を持っていた。しかし心柱以外は礎石《そせき》建築であり、重量は礎石が支えた。掘立柱一本のみを併用したもので、掘立柱建物とはいえない）。

吉野ヶ里遺跡は他のほとんどの遺跡と同様に、建物の痕跡は柱穴とか竪穴だけである。遺跡は千年以上に亘って形成された。長い時間に重なり合った多数の柱穴を判別していき、同時期に一つの建物を構成していた共通性（規格性）のある柱を推定し、平面規模を確定する。柱穴の「ほりかた」（柱を立てるために事前に掘った穴、準備坑）の大きさと深さ、ほりかた（準備坑）のなかで、検出できる柱そのものの太さ（土の差を見分けることにより判別する）、深さ、そしてその方向性。これらに共通性があるかどうか。建物を復原する際のデータ・情報源となる。

国営吉野ヶ里歴史公園事務所が作成するホームページ「弥生ミュージアム」あるいは同事務所と佐賀新聞の合同企画「邪馬台国への道・新吉野ヶ里学」によれば、吉野ヶ里復原では、それまでの研究史上の常識に「再考」を促した点が二点ある。ひとつは長い柱間を持つ建物は弥生時代には存在しないという点を覆したことだとある。「一辺が一二・五㍍もの正方形の建物は弥生時代には存在しないと考えられていた」と、当事者の高島忠平氏自身が発言している。もう一点は貫工法《ぬきこうほう》の採用である。貫は、鎌倉時代に再建された東大寺南大門が初見とされている。八〇〇年も前、弥生時代にはなかったというのが定説で、吉野ヶ里復原ではこの定説を否定して、弥生時代に貫工法があったとする。

そこで原点に返り、遺構図を再検討する。じつは公表されている中心建物（SB 1194、主祭殿）の遺構図は、二種類ある。

A　佐賀県教育委員会『吉野ヶ里遺跡発掘調査の概要　墳丘墓と北内郭跡を中心として　平成四年度・五年度』一九九四年

B　佐賀県教育委員会『吉野ヶ里遺跡　平成二年度―七年度の発掘調査の概要』一九九七年

A図とB図は全く同じではない。詳細に見るとちがいがある。

主祭殿として復原された建物は三間×三間とされているから、本来四×四本、一六本の柱があっ

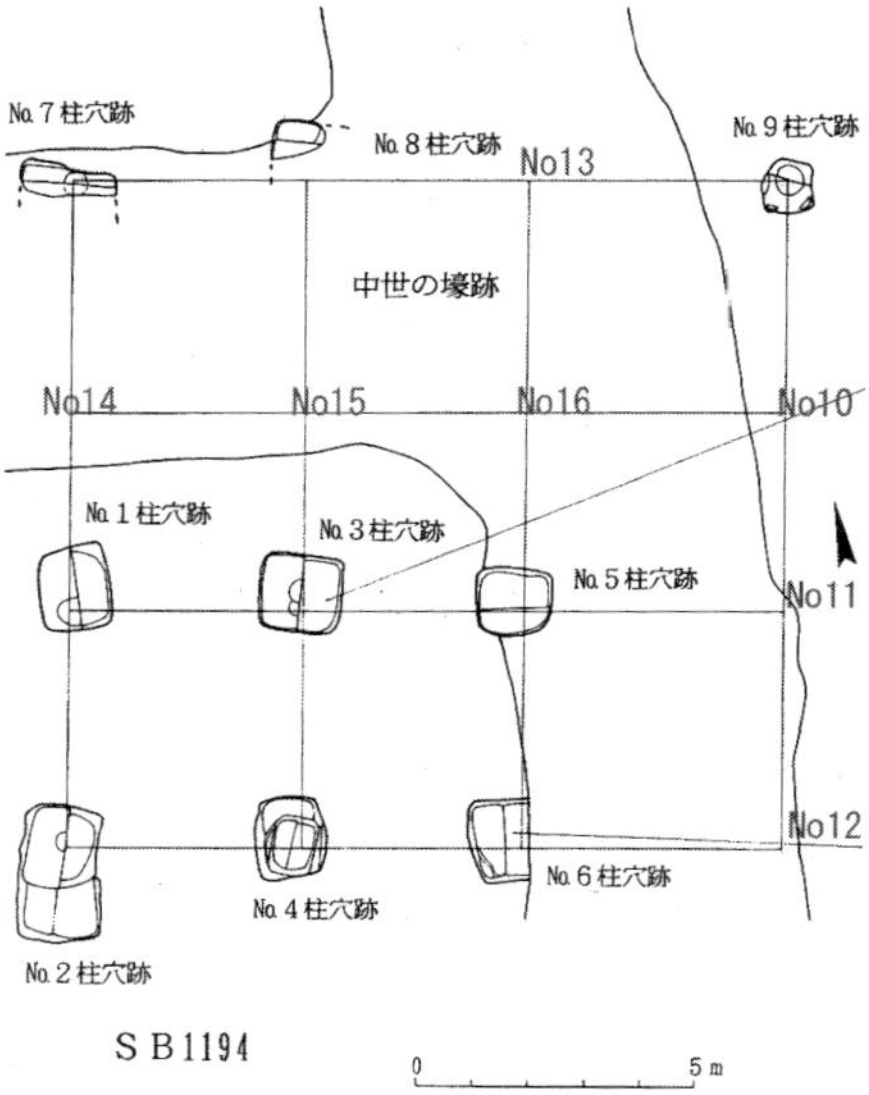

図2　吉野ヶ里遺跡　主祭殿の柱位置

た。しかし後世の撹乱《かくらん》で九本のみが確認されるとある。七本の痕跡が残らなかった理由については、後世の中世の溝によって破壊されたためだと説明されている（報告書の柱番号は、痕跡を残したものだけに付されているが、以下本稿では説明の必要上、痕跡がなかったが、存在したとされている柱位置にNo.9―No.16の番号を付した。図2）。

確認されたとされる柱跡九本のうちB図に三本分の断面が示されている。No.2では、少なくとも地中に一・二㍍（Aによる、Bでは一・一七㍍）は柱が埋め込んであった。人が立てば胸までは埋まる深さである。現在の地表面が削平を受けていることを考慮すると、本来はよほど深い穴だった。一六本の柱が同時に一斉に立てられた柱だったならば、かつ復原のような重量構造が上にあり、かつ水平に横断する貫を使用したのなら、深さは均一だっただろう。ならば後世の撹乱（溝や開墾）が一㍍以上に及ばなければ痕跡は残るはずだ。しかし残る七本には柱があった痕跡がない。A図（遺構配置図）ではNo.10、11、12は溝の撹乱範囲内とされていたのだけれど、B図では溝の範囲が明記されていて、撹乱範囲外である。解釈が異なる（図3と4を比較されたい）。

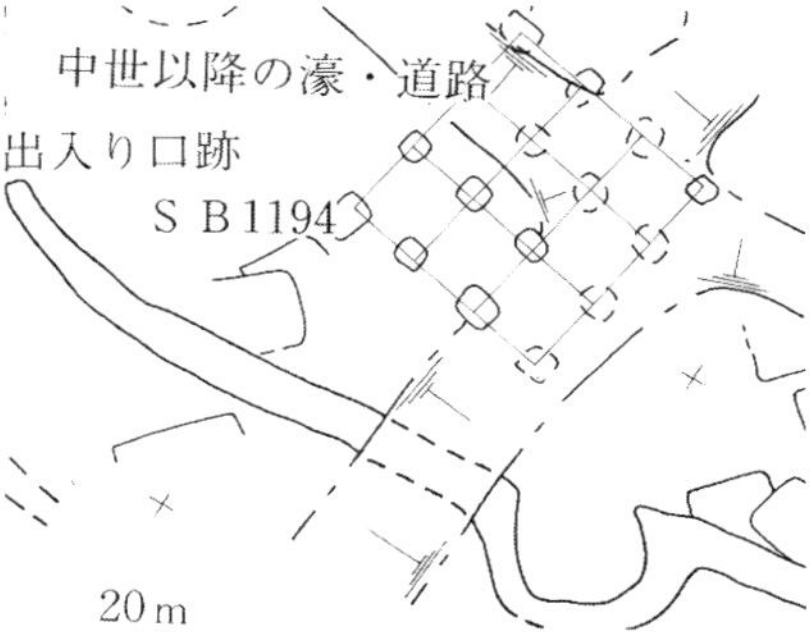

図3　Aに掲載された遺構図

図4　Bに掲載された遺構図

すなわちAに掲載された図（図3）では、SB 1194の東側の三本№10、11、12は溝の中とされていた。Bに掲載された北内郭遺構分布図（図4）では溝の外か、溝際とされている。

№10は溝の掘削範囲外で、№9と同じくらいの地盤高があった。痕跡を残した№9と同じ条件だった№10に、柱痕跡がなかった。この状況で柱があったと説明することはむずかしい。つづく№11は溝の底に向かう斜面（肩、落ち際）にあるようだ。ここも柱の痕跡がない。№12も同様である。№10―№12の列に柱痕跡が全くないということは、もともと柱がなかったことを語るのではないか。三間×三間とされた外側一列は、ほんとうは存在しなかったのではないか。

№14―№15もホリの肩で、底ではないようだ。ここにも柱穴の検出はない。柱穴ほりかたが残っていた№5、№6もホリの底ではなく肩（斜面上部）である。柱そのものの掘りこみの残痕が検出されていない。№7、8、9は東西に一直線で柱が通るとされるが、じつはそれほどきれいに並んではいない。報告書Bの遺構分布図（図3）では№8は三間四方の建物からはずされている。もともとそれほどずれていた。以上遺構図から判断すると、一六本からなる三間

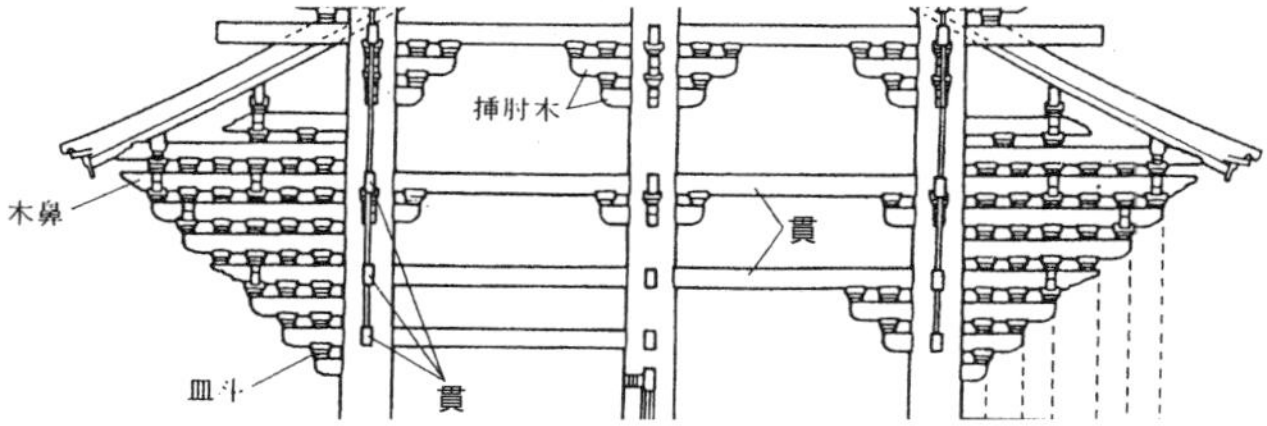

図５　東大寺南大門の貫構造

×三間の建物があったと見ることは至難である。確実な部分は一間×一間、柱四本の建物である。

物見（望楼）や主祭殿の復原に際しては、日本建築史上、重要な論争点があった。貫《ぬき》の有無に関する論争である。主祭殿のみならず物見（望楼）でも貫を用いている。貫技法によって弥生時代の建物を復原することははたして妥当なのか。

図６　東大寺南大門

図７　東大寺転害門の頭貫

貫というのは、垂直な材に、同じ高さの位置と大きさに穴を開けて、水平に横材を貫通させて、卓越した強度を得る技法である。清水《きよみず》の舞台を想起すればよい。縦横に組合わされた柱列から卓越した強度が得られる。貫を使わなければ、物見（望楼）や主祭殿のような高い建物は建てられない。しかし法隆寺、東大寺転害門《てがいもん》をはじめとする飛鳥時代や奈良時代の建築遺構に使われていたのは、貫構造ではなかった。頭貫《かしらぬき》という、貫通ではなく柱上に刳り込ませた横材を用いる工法である（図7）。

貫の使用は東大寺南大門に典型的に見られる。鎌倉時代の重源《ちょうげん》と陳和卿《ちんなけい》らによる技法、すなわち大陸から伝えられた新しい建築技法であった。日本建築史の常識・定説によれば、貫の使用開始は大仏様《だいぶつよう》（天竺様《てんじくよう》）や禅宗様《ぜんしゅうよう》建築（唐様《からよう》）が輸入された中世であり、それ以降に一般化した。仮に弥生時代に貫構造が採用されていたのなら、なぜ鎌倉時代までその遺品がないのだろうか。最強構造の採用に、五〇〇年間もの空白・中断があったことになってしまう。

弥生時代に貫が使用されていた根拠だとして、いくつかの遺跡から証明しうる材が出土したとされた。けれどもそれらは単に穴の開けられた材をいうにすぎない。建物の構造材（柱）、垂直材であったのかどうかはわからず、水平材かもしれない。穴のある材というだけでは、さまざまな用途が想定できる。掘立柱という工法では均一の高さは得にくい。掘立柱工法に貫が適しているのかどうかも検討すべきである。

A図（前掲吉野ヶ里SB1194・図8）をみると、一番西側にならぶ柱穴三個は明らかに柱の軸線（中心線）が通っていない。南西隅とその隣の柱のふたつの中心線を延長すると、四番目（北西）の柱

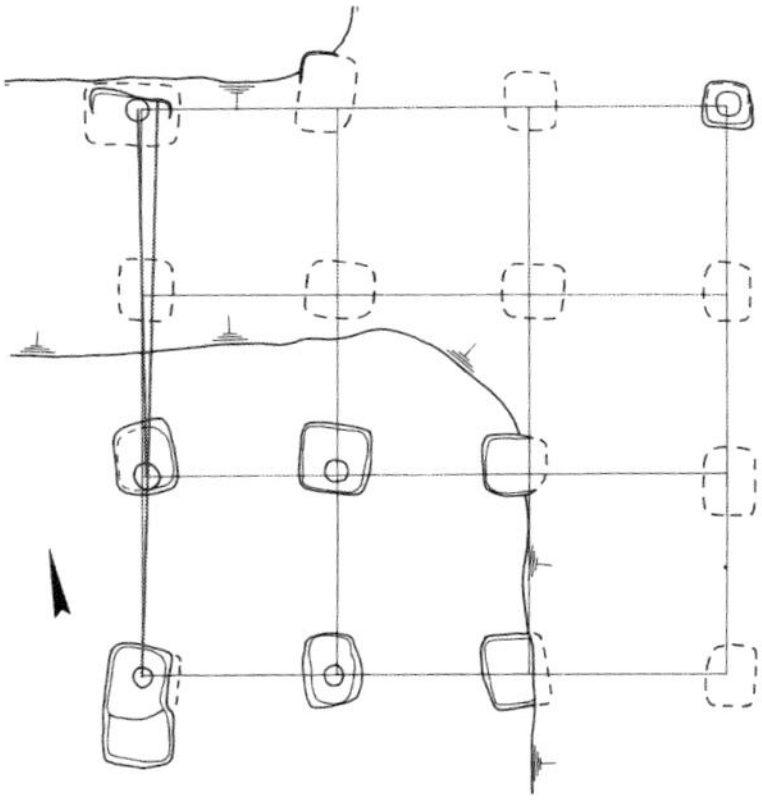

図8　A図の柱穴の軸線のずれ

穴は西側にずれてしまって通らない。貫は必ず柱の中央（芯）に貫穴《ぬきあな》を開けた。遺構上、軸線が通らなければ、上部建物にて貫を通すことは不可能だと断言できる。貫は貫穴が一直線に通って一本の横材が通らなければ、貫構造としての強度を保持することはできないからだ。物見櫓についてもホリとの位置関係（柱穴がホリ際にはない。また遺構の検出がないところでも復原されている）や、柱穴の太さなどの問題点がある。

吉野ヶ里遺跡では『魏志倭人伝《ぎしわじんでん》』の「宮室・楼観・城柵、厳かに設け」とある光景の再現を最優先した。国営公園化するに当たり「邪馬台国をイメージさせる」という行政的・観光的な要請が学問的な要請よりも優先した。楼観を高層建築と解釈した。日本では高層建築は寺院の塔を除けば、近世の城郭天守まで建てられることはなかった。二階建て建築も非常に珍しかった（久我水閣二階閣、『明月記《めいげつき》』建永元年八月十九日条）。

創建時東大寺の遺構、天平の転害門は単層である。平安京の朱雀門は『伴大納言絵巻』に重層で画かれている。絵巻自体は十二世紀の後半に三〇〇年前に起きた応天門の変を画いたものだから、院政期平安京の姿が投影されている。五〇〇年近くも前、平城京朱雀門については不明である。多くの人は復原された朱雀門や大極殿から二階建てと信じているだろうが、根拠があるわけではなく、近年、検出された仮設足場の位置から単層一階とする見解が出され、一部に支持されている。吉野ヶ里復原では高層建築に必要となる技法、すなわち貫工法がすでに弥生時代にあったとする新学説まで登場させた。けれどもそののち、吉野ヶ里復原以降におこなわれた古代建築復原で貫工法が使われたことがないように、建築学界は古代における貫の存在を承認していない(唐子《からこ》・鍵《かぎ》遺跡や慧日寺《えにちじ》など)。

この「復原」のおかげで八年間に四五〇万人が吉野ヶ里を訪れた。観光面への貢献という意味では敬意を払うべきであろう。しかし強引な復原をせずとも、多くの来訪者があったのではないか。そう考えなければ歴史愛好家を愚民視することになる。定説からは遠い方法による復原が、教科書に採用されて「史実」化された。遺跡はすばらしかった。しかしいま手放しで礼賛はできない。

3 誤りやすい復原像——横須賀城天守——

遠江横須賀城《よこすかじょう》は譜代大名の城で、国指定史跡となっている。一時期、天守復原に熱心な町長がいて、建設計画が浮上したことがある。大須賀町《おおすかちょう》教育委員会は文化環境計画研究所(代表・内藤昌氏)に委託し、できた天守復原案が別図である(図9)。

天守台は後世に忠霊殿《ちゅうれいでん》が建てられ、旧状を失っていた。しかし陸軍省築城本部が一〇〇〇分の一実測図を残していた。この図には天守台は東西一二・五㍍、南北八・五㍍として記録されていた。設

図9　遠江横須賀城の天守復原案

図10　横須賀城絵図（部分）

計案はこの土塁上に天守があったと判断して、一階平面を四間（七・二㍍）×五間（九㍍）とした。また近世絵図には、天守を四層で描くものと三層で描くものがあった（図10ほか）。復元案は、横須賀城天守は単立式天守で雨打《ゆた》を持つとした。雨打とは差し掛け屋根で飾りである。つまり二層目屋根は飾りで実質建物は三階でありながら、外見上は四階の天守だと判断したのである（報告書は「雪打」とするが「雨打」の誤植で、差し掛け、すなわち裳階《もこし》の意味である。雨打は禅宗建築や石清水八幡など宗教施設での用語で、差し掛けは多く庇の意味である。裳階も寺院以外の用例を見ない。つまり城郭用語では用例がない）。

しかし外見からも判断されるように、安定感を欠き不自然である。復原建物を考える場合、一見しての印象、つまり直感が実は大切である。違和感があるものは疑うべきで、調べてみると必ずどこかにまちがいがある。信じてはならない。

違和感とはなにか。まず四間×五間という平面把握は、天守としては極端に小さい。小規模な天守である宇和島城《うわじまじょう》天守は六間×六間、丸岡城《まるおかじょう》天守は六間×六間、犬山城《いぬやまじょう》天守は八間×八間である。

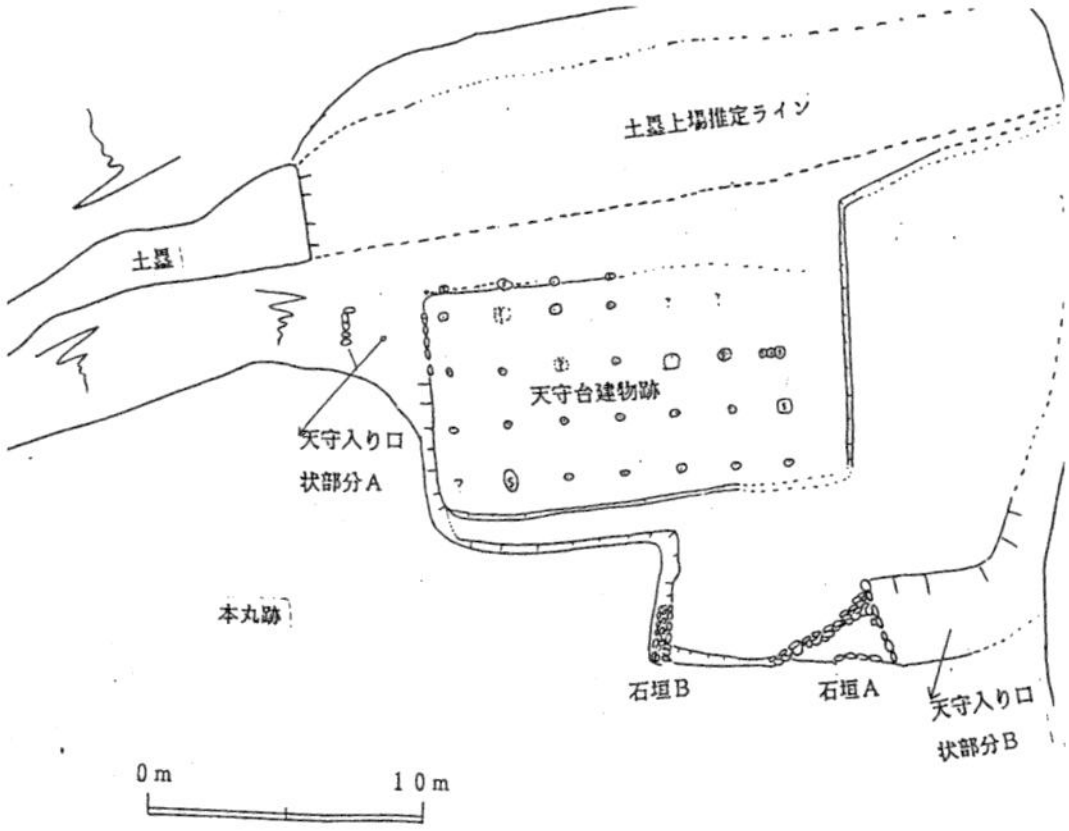

図11　遠江横須賀城　遺構図

四間×五間だと、彦根城西ノ丸三階櫓《さんがいやぐら》（四間×五間）や、明石城巽櫓《たつみ》（四間×五間）が同等平面となるが、みな櫓である。櫓でも、この規模以上のものも多数ある（名古屋城清須《きよす》櫓、高松城月見《つきみ》櫓、丑寅《うしとら》櫓ほか）。天守としては小さすぎる。

その後発掘調査がおこなわれて、以下が明らかになった。発掘の成果により、まず土塁の上（のみ）に立つとした前提が誤りだったことがわかった。遺構図が示すように、天守台の礎石は天守台・土塁下に六間×三間分が検出された（図11）。

天守は一部が土塁上に、一部が土塁下にあった（土塁上から見れば、後者は地下室になる）。こうした構造の建物は豊後府内城人質《ひとじち》櫓および宗門《しゅうもん》櫓（ともに大分県文化財、ここでは外側半分が石垣に載る）や下総佐倉城天守（外側三階、内側四階・現存しない）などにみえ、狭い空間にて土塁（石垣）と建物を両立させうる手法として採用されている。

発掘にあわせて文献の調査も進んだ。明治二年（一八六九）三月「城内住居向并天守櫓門長屋厩土蔵番所橋取調帳」（大須賀町役場文書）に

天守櫓　但四重

一　下重建坪四十坪余
　　大戸　　弐本
　　窓戸　　六拾三本

とあった。「四十坪余」だから、平面規模は六間×七間か、六間×六間に少し足す部分があったことになる。宇和島城や丸岡城天守よりも若干大きかった。天守入口はふつう一ヵ所しかない。大戸が二つというのは、一階（地階）と土塁上（二階）の二ヵ所にあった、と考えれば合点が行く。窓戸は二階の一面が五、三階・四階が四だと仮定すると、四面で計五二、一階が一面を除いて三面がそれぞれ五、三、三だったとして合計六三になるから、数字が合う（天守は普通四面に窓を持つ）。

安政五年（一八五八）六月二十九日西尾家文書（国立国文学研究資料館・安房国花房西尾家文書マイクロフィルム）には

　私共在所遠州横須賀城内天守之去ル六日落雷損所左之通
一　一重目隅柱壱本裂損屋根尾落損
一　二重目中柱壱本裂損屋根尾落損
一　三重目中柱壱本笑々割巻切損屋根尾落損
一　四重　隅柱本折屋根尾鯱砕落

とあって、落雷のため四重の隅柱《すみばしら》が折れて鯱《しゃちほこ》が落下したとある。四重まで柱があった。

正しい横須賀城天守は内藤昌氏の復原案よりは規模が倍ほども大きかったし、裳階のような寺院風の装飾もむろんない。北側土塁に二階の半分が乗る変則四重建物であった。近世絵図のあるものが天守を四階に、あるものが三階で画いていたことにはたしかに理由があって、外(北)から見れば三階で、城内(本丸南)からみれば四階であった。内藤復原案は史料の博捜もないままに立案された。内藤氏は城郭建築の最高権威であったから、誤った天守が建立されてしまう可能性・危険性が多分にあった。

4 誤って復原された福岡城下ノ橋御門

つぎは誤った復原事例として、福岡城下ノ橋御門を検討したい。この復原の誤りは二点ある。(1)窓の形態がちがう。(2)門建物内部への入り口の形態がまちがっている。些細な誤りに見えるかも知れないが、城を理解する上での本質に関わっている。以下に説明する。

(1)窓——突上戸(前方突き上げ開閉・板戸)なのか、引戸(左右開閉・白壁戸)なのか——

福岡城の建造物には現存するものがいくつかあって、原位置を離れなかった唯一の南丸多聞《たもん》櫓は国指定重要文化財である。いったん他所に移されたものには、潮見《しおみ》櫓、花見《はなみ》櫓(ともに旧崇福寺《そうふくじ》仏殿)、本丸裏門続櫓(太鼓櫓、指定名称は潮見櫓だが、誤認)、本丸表門(崇福寺山門)、祈念《きねん》櫓などがある。いずれも福岡県指定文化財である。そして明治から先の戦争まで残っていた建物もいくつかあって、武具櫓・松の木坂門・革櫓などは古写真が残されている。

これらによって福岡城櫓・門の建築としての個性・特色がわかる。復原に当たっての大切な根拠資料となる。窓は現物・古写真によれば突上戸《つきあげど》が主流である。突上戸は、窓の上端を蝶番《ちょうつがい》（肘壺《ひじつぼ》）で留め、下端を突き上げて窓を開く。前方に押して開閉し棒で支える板戸窓である。左右開閉窓、とくに厚みを持つ漆喰窓《しっくいまど》の場合は壁の中に収納するから窓と壁が交互になるものが多い。突上戸窓は突き上げ開閉だから収納スペースが要らない。連続して窓を設置できる。左右窓よりも多数の窓を設置しやすいから、城郭の防衛上、有利である。述べたように朝鮮の役の倭城にて、厳しい籠城戦を強いられた大名たちは、突上戸を好んだ（本書68ジペー）。慶長期に築城された城でも、熊本城をはじめ、突上戸採用の城は多い。

突上戸を用いなかった城は江戸城・姫路城など。左右の引戸で漆喰窓になっている。この窓は堅牢性・耐火性に優れている。突上戸窓は肘壺（蝶番）で上から吊す。吊り窓だから、軽量が望ましい。重みのある漆喰窓を肘壺（蝶番）で吊すことは、むずかしい。左右引き戸では重力は下の枠板で支えるから、多少重量があっても支障にはならない。

熊本城が城内の窓をすべて突上戸としたように、福岡城も突上戸窓を採用した。ただしすべてではなく、鉄物櫓や松木坂門櫓、また僧侶が居住した祈念櫓の一階には漆喰格子窓を持つ引き戸があり、祈念櫓二階には寺院風の華燈窓《かとうまど》が見られる（いずれも古写真による。『福岡城の櫓』）。

つぎに壁の構造であるが、福岡城では腰板壁が主流である。上部は白壁で下部は板を張る。板は黒いから白と黒のコントラストが際立つ。しかしすべてが白・黒壁だったわけではなく、門のなかには白壁を基調とするものもあった。それが本丸表門と上ノ橋門である。

さて復原対象となった下ノ橋門は陸軍が使用していた時代に二階が除去され、一階のみが残っていて、福岡県文化財に指定されていた。しかし不審火があって一部が焼損した。修理（二階門扉・柱部分）の方針を決めるに当たり、江戸時代の姿である二階建築に復原することになった。ただし窓は突上戸ではなく、漆喰の左右引戸窓が採用され、窓と壁が交互になると設計された（復原設計・波多野純建築設計室）。このような窓は福岡城の門では使用が一例も確認できない。左右引戸窓を採用するに当たり、根拠とされたのは上ノ橋門の古写真である。上ノ橋門は、藩主御国入りに通行する正門で、大手門に相当する。下ノ橋門は大手ではないが唐津口に通じる重要門で、大手に準ずる格を持つ。また上ノ橋門と下ノ橋門は平面規模が類似し、やや下ノ橋門が小さいが、同一構造である。このほか近世城

図12　福岡城　下ノ橋御門の復原（上）と上ノ橋御門の古写真（下）

図13　福岡城　本丸表門の２枚の古写真

絵図の描写においても、両門は類似した外観で描かれていたから、有力なモデルにできるとされた。

上ノ橋門は白壁を基調とした。ほかにも福岡城内で白壁を基調とする門に本丸表門があることは紹介した。この本丸表門は古写真が二枚残されていて、一枚は福岡市所蔵、一枚は井元敏男氏所蔵。細部の情報を読み取ることができる（移築されているが、現物も残り、崇福寺山門として県指定、外観は少し変わっている）。すなわち福岡城内の門で外観・意匠に共通性があるものは上ノ橋門・下ノ橋門・本丸表門の三門である。しかしなぜか復原検討作業で、本丸表門の外観・意匠が考慮されることはなく、上ノ橋門古写真ばかりが重視され、おまけに解読を誤った。つまり窓の構造分析に当たり、写真の持つ特性が考慮されなかった。古写真には白い部分が多く写っている。それをことごとく白壁であると判断した。突上戸は板窓だから、白く写ることはないというわけである。窓と白壁が交互に置かれていると判断した。つまり窓は連続窓（突上戸）ではなく、左右の引き戸（漆喰窓）であると判断された。

そこで写真を注意してよく見よう。感光写真（フィルム、ガラス乾板）には適切露光度がある。屋外の自然光での被写体には、必ず明るい部分（日なた）と暗い部分（日陰）が混在する。どちらかに照度をあわせると、どちらかが犠牲になって、黒くつぶれるか白くとんでしまう。これは感光写真の宿命である。上ノ橋門古写真をよくみると、北側・日陰部分の石垣が鮮明である。太陽が当たっている屋根は真っ白で、空との境界が見えない。かろうじて背景に松が写っていることから、はじめて屋根の形がわかるのである。屋根の部分は露光過剰であった。つまりこの上ノ橋門古写真は北側の日陰部分に露光度を合わせていた。したがって日当たり部分は露出オーバーとなって、白く写っている。屋根がそうであるように、壁の板も白く写った。突上戸は板だから本来適正露光で撮影されてさえいれば、黒く写ったであろう。しかし西南戦争にて焼失する前の熊本城大天守古写真を見ても、何枚かの突上戸が白く写っている。少し上向く角度だと、反射しやすかった。この露光に伴う白化現象はパソコンによってでも再現できる。フォトショップソフトを使って上ノ橋門（モノクロ）写真の明度をしだいに上げていけば、黒い窓がだんだん白くなって、やがては壁と同じまっ白になる（図14）。古写真に白い部分が多いからといって、壁と断定したのは誤りである。

古写真では平行する縦長の黒い影が写っている。これは何が写っているのだろうか。壁だとした場合にどう説明できるのだろうか。説明不可能であろう。そこで本丸裏門や表門の古写真をみると、明治期になって放置された福岡城の老朽突上戸板は窓戸全体一枚が落下したり、一部の板が落下し

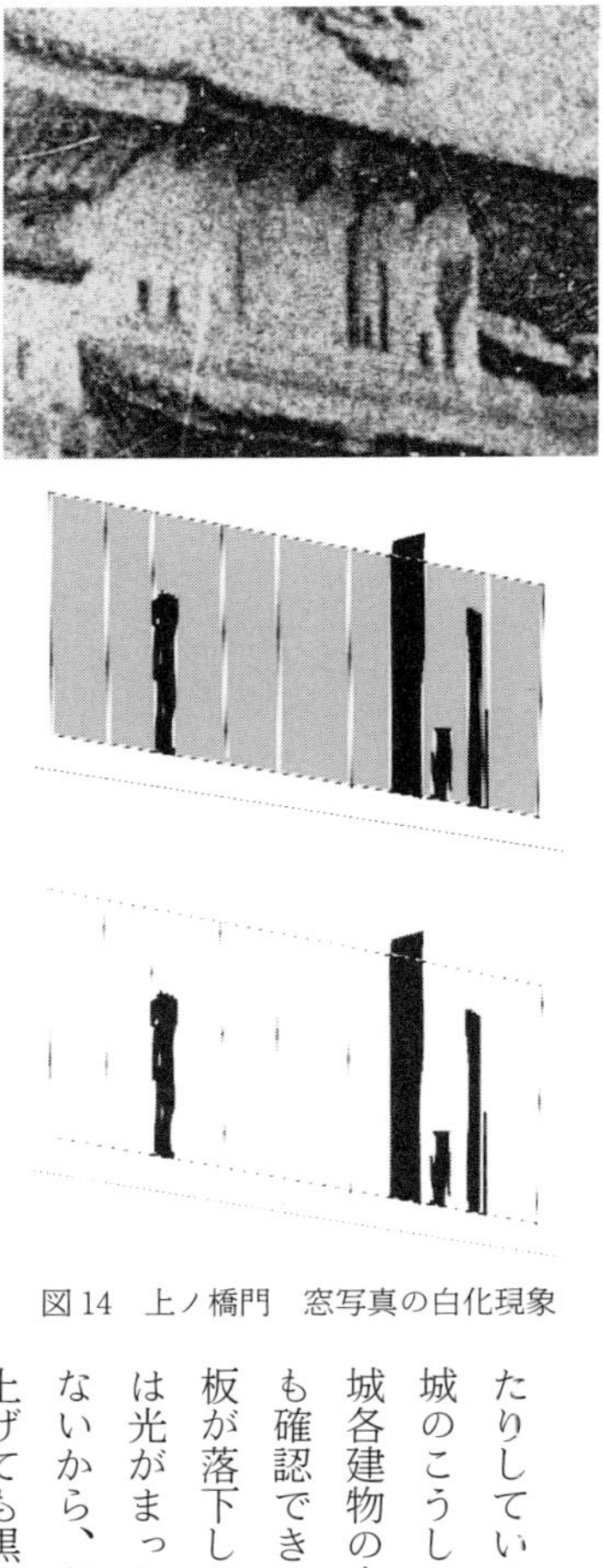

図14　上ノ橋門　窓写真の白化現象

たりしている。明治期の廃城のこうした現象は、熊本城各建物の古写真においても確認できる。窓戸の一部板が落下した場合、背後には光がまったく当たっていないから、どんなに明度を上げても黒く写る。そこだけは白くはならず黒のままである。この部分が複数の黒い縦の筋として写った。窓は板であった。白壁が写っていたとする説では、この平行する黒い筋を説明できない。壁は稲藁で結合された土の塊だから平行な線として落下することはない。多数ある江戸城ほかの古写真にみる壁の崩落状況に明白である。

　本丸表門が城内にあったときの古写真では、白壁に六枚の突上戸である。写真を拡大してみると肘壺（蝶番《ちょうつがい》）の鉄板が写っている。確実に吊り戸（突上戸）だった。本丸表門の平面規模は下ノ橋門より一間分規模が小さかった。本丸表門突上戸の数は六枚だから、一間分の二枚を増やし八枚にして復原すれば、正しい下ノ橋門の姿が復原できる。重要な情報をもつ三枚の古写真がありながら、なぜか表門からの情報に目が向かなかったのは、やはり予断ゆえであろう。予断が表門との共通性を気づかせなかった。

現存していた下ノ橋門の一階階上（表側・城外側・西側）には、二階の窓の痕跡を示す古材が残されていた。ほぞ穴大と小が、交互に連続する材である（大：縦の窓枠材を支える、小：下部横窓枠の中間を支える）。一つには大・小・大（半分）、一つには大（半分）・小・大・小のほぞ穴が連続して残っていた。これこそ連続する窓の存在を明示する物証で、本来の二階窓の構造がわかる。この材を表側の位置に置いたままで復原していれば、その上に連続する窓（突上戸）が復原されたから、正しい復原ができた。ところが下ノ橋門表側（西側）が壁（非連続窓）であるという予断・バイアスがあったばかりに、その古材を逆側、裏側（東側）にもっていってしまった。いま復原された門の窓の数は表側（二個）よりも裏側（三個）の方が多いというおかしなものになっている。窓は表側（外側）の方が数が多いのがふつうだからである。裏側（城内側・東側）のほうが表側よりもりっぱだから、ふつうの人はあべこべ感を持つ。復原された門の表側と裏側に立って見て、おかしいと思う人はかなり多い。

下ノ橋門復原案に関しては私見以外にも、建築史家の成田聖・宮本雅明両氏による「福岡城下之橋門及び上之橋門の復元研究」（『日本建築学会九州支部研究報告』47、二〇〇八）があって、やはり突上戸説である。

(2) 門建物（渡櫓）内部への入り口

下ノ橋門は二階櫓門である。一階が門（扉）で二階が櫓構造物である。二階部分は石垣の上からみると一階であって、門扉は地下階になる。この二階（石垣上の一階）は石垣の上の塀と連続して枡形を構成する。一体性を確保するため、櫓は橋の役割をもつ。櫓門を渡櫓ともいうが、橋として渡るからであり、もし渡れなければ渡櫓にはならない。城郭建築の入門知識である。すなわち櫓門（渡櫓）の入り口は左右両端、ここでは南と北にあった。ところが現実の復原では北側のみに二つの入り口を併設し、南側には入り口がない。これでは櫓内部で行き止まりである。通行ができなければ、兵事に際し枡形の塀について守備する兵と連動して防衛に当たることができない。枡形にて連携しての武器弾薬や兵員の補充が構造上不可能となって、圧倒的に不利になる。軍事施設たる城としては考えられない。平事でもこのように細長い建物の両端に入り口がないというのでは不便きわまりなく、機能的ではないし、防火など保全に問題が生じる。

片側に複数の入り口というような非合理的な構造ではなかったことは、上ノ橋門の門の鍵の管理形態から指摘できる。鍵は北側に地続きで接する立花平左衛門家と南側に接する黒田播磨守家のそれぞれが管理していた。門扉が南北それぞれにあったからこそ、別の屋敷で管理した。

福岡城では過去にも別位置（小倉）に移築されていた祈念櫓が復原されたことがある。ところが福岡県指定文化財だったこの櫓は、小倉への移築時に切り詰められて小規模になっていた。櫓台平面は大規模なものであった。櫓はふつう櫓台の規模に合わせて作られることが多い。櫓台に合わせて櫓が建つことにより、櫓台石垣への雨水の浸透がなくなるから、櫓台石垣の弛緩や崩壊も予防できる。移築建物は櫓台に較べて小規模だったし、一階の平面規模と二階の平面規模が全く同じで、定減率のない、ずん胴の建物だった。福岡城建物としては違和感があったけれど、移築という伝承が過信されていた。事前の発掘調査で、平面規模が明らかになったが公表されず、再検討も行われなかった。移築復原後に古写真が発見されて、ほんとうの祈念櫓はもっと大規模で大きな定減率をもつ安定感のある建物であったことが判明した。国史跡福岡城跡ではまちがった建物ばかりが復原されており、市民は正しく復原された福岡城建物を見ることができない（本丸裏門続櫓は移築の経緯の中で、誤まって潮見櫓とされ、全く別位置に建っている）。

福岡城跡は国指定史跡であるから、復原に当たっては文化庁（文化審議会）許可が必要だし、その前段階に建造物復原検討委員会という審議機関もある。担当官も専門知識を有している見識者・専門研究者のはずなのに、なぜかこうした初歩的なミスが見過ごされる。設計者（業者）と審査者（建築史家）の人脈が共通していて、審議が形骸化していることは否定できないだろう。

天守の機密性

天守は城郭の象徴である。天守の復原をしたいという要請はたえずある。失われた天守ばかりではない。ときには天守がなかった城に対しても建造（「再建」）がなされる。歴史の偽造である。

天守は城にとっては最後の拠点である。籠城戦にてすでに勝敗は決していても、切腹までの時間確保や人質を使っての交渉など大事な意味を持つこともある。姫路城天守への道筋は、いまでこそ案内に従えば最上階に簡単に行き着くが、実際は門をくぐったところから迷路である。大天守の中に入っても、当時は明かりはないわけで、入った人は暗闇の中で自由を失うであろう。秘密の空間である。太平洋戦争の空襲で焼失した岡山城天守には、外観上入り口はなかった。ただし塩蔵という付属建物の中に入る入り口が二つあって、そのうちのひとつが塩蔵二階から、小さな扉を通じて天守内部に到ることができた。もう一つは行き止まりになっていた。内部にもさまざまな仕掛けがある。松江城天守には建物内部（付櫓から天守への入り口）に銃眼が備えてある。天守の本質を見ておどろく人は多いのではないか。

高松城（香川県）は国指定史跡で、天守台は残っているが、天守はない。従来古写真が一枚しか残されていなかったし、指図もなかったから、復原は不可能とされていた。最近になって同じ角度だが、別位置からの古写真がケンブリッジ大学でみつかった。巷間では復原が可能になったかのようにいわれている。しかし内部の構造がわかることはない。天守は機密建物だから、各天守がもっていた固有の仕掛けや機能は、現物が残らない限り伝わらない。本質を伝えうる復原は不可能である。

真の史実を語ってくれる史跡、文化財として保存され、そして正しい整備が要請される史跡という唯一の場においても、テーマパークとしての意味しか持ち得ないような安易な復原がなされていることは遺憾である。高松城ではかつて東の丸・旧国鉄敷地内にあった艮《うしとら》（丑寅）櫓（重要文化財）が所有者の意向で現地にて保存できずに、やむをえず本丸南東隅、太鼓櫓跡に移設した経緯がある。艮櫓は位置が変わって巽《たつみ》（辰巳）櫓になってしまった（文化財指定名称はもとのままである）。移設に際して向きを変えざるを得ない。艮櫓の櫓台はもともと外側（海側）に大きくせり出していて、三方に銃眼があった。移設先には櫓台のせり出しがなかったから、一部銃眼が城内側に向けられるなど、違和感が多い（味方である城内を攻撃するはずはない）。のちに国鉄の撤退に伴って東の丸・艮櫓跡（櫓台）は公有地化され、もとの位置にもどす絶好の機会が得られたけれど、いまだ旧位置に戻す努力がなされていない。背後の東の丸には巨大な県民ホールが建てられた。仮に艮櫓を戻すことができたとしても不調和な景観になっている。本来ならば、瀬戸内海岸に面し、艮櫓、鹿櫓、着到櫓（月見櫓）と、櫓が連続する高松城ならではの偉容が復原できた（古写真がある）。文化財（史跡）としておこなうべき整備事業を放置したままに、天守再現のみに走る。高松城天守の復原検討委員会メンバーに、これまでもまちがった「復原」を推進してきた学識者が含まれているらしく、そのことも気がかりである。市民に真の歴史意識を問いたい。

参考文献

国営吉野ヶ里歴史公園事務所「弥生ミュージアム」

http://www.yoshinogari.jp/ym/episode04/house.html

国営吉野ヶ里歴史公園事務所・佐賀新聞合同企画「邪馬台国への道・新吉野ヶ里学」

http://www2.saga-s.co.jp/pub/hodo/yoshinogari/002.htm

玉井哲雄編『考古学発掘資料による建物の復原方法に関する基盤研究』二〇〇一（科研報告）

服部英雄「史跡における建物復元の問題点—近世城郭の場合」『文明のクロスロード/MUSEUM Kyushu』一六、一九九四年

＊服部英雄「史跡福岡城跡、下の橋門・復元批判：近世城郭理解への問い」『遺跡学研究』四、二〇〇七年
＊服部英雄「中世城郭の復原と史料学」『遺跡学研究』四、二〇〇七年
＊服部英雄「記録・シンポジウム「福岡城・下の橋門復原をめぐって：史跡整備の功罪」」『比較社会文化』一四、二〇〇八年
＊は九大リポジトリ　https://qir.kyushu-u.ac.jp/ よりインターネットで閲覧可能
山岸常人「復原無用論」『文化財論叢』Ⅱ、一九九三年
山岸常人「文化財「復原」無用論―歴史学研究の観点から」『建築史学』二三、一九九四年

あとがき

史跡にふれて歴史に関心を持ったという人は多いだろう。古墳を見て考古少年になった人もいるし、城跡を見て歴史好きになる人もいる。わたしは後者だった。中学時代から高校時代にかけて、故郷の濃尾平野に残る城跡を見て回った。最近そのときに撮影した古い写真を紹介した（服部「昭和三十年代・濃尾平野と周辺の中世城館」『比較社会文化』16、二〇一〇、九州大学学術情報リポジトリ「ＱＩＲ」https://qir.kyushu-u.ac.jp/, http://hdl.handle.net/2324/8012）。それらの城跡はいまでは開発され、多くが残っていない。城跡で発掘調査が行われるようになったのは、それほど古い話ではない。大正期まで顕彰されていたにもかかわらず、何らの記録保存措置もとられることなく消えた城跡もあるし、このアルバムにしか像が残っていない遺跡もある（愛知中世城郭研究会・高田徹氏によるコメントが『愛城研報告』に掲載予定）。

わたしは自らの学問研究において、文献史学を柱としてきたが、史跡（遺跡）も同等以上に重視してきた。そこでの史跡は城跡、荘園、また交通路（道）などと、まちまちである。史跡と文献とを組み合わせ、総合する歴史学を目指してきた。また三〇代から四〇代半ばまで、文化庁文化財保護部記念物課（史跡部門）で勤務したから、日常業務として史跡の保存にあたった経験がある。

史跡から考える歴史像と、文献から考える歴史像は少しちがいがあるように思う。ものから考える歴史は具体的である。文献から考える歴史は抽象的になりがちである。数百年前、あるいはそれ以前のものが現に残っていれば、その量や質を具体的に把握できる。リアル感もある。

本書では史跡の重要性を訴えるにあたって、「アジアの中の日本」という切り口を用意した。述べてきたようにあらゆる時代において、日本列島のあらゆる地域にアジア・中国・朝鮮などの影響が及んでいる。最後にその典型である銭貨にふれたい。寛永通宝の流布以前には、日本で流通していた銭貨は「中国」銭であった。開元通宝などの唐銭、熙寧元宝などの宋銭、永楽通宝のような明銭、すなわち中国銭が日本の通貨であった。韓国新安沖沈没船からも日本向けの中国銭が多量に発見された。ただし博多、堺、京、鎌倉などで中世鋳銭遺跡が発掘され、日本でも「開元通宝」「政和通宝」をはじめとする銭を鋳造したことがわかっている。「永楽通宝」の枝銭（鋳棹）は茨城県東海村《とうかいむら》から出土している。劣化貨幣の再鋳はしばしば行われた。中国銭の模倣（コピー）によって、銭を信用させた。洪武《こうぶ》通宝加治木銭からも推測できるように、鋳造には権力者が関与する。よく偽金作りというが、それはあまり当たっていない。銅含有量は高く、質はよい。中世後期になれば無文字銭（無紋銭）のような独自の銭貨も作られる。無文字銭は鋳造過程での半製品（未完成品）あるいは銭笵《せんぱん》などが筑前博多、同国黒崎城《くろさきじょう》や和泉国堺で見つかっている。その鋳造には、やはり権力者が関与している。

琉球でも中国銭が通用したことは同じだが、琉球独自に鳩目銭《はとめせん》とよばれる低質貨幣が流通した。鳩目銭は五〇枚で一文だった。その鋳造過程での枝銭《えだせん》が首里城《しゅりじょう》跡で発見されている。琉球王府の手で鋳造されていた。鳩目銭は緡銭《さしぜに》、つまり紐でくくられて使用されることもあった。今風にいえば五円硬貨のように低価格貨幣として使用された。これまでの研究史において、「びた銭」とされていた南京銭も、同様の低価格銭であって、毛利領国内で通用する「国の銭」として、毛利氏自身が贈答用・下賜品としていた（服部「日本中世国家の貨幣発行権」『東アジアと日本』COE統括ワークショップ報告書、二〇〇六、前掲「QIR」http://hdl.handle.net/2324/17751）。列島各地の貨幣社会は一見、中国通貨そのもののように見えていて、日本的要素がかなり加味されている。こうした視点は撰銭令《えりぜにれい》分析のような文献操作ではなかなか得られない。遺跡こそが大きなヒントを与えてくれる。

史跡（遺跡）はすばらしい。調査が進むにつれ、正しい解釈が行われるにつれ、われわれの先入観・歴史観（既成概念）を改めていってくれる。これからも読者とともに、史跡で読む新しい歴史学、歴史像を発見していきたい。

二〇一〇年六月十七日　建設工事の音がやまない九大新キャンパスにて

服部英雄

史跡で読む日本の歴史

1 列島文化のはじまり 玉田芳英編 二九四〇円

2 古墳の時代 岸本直文編 二九四〇円

3 古代国家の形成 森 公章編 二九四〇円

4 奈良の都と地方社会 佐藤 信編 二九四〇円

5 平安の都市と文化 増渕 徹編 二九四〇円

6 鎌倉の世界 高橋慎一朗編 二九四〇円

7 戦国の時代 小島道裕編 二九四〇円

8 アジアの中の日本 服部英雄編 二九四〇円

9 江戸の都市と文化 岩淵令治編 二九四〇円

10 近代の史跡 鈴木 淳編 二九四〇円

吉川弘文館

史跡で読む日本の歴史

刊行のことば

最近の考古学や歴史学の調査・研究によって、都のあった奈良や京都だけでなく、日本全国には、人びとの暮らしや国の政治や文化、交通や産業などに関わる遺跡が数限りなく存在することが知られてきています。それらの性格はさまざまですが、歴史を知るうえで重要な遺跡は、後世に伝えて行くべき文化遺産として国や地方自治体により史跡に指定され、保存・整備の努力が続けられています。しかし、一方では、開発の名の下にほとんどの遺跡が保存されずに、破壊されたり記録にとどめられるだけで、二度と見ることができなくなったことも忘れてはなりません。

現在では歴史学と考古学の学際的な共同研究が一層進み、文献史料とともに、史跡や遺跡・遺物を一体としてとらえることで、あらたな歴史像を形づくる試みが進められています。それぞれの時代の貴重な遺跡は、このあたらしい歴史学の実現にとって重要なものと考えられるようになりました。遺跡を日本の歴史の中に位置づけることとともに、未来に伝えていくことは現代の我々の責務でもあります。

本シリーズは、原始古代から近代までの国指定史跡を中心に、具体的な姿を紹介するとともに、その性格や歴史的な意味を日本の通史のなかに位置づけてみたいという意図から企画いたしました。本シリーズをもとに、読者の皆さまが遺跡を実見し、これまで以上に身近に歴史を感じ、豊かな歴史を体験できることを願ってやみません。

二〇〇九年十月

佐藤　信

吉川弘文館

編者略歴
一九四九年名古屋市生まれ
東京大学文学部卒業、同大学院人文科学研究科修士課程修了　博士（文学）
文化庁記念物課を経て
現在　九州大学大学院比較社会文化研究院教授
〔主要著書〕
景観にさぐる中世　地名と歴史学　地名のたのしみ　二千人が七百の村で聞き取った二万の地名、しこ名　歴史を読み解く・さまざまな史料と視角　武士と荘園支配　峠の歴史学―古道をたずねて

史跡で読む日本の歴史8
アジアの中の日本

二〇一〇年（平成二十二）八月十日　第一刷発行

編　者　服《はっ》部《とり》英《ひで》雄《お》
発行者　前田求恭
発行所　株式会社　吉川弘文館
郵便番号一一三―〇〇三三
東京都文京区本郷七丁目二番八号
電話〇三―三八一三―九一五一〈代表〉
振替口座〇〇一〇〇―五―二四四
http://www.yoshikawa-k.co.jp/
印刷＝株式会社　理想社
製本＝株式会社ブックアート
装幀＝伊藤滋章

ISBN978-4-642-06416-3

執筆者紹介（生年／現職―執筆順）

服部英雄（はっとり ひでお）↓別掲
千田嘉博（せんだ よしひろ）一九六三年生れ／奈良大学文学部文化財学科教授
鹿毛敏夫（かげ としお）一九六三年生れ／国立新居浜工業高等専門学校准教授
當眞嗣一（とうま しいち）一九四四年生れ／グスク研究所主宰
榎森進（えもり すすむ）一九四〇年生れ／東北学院大学文学部教授
宇田川洋（うたがわ ひろし）一九四四年生れ／東京大学名誉教授

名　　称	文化財種類	所　在　地	指定年月日	種別
大館跡　**225**	史跡	北海道松前郡松前町	1977.04.05	史2
オタフンベチャシ跡 **275**	史跡	北海道十勝郡浦幌町	1981.08.29	史2
桂ヶ岡砦跡　**275**	史跡	北海道網走市桂町	1935.12.24	史1・史2
上之国館跡　花沢館跡 洲崎館跡　勝山館跡 **228, 231**	史跡	北海道檜山郡上ノ国町	1977.04.12	史2
志苔館跡　**220**	史跡	北海道函館市志海苔町・赤坂町	1934.08.09	史2
シベチャリ川流域チャシ跡群及びアッペツチャシ跡	史跡	北海道日高郡新ひだか町	1997.12.02	史2
鶴ヶ岱チャランケ砦跡	史跡	北海道釧路市鶴ヶ岱	1935.12.24	史1・史2
常呂遺跡　**249**	史跡	北海道北見市常呂町	1974.03.12	史1
西月ヶ岡遺跡	史跡	北海道根室市西浜町	1976.08.28	史1
根室半島チャシ跡群 **271**	史跡	北海道根室市	1983.04.26	史2
モシリヤ砦跡　**273**	史跡	北海道釧路市城山1丁目	1935.12.24	史1・史2
茂別館跡　**222**	史跡	北海道上磯郡上磯町	1982.07.03	史2
ユクエピラチャシ跡 **266**	史跡	北海道足寄郡陸別町	1987.09.08	史2
檜山安東氏城館跡　檜山城跡 大館跡 茶臼館跡	史跡	秋田県能代市檜山・扇田・田床内・冷清水	1980.03.21	史2
脇本城跡	史跡	秋田県男鹿市	2004.09.30	史2

史跡一覧

時　代	解　説
中世・室町時代—江戸時代	館跡
近世	お供え餅型チャシ跡
近世	チャシ跡
中世	花沢館跡，蠣崎氏の館跡．勝山館跡，蠣崎氏の山城．
中世・戦国時代	館跡
近世	
近世	チャシ跡
オホーツク・擦文文化	二千数百ヵ所の竪穴住居からなる集落跡．オホーツク文化に属するもの，擦文文化に属するものがある
擦文文化	約二千ヵ所からなる集落跡．住居跡から栽培種と考えられる穀物が検出
江戸時代	チャシ跡
江戸時代	お供え餅型チャシ跡
中世・15C	15C の和人の館跡
江戸時代	チャシ跡
中世	中世安東氏の居館
中世	中世安東氏の居城，山城

石垣山	史跡	神奈川県小田原市早川	1959.05.13	史2
円覚寺境内	史跡	神奈川県鎌倉市山ノ内・大船	1967.04.24	史3
建長寺境内	史跡	神奈川県鎌倉市山ノ内	1966.09.12	史3
安土城跡　**34**	特別史跡	滋賀県蒲生郡安土町・神崎郡能登川町	1926.10.20	史2
御土居　**99**	史跡	京都府京都市北区・中京区・上京区	1930.07.08	史2
方広寺石塁および石塔	史跡	京都府京都市東山区茶屋町	1969.04.12	史3・史7・史8
大坂城跡	特別史跡	大阪府大阪市中央区大坂城	1953.03.31	史2
慈光院庭園	名勝史跡	奈良県大和郡山市小泉町	1934.12.28	名1・史8
東大寺旧境内　**287**	史跡	奈良県奈良市手貝町・雑司町	1932.07.23	史3
朝鮮通信使遺跡　鞆福禅寺境内　牛窓本蓮寺境内　興津清見寺境内	史跡	広島県福山市鞆町，岡山県邑久郡牛窓町，静岡県静岡市清水区	1994.10.11	史9
大坂城石垣石切丁場跡	史跡	香川県小豆郡小豆島町	1972.03.16	史2・史6
名護屋城跡並陣跡　**48**	特別史跡	佐賀県東松浦郡鎮西町・呼子町・玄海町	1926.11.04	史2
勝本城跡	史跡	長崎県壱岐市勝本町	2002.03.19	史2
吉利支丹墓碑　**100**	史跡	長崎県南島原市西有家町	1959.07.24	史7・史9
清水山城跡	史跡	長崎県対馬市厳原町	1984.12.06	史2
出島和蘭商館跡　**131**	史跡	長崎県長崎市出島町	1922.10.12	史9
原城跡　**105**	史跡	長崎県南島原市南有馬町	1938.05.30	史2

中世・安土桃山時代	小田原攻の際の豊臣方の本陣跡
中世・鎌倉時代	禅寺として往時の寺観を保つ
中世・鎌倉時代	わが国最初の禅宗専門道場
中世・安土桃山時代	城郭跡.
中世・安土桃山時代	豊臣秀吉が築いた京都の市壁
中世・安土桃山時代	
中世・安土桃山時代—近世・江戸時代	代表的な近世城郭跡.
江戸時代	庭園
古代・奈良時代	聖武天皇発願による，日本を代表する奈良時代寺院
中世・室町時代—江戸時代	日本に派遣された朝鮮使節を接待した場所
江戸時代	
中世・安土桃山時代	安土桃山時代の城郭跡.
中世・安土桃山時代	
江戸時代初期	日本最古のローマ字金石文を刻んだ近世初期のキリスト教徒の墓碑
中世・安土桃山時代	城跡
江戸時代	
江戸時代	有明海に面した有馬氏の居城跡で，島原の乱の舞台となった

日野江城跡　**106**	史跡	長崎県南島原市	1982.07.03	史2
平戸和蘭商館跡　**128**	史跡	長崎県平戸市崎方町・大久保町	1922.10.12	史9
富岡吉利支丹供養碑	史跡	熊本県天草郡苓北町	1937.06.15	史3
大友氏遺跡　**125**	史跡	大分県大分市顕徳町	2001.08.13	史2
安慶名城跡	史跡	沖縄県うるま市安慶名	1972.05.15	史2
糸数城跡　**178**	史跡	沖縄県南城市玉城	1972.05.15	史2
伊波貝塚　**144**	史跡	沖縄県うるま市石川伊波	1972.05.15	史1
宇佐浜遺跡	史跡	沖縄県国頭郡国頭村辺戸	1972.05.15	史1
浦添城跡	史跡	沖縄県浦添市字仲間上原・字仲間山川原・字仲間城原・字仲間後原・字前田山川原・字当山世利原・字当山東り原	1989.08.11	史2
円覚寺跡　**196**	史跡	沖縄県那覇市首里	1972.05.15	史3
大山貝塚	史跡	沖縄県宜野湾市大山	1972.05.15	史1
荻堂貝塚　**146**	史跡	沖縄県中頭郡北中城村	1972.05.15	史1
勝連城跡　**173**	史跡	沖縄県中頭郡勝連村	1972.05.15	史2
川平貝塚　**157**	史跡	沖縄県石垣市川平	1972.05.15	史1
具志川城跡　**180**	史跡	沖縄県島尻郡久米島町	1975.12.10	史2
具志川城跡	史跡	沖縄県糸満市喜屋武	1972.05.15	史2
具志原貝塚　**152**	史跡	沖縄県国頭郡伊江村川平	1986.06.09	史1

中世・戦国時代	有馬氏の居城跡で，城下にイエズス会の教育機関セミナリオがあった
江戸時代	
江戸時代	
中世・戦国時代	キリスト教を保護し南蛮貿易を行った大友氏の館跡を中心とする遺跡
三山時代	グスク跡
三山時代	グスク跡
沖縄貝塚時代（縄文時代後期に相当）	沖縄の先史時代解明の先鞭をつけた貴重な遺跡
沖縄貝塚時代（縄文時代晩期—弥生時代前期に相当）	沖縄の先史時代の相様を示す住居遺構・土器を含む遺跡
琉球王国時代	グスク跡
琉球王国時代	沖縄第一の古刹．尚王家の宗廟
沖縄貝塚時代前期・中期	複数の形式の土器が層序をなして含まれ，学術的にも沖縄先史時代の時代区分の基準の一つとなった貴重な遺跡
沖縄貝塚時代（縄文時代後期に相当）	沖縄の先史時代解明の先鞭をつけた貴重な遺跡
三山時代—琉球王国時代	グスク跡
中世・15—16C	
三山時代	グスク跡
三山時代	グスク跡
沖縄貝塚時代（縄文時代前期—弥生時代に相当）	弥生時代相当期における沖縄の先史時代遺跡の環境・生活様式を示し，九州方面との貝を中心とする交易・文化交渉の様相を知る上で貴重

国頭方西海道	史跡	沖縄県国頭郡恩納村	2004. 09. 30	史 6
先島諸島火番盛　181	史跡	沖縄県宮古島市，石垣市，宮古郡多良間村，八重山郡竹富町，八重山郡与那国町	2007. 03. 23	史2・史 6
座喜味城跡　171	史跡	沖縄県中頭郡読谷村	1972. 05. 15	史 2
下田原城跡	史跡	沖縄県八重山郡竹富町	2003. 03. 25	史 2
首里城跡　162, 164	史跡	沖縄県那覇市首里	1972. 05. 15	史 2
末吉宮跡　202	史跡	沖縄県那覇市首里	1972. 05. 15	史 3
斎場御嶽　190	史跡	沖縄県南城市知念	1972. 05. 15	史 3
玉陵　194	史跡	沖縄県那覇市首里	1972. 05. 15	史 7
玉城城跡	史跡	沖縄県南城市玉城	1987. 08. 21	史 2
知念城跡　176	史跡	沖縄県南城市知念	1972. 05. 15	史 2
中城城跡　167	史跡	沖縄県中頭郡北中城村・中城村	1972. 05. 15	史 2
仲泊遺跡	史跡	沖縄県国頭郡恩納村仲泊	1975. 04. 07	史1・史 6
仲原遺跡　148	史跡	沖縄県うるま市与那城	1986. 08. 16	史 1
今帰仁城跡　162, 170	史跡	沖縄県国頭郡今帰仁村	1972. 05. 15	史 2
フルスト原遺跡	史跡	沖縄県石垣市大浜	1978. 03. 03	史2・史 3
銘苅墓跡群	史跡	沖縄県沖縄県那覇市	2007. 07. 26	史 7
木綿原遺跡　151	史跡	沖縄県中頭郡読谷村	1978. 11. 15	史 1
山田城跡	史跡	沖縄県国頭郡恩納村	2008. 04. 01	史 2
大和井	史跡	沖縄県平良市字西仲宗根不佐手・土川	1992. 12. 18	史 8

琉球王国時代	
琉球王国時代	
三山時代	グスク跡
中世	
琉球王国時代	王城跡
近世	沖縄における神仏混交・本地垂迹の信仰形態を示す社殿の遺構
？—琉球王国時代	沖縄随一の霊場
琉球王国時代	グスク跡
中世	グスク跡
三山時代—琉球王国時代	グスク跡
琉球王国時代	グスク跡
沖縄貝塚時代（縄文時代後期に相当），近世	沖縄の先史時代遺跡の立地環境をよく示し，岩陰住居遺跡，仲泊式土器の標式遺跡．近世の宿道の石畳道も重要な交通遺跡
沖縄貝塚時代中期	当時の集落規模・住居構造を知る上で貴重な遺跡
三山時代	グスク跡
三山時代	グスク跡
中世・グスク時代—近世・近代	沖縄グスク時代から琉球王府時代，明治時代に続く大規模な墓跡群
沖縄貝塚時代後期	沖縄ではじめて発見された箱式石棺墓を含む墓地．沖縄貝塚時代後期の墓制，葬制を知るうえで重要
三山時代	
近世	

特別史跡・史跡一覧　注

1）国指定史跡を本シリーズの巻立てに従いおおよその分類のもとに各巻に割り振った．一部複数巻に掲載した史跡もある．

2）都道府県別に北から，都道府県内は遺跡名の五十音順に配列した．

3）「種別」欄に略号をもって，史跡の指定理由を記した．略号の内容は以下の通り．

史１　貝塚，集落跡，古墳その他この類の遺跡

史２　都城跡，国郡庁跡，城跡，官公庁，戦跡その他政治に関する遺跡

史３　社寺の跡又は旧境内その他祭祀信仰に関する遺跡

史４　学校，研究施設，文化施設その他教育・学術・文化に関する遺跡

史５　医療・福祉施設，生活関連施設その他社会・生活に関する遺跡

史６　交通・通信施設，治山・治水施設，生産施設その他経済・生産活動に関する遺跡

史７　墳墓及び碑

史８　旧宅，園池その他特に由緒のある地域の類

史９　外国及び外国人に関する遺跡

4）「名称」欄に本文中の紹介頁を記した．

関係資料館・博物館

網走市立郷土博物館

〒093-0041　北海道網走市桂町1丁目1-3　電話0152-43-3090

桂ヶ岡砦跡にかんする展示がある．

網走市立モヨロ貝塚館

〒093-0051　北海道網走市北1条東2　電話0152-43-2608

発見当時の状況でモヨロ貝塚を復元・展示し，埋葬形態や生活の様子を紹介している．

勝山城跡ガイダンス施設

〒049-0601　北海道檜山郡上ノ国町字勝山427　電話0139-55-2400

勝山館跡の200分の1の模型や土葬墓，火葬墓のレプリカがおかれている．

東京大学大学院人文社会系研究科附属常呂資料陳列館

〒093-0216　北海道北見市常呂町栄浦384　電話0152-54-2387

東京大学が約50年間にわたって推進してきた調査によって出土した，常呂町内を中心とする考古資料が展示・解説されている．

函館市立函館博物館

〒040-0044　北海道函館市青柳町17-1　電話0138-23-5480

志海苔古銭を含む考古資料などが収蔵・展示されている．

滋賀県立安土城考古博物館

〒521-1311　滋賀県蒲生郡安土町下豊浦6678　電話0748-46-2424

安土城跡をはじめとした城郭の調査研究や土器などの考古資料の調査，整理，復元を行い，その成果を公開している．

茨木市立キリシタン遺物史料館

〒568-0098　大阪府茨木市大字千提寺262　電話072-649-3443

キリシタン大名高山右近の領地であった隠れキリシタンの里千提寺にあり，隠れキリシタンの遺物が展示されている．

南蛮文化館

〒531-0071　大阪府大阪市北区中津6丁目2-18　電話06-6451-9998

安土桃山時代から江戸時代初めまでのポルトガル人やスペイン人との交流から影響を受けた美術品や工芸品，古文書などの品々を展示．開館期間は春秋1ヵ月ずつ．

神戸市立博物館

〒650-0034　兵庫県神戸市中央区京町24　電話078-391-0035

「国際文化交流ー東西文化の接触と変容」をテーマとした展示をおこなっている．

佐賀県立名護屋城博物館

〒847-0401　佐賀県唐津市鎮西町名護屋1931番3　電話0955-82-4905

文禄・慶長の役と特別史跡「名護屋城跡ならびに陣跡」をテーマとして展示．

サント・ドミンゴ教会跡資料館

〒850-0028　長崎県長崎市勝山町30番地1　電話095-829-4340

サント・ドミンゴ教会遺構を一部顕在化し，教会時代の出土遺物などを展示している．

島原城キリシタン史料館

〒855-0036　長崎県島原市城内1-1183-1　電話0957-62-4766

南蛮貿易時代から宣教時代・禁教時代・弾圧時代など，島原の乱関連の資料を展示している．

出島資料館

〒850-0862　長崎県長崎市出島町9番5号（本館）8番21号（分館）　電話095-821-72001

日本で最初のキリスト教新教の神学校として1877年（明治10）に建設された旧出島神学校を修理し，出島資料館本館として開館．

堂崎天主堂・キリシタン資料館

〒853-0053　長崎県五島市奥浦町2019　0959-73-0705

1908年（明治41），建てられた五島最古の洋風建造物．禁教令が解かれた後の五島における最初の教会として設立された．弾圧時代のの資料などを展示している．

日本二十六聖人記念館

〒850-0051　長崎県長崎市西坂町7の8　電話095-822-6000

キリシタン時代の遺物，古地図，キリシタン文庫などを収蔵し，ザビエルの渡来から明治時代までのキリスト教の歴史を紹介している．

原城文化センター

〒859-2412　長崎県南島原市南有馬町乙1374　電話0957-85-3217

原城跡発掘出土品展示室に，十字架やロザリオなどのキリシタン関連の出土品が展示されている．

平戸市切支丹資料館

〒851-2327　長崎県平戸市大石脇町1502番地1　電話0950-28-0176

江戸時代初期に多くのキリシタンが殉教した根獅子にあり，長崎県の隠れキリシタンに関する資料を収蔵展示する．

浦添グスク・ようどれ館

〒901-2103　沖縄県浦添市仲間2　電話098-874-9345

王陵を再現した部屋があり，発掘された品々や人骨のレプリカなどが展示されている．

沖縄県立埋蔵文化財センター

〒903-0125　沖縄県中頭郡西原町字上原193番地の7　電話098-835-8751

沖縄県立博物館・美術館

〒900-0006　沖縄県那覇市おもろまち3-1-1　電話098-941-8282

具志頭村立歴史民俗資料館

電話098-874-9345

具志頭グスクや村の具志頭村の歴史・文化，港川人についての展示がある．

首里城公園

〒903-0815　沖縄県那覇市首里金城町1-2　電話098-886-2020

南殿・番所で，王朝時代に製作された漆器，絵画などの美術工芸品などを中心とした展示がある.

玉陵

〒903-0815　沖縄県那覇市首里金城町1丁目3-3-1

内部に資料館が設置され，陵墓の内部構造の説明，納骨の壺，琉球王国の歴史年表などを展示している.

今帰仁村歴史文化センター

〒905-0428　沖縄県国頭郡今帰仁村字今泊5110　電話0980-56-5767

今帰仁グスク跡から発掘された遺物をはじめ，今帰仁グスクをめぐる歴史についての展示をおこなっている.

那覇市歴史博物館

〒900-0015　沖縄県那覇市久茂地1-1-1　パレットくもじ4階　電話098-869-5266

琉球国王尚家の伝世品をはじめ，首里・那覇にゆかりの文書や美術工芸品をとおして，那覇の歴史・文化を紹介する.

読谷村立歴史民俗資料館

〒904-0301　沖縄県中頭郡読谷村字座喜味708-6　電話098-958-2254

座喜味城跡の入り口にあり，座喜味城で発掘された陶磁器や出土品などが展示されている.

大韓民国　国立晋州博物館

慶尚南道晋州市南城洞169-17　電話055-742-5951

壬辰倭乱（朝鮮役）に関する韓国側の博物館.